エリア・スタディーズ 150

ヒストリー

イギリスの歴史を知るための50章

川成 洋（編著）

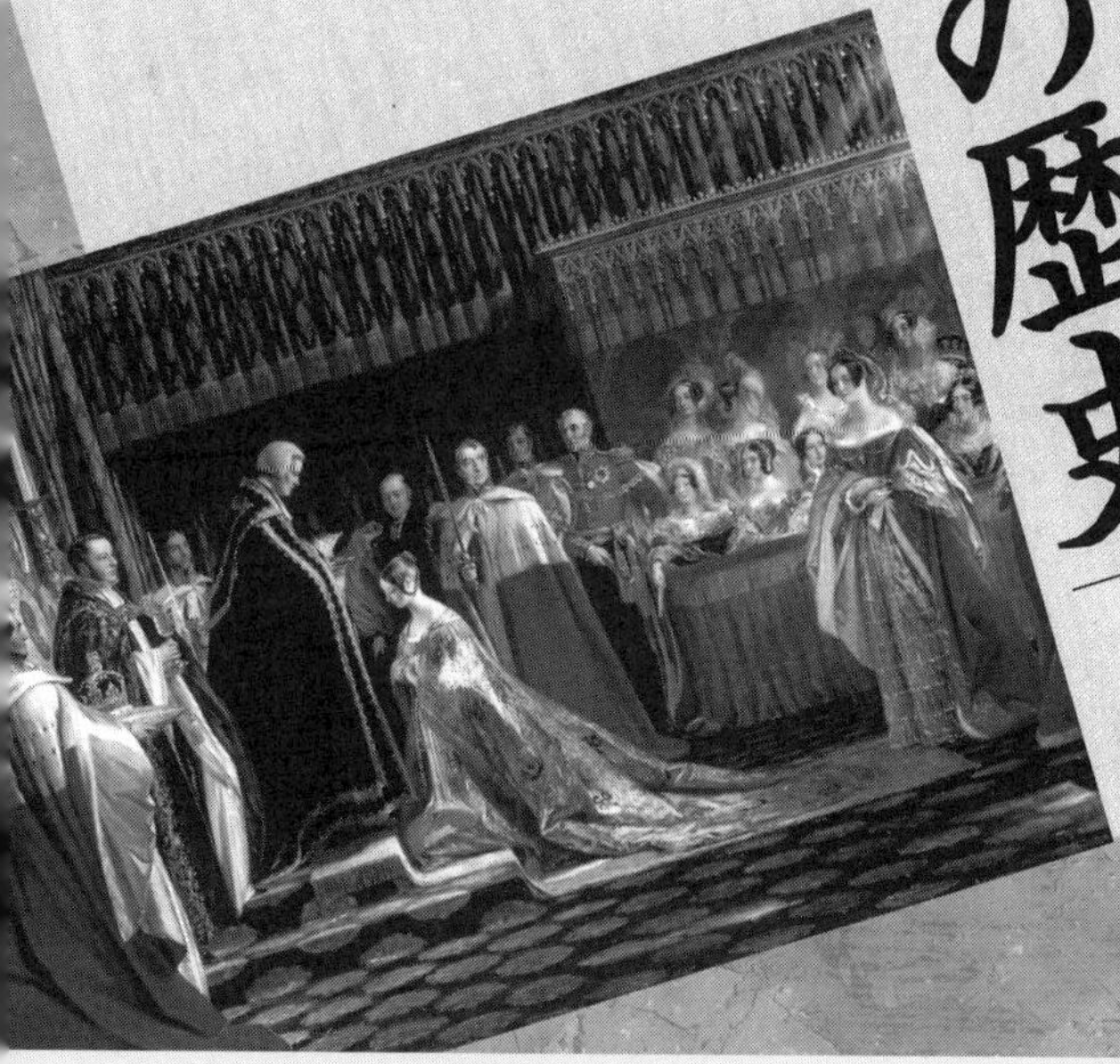

明石書店

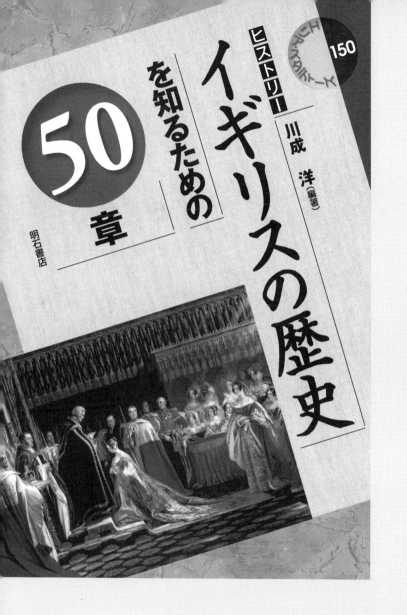

はじめに

〝イギリス〟この4文字のひびきに魅せられて、はるかかなたのイギリスを訪れた日本人の中には、この国は一筋縄ではいかない意外性がたくさん詰まった、奥の深い国という印象を持たれた方が多いと思う。それにしても、イギリスとわが国とは共通点がある。地理的には、ユーラシア大陸の東端と西端の洋上に位置し、大陸から影響を受けてきた島国。こうした島国的感性というべきか、われわれにとってイギリスは、ヨーロッパの中で最も親しみを感じている国ともいわれている。

ところで、イギリスの歴史は、わが国のような平坦な歴史と異なり、われわれの想像以上に、波瀾万丈であった。古来より、大陸から大挙して渡ってきたケルト人、ローマ人、アングロ・サクソン人、デーン人、そしてノルマン人などさまざまな民族の侵略、対立や抗争、あるいは同化や重層化といったダイナミックな葛藤の連続だった。現在、イギリスは、イングランド、ウェールズ、スコットランド、北アイルランドの四つの地域（かつての王国）から成り立っていて、その各々が異なる言語、習慣、伝統、民族的アイデンティティを堅持し、さらに独自の国旗や通貨を持っている。こうして四つの異なる地域が相互に、その違いを残しながら、あるいは時には厳しい対立をはらみながら女王の下で一応まとまっているのが連合王国であり、その四つの国旗を組み合わせたのが、ユニオン・ジャックである。

確かに、イングランドとほかの地域との根深い確執・対立が露呈するときもあった。１９６９年非合法のアイルランド共和国軍（ＩＲＡ）がテロと武装蜂起を展開し、98年の和平協定まで続いた北アイルランド紛争。またスコットランドとイングランドとの関係については、18世紀に最初に英語辞典を編纂したジョンソン博士が辞典の「カラス麦」の項で、「イングランドでは馬が食い、スコットランドでは人間が食う」との注釈を加えたところ、弟子のスコットランド人ボスウェルが即座に「だからイングランドでは馬が素晴らしく、スコットランドでは人間が素晴らしいのです」と切り返したという。このような挿話が伏線だとは思わないが、2014年9月のスコットランドの独立をめぐる住民投票で独立支持派が僅差で敗北し、イギリスに残留することになったものの、この住民投票はウェールズの独立派を奮い立たせることになった。この点に関しては、依然として、穏やかならざる国といえるであろう。

もう一つ共通点を挙げるなら、政治制度である。立憲君主制、議院内閣制、二院制、小選挙区制など最も根幹的な政治制度が、ほぼわが国と同じだが、厳密にいうなら、かなり中身が異なっている。確かにわが国の皇室はイギリスの王室を模範としているといわれているが、イギリス王室は実にフランクでオープンな感じがする。例えば、かなり前のことだが、ウィンザー城が火事になったときに、取材に入ったニュースカメラが青いレインコートを着て、水の入ったバケツを持って急ぎ歩きをしている老婆の後ろ姿をとらえていた。その人はなんとエリザベス女王であった。ちまたでは、火事は次男坊王子のタバコの不始末が原因らしいということだった。その年の女王のクリスマス・メッセージはウィンザー城の火事に触れ、所蔵している絵画も焼失したようで、何とか復元したいといったことや、王室も所有する不動産に関して不動産税を支払うつもりといったような謝罪めいた内容も含まれていたのだった。またケンブリッジ大学の卒業式に総長エディンバラ公が臨席し、正面で跪いている卒業生の頭上に総長が両手を差し伸べ、キリスト教の聖職者叙階式のような按手礼と全く同じ式典の後に、各コレッジの学長を従えて街を練り歩くのが通例となっているが、その行列の交差点には交通整理の警官が四方に一人ずつ警備しているだけで、

「ヘイ、デューク！」と声をかけて写真を撮る通行人もいたようだった。こうしたフランクな雰囲気は、ヨーロッパを戦場にした二つの世界大戦を辛くも生き延びた数少ない「ユーロモナキズム（欧州の王室）」の流れと考えられる。

議会制度に関しては、イギリスを「議会制度の祖国」として熱烈に紹介し、93歳まで実に63年間も衆議院議員を務め、自分の選挙講演会には「木戸銭」をいただくと公言し、「憲政の神様」と謳われた尾崎咢堂の政治理念であった「民権運動」を想起しなければならないだろう。確かにかつてのイギリスにも、「選挙に買収や供応はつきもの、パブは選挙民をたらふく飲ませて票を増やす場所」という常套句があった。これなら、わが国とあまり変わらないではないかと思うかもしれないが、これはあくまでも「かつて」であり、具体的には１５０年ほど前の話である。イギリスでは、１８８３年（明治16年、鹿鳴館時代）の「政治腐敗防止法」により、選挙の浄化、政治改革が行われた。議会でこの法案を成立させたヘンリー・ジェイムズの墓石には、「貧しきも人びとの友なり」と刻まれている。政治を一部の貴族や金持ちの手から取り上げ、庶民の手にゆだねようとして、政治改革に取り組んできた人にふさわしい墓碑銘である。もちろん、この法律はわれわれには信じられないほどの厳罰主義であり、今日でも続いている。

繰り返しになるが、イギリスはやはり「奥の深い国」であり、もしかしてわれわれの「先達になる国」でもあろう。

本書をひもといて、「一筋縄ではいかない」万華鏡のごときイギリスを十分に堪能してくださることを希望しております。

川成　洋

0 50 100 150 200km
首都
ヘブリディーズ諸島
スカイ島
インヴァネス
ネス湖
アバディーン
大西洋
スコットランド
北海
アイオナ島
マル島
アイレイ島
セント・アンドリューズ
スターリング
エディンバラ
グラスゴー
ニューカッスル・アポン・タイン
ハドリアヌスの防壁
ロンドンデリー
ベルファスト
ダーリントン
北アイルランド
カーライル
ストックトン
湖水地方
ウィットビー
マン島
ウィンダミア
ダグラス
ヨーク
アイリッシュ海
アイルランド共和国
ブラックプール
リーズ
マンチェスター
アングルシー島
ダブリン
リヴァプール
シェフィールド
ホリー島
チェスター
ストーク・オン・トレント
ノッティンガム
イングランド
バーミンガム
レスター
ラグビー
ニューマーケット
コヴェントリー
ストラットフォード・アポン・エイヴォン
ウスター
ケンブリッジ
ウェールズ
スウォンジー
ブリストル
オックスフォード
コッツウォルド丘陵
コルチェスター
カーディフ
ロンドン
バース
カンタベリー
ドーヴァー
ソールズベリー
ウィンチェスター
コーンウォール半島
サウザンプトン
エクセター
ブライトン
プリマス
ポーツマス
ファルマス
イギリス海峡

現在のイギリス

イギリスの歴史を知るための50章

目次

第Ⅲ部 近世

第Ⅳ部　近　代

第Ⅴ部 現 代

※本文中、特に出所の記載のない写真については、執筆者の撮影・提供による。

第I部

先史・古代

1 ブリテン島のケルト人
――いまも辺境に生きる伝統文化

紀元前1000年頃までに、おそらく中央アジアの草原地帯から移動してきたと思われる騎馬文化と鉄器文化を携えた民族集団が、ヨーロッパ大陸中央部に定住した。古代ギリシャ人から「ケルトイ」、古代ローマ人からは「ケルタエ」と呼ばれた「ケルト人」である（ただし「ケルト人」という用語は近現代になってから使われるようになった）。ケルト人はまとまった単一の民族ではなく、多様な民族の混成集団であったとみられる。やがて彼らはイタリアやスペイン、小アジアなど四方八方の地域に拡散し、ケルト人の居住地は広大な範囲に及んだ。

紀元前700～650年までにケルト人の一部は大陸からブリテン諸島（ブリテン島とアイルランド島）へ数次にわたって移動したとみられる。移動の時期やルートは多様で、特定することはできない。ケルト人が渡来してきたときは島内にはすでに先住民族が居住していた。先住民族は大陸から渡ってきた強力な鉄製武器と戦闘力をもつケルト人に征服されたと従来みなされてきたが、近年の研究では、彼らはケルト人の到着以前にすでに大陸ケルト文化の影響を受け、ケルト人とかなり共通する文化要素をもっていたのではないかと推定されている。

紀元前55年と54年にカエサル（シーザー）がブリテン島へ侵入した時期には、ブリテン島全土にケルト人の諸部族社会が存立していた。ブリテン南部のドゥロトリゲス族やカトゥエラニ族、トリノヴァンテス族、イケニ族、中部のバリシ族やブリガンテス族、カルウェティイ族、さらに北部のウォタディニ族やダムノニイ族、最北部のカレドニイ族などが知られる。

紀元43年にローマ軍がブリテン島に上陸、ケルト人の諸部族を次々に制圧し、ローマの支配下に置いた。イケニ族のボウディッカによる反乱やシルレス族の抵抗などがあったが、ローマ軍は鎮圧してさらに西部・北部へと進撃を続け、紀元80～81年にはカレドニア（スコットランド）に侵攻した。しかし、ローマはカレドニア全体の属州化を断念し、ハドリアヌスの防壁とアントニヌスの防壁を築いてカレドニアとローマ世界を分断した。ローマ人によるブリテン島統治は410年にローマ軍が撤退するまで続く。ローマ人はブリテン統治に当たり、ブリトン人（ブリテンのケルト人）が長らく維持してきた社会制度をできるだけ活用し、ブリトン人と融和する政策をとった。このためローマ支配下のブリテンでは、「パクス・ロマーナ」（ローマ人のもたらした平和）に象徴

ローマ支配以前のブリテン島におけるケルト人諸部族の分布図［出所：木村正俊・中尾正史編『スコットランド文化事典』原書房、2006年］

化されるように、経済・社会生活が安定し、洗練された都市文化が栄え、ケルト人もその恩恵に浴した。しかし、ブリテン全域のケルト人がローマ文化に接したわけではなく、周縁地域ではローマ文化にほとんど影響されずに、ケルトの伝統的な文化は維持された。

ローマ軍がブリテンを去ったあと、ブリトン人の諸部族は対立や抗争を繰り返しただけでなく、カレドニアのピクト人、アイルランド人、アングロ・サクソン人らの侵略を受けるなど、厳しい苦難の時代を迎える。5世紀中頃、アングル人、サクソン人、ジュート人の主な集団が波状的にブリテン島へ来襲してきたために、ケルト人の諸王国は連合しながら熾烈な戦いを展開したが、結局防衛しきれず、ケルト人は今のウェールズなど辺境地域に追いやられてしまう。この時期にブリテンの英雄的戦士としてアングロ・サクソン人と戦ったとされるのが「アーサー王」である。しかし、彼が実在したという明確な証拠はなく、「半歴史的」人物の域を出ない。またブリテン諸島は8世紀から11世紀にヴァイキングの襲撃を受け、多くの地域で略奪行為に見舞われるなど大きな被害を被った。襲撃によって瓦解した王国もあった。

中世以降ブリテン島では南西部に王国ウェールズが成立し、北部には王国スコットランドが誕生したが、前者は1536年、王国イングランドに併合され、後者は1707年に議会の合同によってイングランドとの連合王国を形成した。

ケルト人と一口に言っても、使用言語からみれば、ブリテン島のケルト人が用いたケルト語（言語学的にはインド・ヨーロッパ語族のケルト語派に属する）は2種類に区分される。現在のスコットランドとマン島、アイルランドで用いられたケルト語は「ゴイデリック」と呼ばれ、現在少数言語となって残っているスコットランド・ゲール語、マン島語とアイルランド語がそれに含まれる。ブリテン島の南方、現在のウェールズやイングランドにあたる地域で話されたケルト語は「ブリソニック」と呼ばれ、現在のウェールズ語（カムリ語）がそれにあたる。

音韻上の特徴についていえば、前者の音素/kw/と後者の音素/p/が対応していることから、前者はQケルト語、後者はPケルト語とも称される。たとえば、「息子」を意味するケルト語は、Qケルト語ではmacであるのに対し、Pケルト語ではmap（またはmab）である。大陸のケルト・イベリア語はQケルト語であることなどから考えると、ブリテン諸島にはケルト人の異なる集団が移住してきたことがわかる。

ケルト社会は独立した部族集団を構成単位とし、古代ギリシャやローマのようなまとまりのある都市国家を成すことはなかった。大小さまざまな部族が広大な地域に群居する形で生活を維持した。スコットランドのケルト人は血族性をことに重んじ、「クラン」と呼ばれる氏族社会を構築した。部族社会の階層構成は、部族の首長（あるいは王）のもとに、ドルイド、戦士階級がおり、その下が農漁民や職人の階層で、奴隷が最下層にいた。ドルイドは部族の祭式をつかさどっただけでなく、知的な指導者としての職能も果たし、部族のなかでは特別に高い地位に就いて敬われた。天文や医術、薬草などの知識をもち、裁判や教育などに携わり、知者・賢人として王以上に権力をもっていたともいわれる。部族の王の系図や戦争や戦闘などの出来事、伝承物語などを暗唱していたとされる。物語では、ドルイドは予言能力があったり、魔術に長けていたり、変身の術に通じていたりして、超能力者として描かれることが多い。

ケルト人が住んでいたクラノーグ（湖上住居）のレプリカ

戦闘や戦争の多かったケルト社会では戦士階級の役割は重要で、彼らの戦闘技術は非常に高かった。ケルト戦士が二輪馬車（チャリオット）を巧みに乗り回したことをカエサルは驚嘆を込めて記している。裸身で片手に楯をもち、ラッパを吹き鳴らしたり、奇声を発したりして、相手を威嚇して戦ったといわれる。

ブリテン島のケルト人は丘砦（ヒルフォート）をつくり、集団で生活した。ヒルフォートの規模は部族集団によってさまざまであるが、高い台地や敵が接近しにくいところに場所をとり、柵や堀などで防備した。丘砦は首長らの居住する本拠地であったが、製造や貯蔵、交易、祭儀などのための場所としても用いられた。危険時には避難場所にもなった。生産様式は農耕や牧畜が主で、交易も地域によっては盛んであった。コーンウォール地方は錫を多く産出したので、大陸へも大量に輸出した。

大陸のラ・テーヌ期の美術様式がブリテン諸島へ伝えられたことで、大陸の美術と並ぶ高度に洗練された美術品が作られた。ことに金属を用いた刀剣・鞘などの武具、トルク（首環）や腕輪などの装身具、鏡などの逸品がたくさん発掘されている。それらにはケルト独自の装飾文様――渦巻き文様、組紐文様、動物文様など――が華麗にほどこされ、島のケルト美術が極限の高さまで到達していたことを証している。キリスト教伝来後、ケルト文化はキリスト教文化と融合し、修道院文化が隆盛したが、修道院で制作された福音書の装飾写本もまたうごめくようなケルト文様に埋め尽くされた、極限の美をたたえる美術品であった。ケルト文化は大陸から島へ転移したことで完成をみたといってもよい。美術と同様に、ブリテン島では口承で伝えられた見事な語りの神話的物語（たとえば、ウェールズの『マビノギオン』）も成立し、ケルト文化の遺産を豊かにした。

18世紀になってケルト人への関心が高まり、ヨーロッパの歴史家や学者らが、文明に毒されない自由で自然な生活を営む人びとの価値を再吟味し始めた。辺境の風景や土地、古代の遺構や遺跡、伝統的な色合いに輝く古物、英雄の伝説や物語などに熱い視線が向けられ、いわゆるケルト復興運動が高まった。ブリテン島には現在も、数は非常に少ないが、ケルト語を話す人びとが存在している。ケルト語を振興させる活動は絶えることがない。ケルト文化の命脈は保たれ、伝統は継続しているといえる。

（木村正俊）

コラム 1

ストーンヘンジ

世界の多くの地域には、壮大な規模の岩石で築かれた古代遺跡、即ち巨石文化が存在する。イギリスでは、ソールズベリーの北、約11キロにある古代遺構ストーンヘンジは、年間１００万人近い人びとが訪れる観光名所である。

これまで、学術的な遺跡調査も多く行われてきたが、古くからの伝承と様々な見解と学説が入り混じって、その謎が解き明かされたとは言い難い。しかし、放射性炭素年代測定法により、ストーンヘンジの建設が、すでに紀元前３２００年頃の新石器時代に始まっていたことが判明している。

巨石の環状列石の遺跡であるストーンヘンジは、円陣状に並んだ直立巨石とそれを囲む土塁からなっており、サーセン・サークルとして知られる直径約１００メートルの円形状に、高さ4～5メートルの30個もの巨大な立石が配置されている。

傾いたものや、倒壊したものもある巨石の遺跡（モニュメント）集であるストーンヘンジを構成する石は、主にサーセン・ストーン呼ばれる砂岩とブルー・ストーンと呼ばれる玄武岩の2種類からなっている。最大の砂岩サーセン・ストーンは、50トンにもなるが、ストーンヘンジから27キロほど離れた場所にあるマールボロー・ダウンズ（丘陵）から切り出されて、運ばれたものである。一方ブルー・ストーンは、３２２キロも離れたウェールズ南部のプレセリー丘陵からはるばる運ばれてきたと考えられている。

また、その建築方法にも謎が多い。巨大立石の上に載せられている横石（まぐさ石）は、つなぎ目がぴったりと組み合うように工夫されていることである。立石と横石を組み合わせるこれほどの高度な技術を、古代人がどのようにして身に付けたのだろうか、とただただ瞠目するばかりである。

これだけの巨石遺跡がいつ、誰が、何の目的で作ったかは、謎に包まれている。ストーンヘンジが一度にすべて建造されたのでないことは、知られている。ストーンヘンジの建造には、恐らく三つの活動の時期があったと考えられる。紀元前2000年の初期から約500年にわたって3期に分けて行われた。ストーンヘンジI期は、紀元前約1900年から約1700年まで。ストーンヘンジII期は、紀元前約1700年から1600年まで。ストーンヘンジIII期は、紀元前約1500年から約1400年の間に建てられたと推定されていたが、さらに、第IV期を加えるとすれば、その建造は紀元前1600年頃で、サーセン・サークルと馬蹄形の三石塔の間に、ブルー・ストーンのサークルが加わった。つまり、1500年間以上の歳月をかけて、ストーンヘンジが建造されたことになる。その後、紀元前1100年頃までには、ストーンヘンジは朽ちるままに放置されていくことになった。ストーンヘンジの建設が終わってからは、実に3000年以上も経過しており、多くの謎を秘めたままで、現在に至っている。おそらくは、古代人がピラミッド建造に比肩する神学・技術・秘儀・科学・天文学のあらゆる知力を駆使して、ストーンヘンジを築いたと見なすことができる。

このストーンヘンジの巨石文化は、これまでの文化との融合の中で、後にブリテン島に到来してきたケルト文化とも融合しながら、豊かなイギリス文化を形成していったと言える。

ストーンヘンジ［Lillian Cameron 撮影］

（藤本昌司）

2 ブリテン島のローマ人
——ローマ文明との出会い

イギリスの歴史というと、アングロ・サクソン時代から始められることがほとんどだが、その前にブリテン島にローマ人がやってきていたことを忘れてはならない。英国史の2000年をごく大まかにいえば、最初の500年がラテン語のローマ時代、次の500年が古英語のアングロ・サクソン時代、次の500年弱がフランス語のノルマン時代、最後の500年になってやっと英語の近代イギリスになる。現代ではあまり表に出てくることのないローマ時代のイギリスだが、この国の歴史の4分の1はローマ帝国の一部であった。当時ここに住んでいたのはケルト系のブリトン人で、この島はブリタニアと呼ばれていた。というわけで、この島のいたるところにローマ人による支配の痕跡が残されている。例えば、各地に残るローマ時代の城壁、バースに残る浴場、北方からの蛮族侵入を防ぐために作らせたハドリアヌス帝の長城、ローマ文化の象徴ともいえる円形闘技場さえも存在したのだ。そのほか、言語、文化、習慣など、今日われわれが無意識に接している多くのものがローマに由来している。ローマ時代はイギリスの地に初めて文明の光をもたらした時代といっても過言ではない。

ローマの到来と支配

ブリテン島とローマが初めて接触したのは、紀元前55年にユリウス・カエサルがローマ軍を従えてドーヴァー海峡を渡ってきた時であった。ヨーロッパ西北部のガリア遠征に出ていたカエサルの目に、なぜ大西洋の島であるブリタニアがとまったのか。カエサルの『ガリア戦記』にはその理由がこう書かれてある。すなわち、ガリア人が頑強な抵抗を止めないのは、その背後には同じケルト系のブリトン人の支援があるためで、その島に行って人種を見とどけ、島の位置や港や上陸地点を知ることができれば有利だと考えたからだった。つまりガリア人への後方支援の弱体化を探る目論見があったからだった。先住民のケルト諸部族と同盟を結んだりしたが、しばらくしてカエサルはローマへ戻って行った。

その後、しばらくはローマとブリテン島との関係は良好であり、交易なども盛んに行われていた。紀元43年、ローマ帝国の拡大に野心を燃やす皇帝クラウディウスが約4万の兵をもって、初めは今日のイングランド南部、そしてイングランド全土を征服した。土着のケルト人諸部族を支配下に置いて、ローマはブリテン島をブリタニア属州としてローマ帝国の版図の一部に組み込んだ。先住民ブリトン人の上流階級はゆるやかではあったが次第に同化し、ローマ人と同じトーガと呼ばれた衣服を着てラテン語を話し、床暖房のある家に住んで地中海から取り寄せたワインを飲んだりするようになった。

しかし、すべてがローマによる文明化を享受していたわけではなかった。大小さまざまな反乱があったが、中でも「ボウディッカの反乱」は何といってもローマ支配下のブリテン島における最大の事件といえるだろう。紀元61年、イケニ族の女王ボウディッカがローマからの独立を求めて蜂起し、

カンブリアで発見されたローマ時代の碑文（128 〜 138頃）
［大英博物館蔵］

ローマ人やローマ化したブリトン人の住む町や集落を破壊し、掠奪した。事の起こりは、イケニ族プラスタブス王がローマと約束を結んだ上、所領を安堵する遺言を残して死んだ時に、ローマがこの約束を反故にし、抗議した王妃ボウディッカを鞭打ち、娘らを凌辱したからである。土着民はこれを見て結束し武器を手に取った。ボウディッカは戦車に二人の娘を乗せて、土着民族一人ひとりに対し雄弁に語りかけ、反乱軍を鼓舞した。はじめボウディッカの軍は徹底的な破壊と殺戮を繰り返し、死体の山を築き、カムロドゥヌム（現コルチェスター）、ロンディニウム（現ロンドン）、ウェルラミウム（現セント・オールバンズ）の各都市は灰塵と化した。だがローマ軍はじりじりと反撃に出る。ブリトン人は戦いに家族も同伴させ、食料やテントなどを積んだ荷車を伴って戦闘に入るのを常としていたために、ローマ軍が攻めてきた時に自分たちの荷車が壁になって逃げることができず、そのまま殺戮された。タキトゥスが語るところによれば、ブリトン人の死者は8万人、ローマ軍は400人で負傷兵もほぼ同数であった。ボウディッカの最期は、服毒自殺であったというものもあれば、ひとり逃げ落ちて病に倒れたという報告もある。これで反乱は収まった。

やがてローマ帝国は、北方からの蛮族の侵入に悩まされるようになっていった。彼らの侵入を防ぐため、122年より、ハドリアヌス帝はニューカッスル・アポン・タインからカーライルをつなぐ線上に約120キロメートルに及ぶ長城を築き始めた。この長城の南側では多くの「陣営《カストルム》」が置かれ、そこから現在も残る多くの都市が生まれた。コルチェスターやマンチェスターなど、語尾に「チェスター」のつく町はこの時代の城塞都市が発展したものである。そして都市をつなぐのは整備された道路であった。このようにローマ支配下のブリタニアは繁栄を極めた。勢いに乗ったローマは一時スコットランドまで攻め込んだが、結局はハドリアヌスの長城を北限とすることで落ち着いた。長城の北側にはピクト族が、また今のアイルランドからはスコット族が絶えず南下および侵入を試みていたが、ローマ軍の堅い守りに遮られた。大陸同様ブリタニアにおいても「ローマの平和《パクス・ロマーナ》」は保たれたのである。

ブリテン島におけるローマ社会の浸透とその終焉

ローマ帝国がブリテン島に根を下ろした時にもたらされたものは、強大な軍事力とその兵隊の持つ高度な建築土木の技術であり、それに伴う文化の移植であった。彼らは行く先々に城塞を置き、それらをつなぐ舗装された道路《ウィア・ストラータ》(streetの語源)を整備した。北方蛮族の住むカレドニア(現スコットランド)との境界となる長城もその成果である。また水路を作ったり、灌漑を取り入れたりして安定的な食料供給を可能にした。娯楽の面でも円形闘技場や酒屋、それにローマ式浴場を作り、ローマ人兵士だけでなくローマ化したブリトン人も楽しんだ。

市街地にはローマの神々や神君クラウディウスを祀る神殿の建設も行われた。その一方で、宗教的に寛容なローマはローマ的信仰を強要することなく、ブリトン人が古来より信仰していた諸々の土俗宗教を許容した。またキリスト教は2世紀ごろからローマの属州各地に広まっていたが、4世紀にコンスタンティン帝がこれを公認するとブリタニアにも普及した。迫害があり、殉教者まで出していることは彼らの信仰の深さの証でもある。

ローマ人の多くは読み書き能力を有していた。恭順したものには市民権を与えて同化を促し、敵対しても捕虜になれば殺さず、奴隷として協力させる方法をとった。ローマ法がブリタニアで効力を発揮したのは、一定の人間が識字力を持っていたからである。各地に残る碑文は、それを今日に伝えている。

このように文化的な水準が高まりを見せる中、ブリテン島はガリア帝国（260）に編入されたり、分立皇帝カラカシウスの支配下（287〜293）に入ったりして支配権の所在が不安な時期もあった。しかし3世紀後半になると、再び平和が戻り、ローマ人および支配層のブリトン人たちは田園地帯に大土地所有者がウィラを造らせることが多かった。これはローマ風の邸宅を中心とする農場・牧場を含む敷地のことで、モザイク画の装飾や暖房完備で豪奢を極めるものもあった。

ところが4世紀末になると大陸では情勢は一気に不安定となる。フン族が東ゴートを征服したのだ。これに刺激されてゲルマン民族の大移動が始まり、ローマの支配が弱体化していった。テオドシウス1世が帝国を東西に分割するのと時を同じくして、各地で異民族の侵入が繰り返された。このためにブリタニアに置いていた優秀な守備隊をヨーロッパ本国に回さざるを得なくなった。ブリタニアはホノリウス皇帝に援軍を求めたが、ローマに辺境の島を守る余裕はなかった。この時すでにローマ軍の大半は現地ブリトン人と大陸から配属されていたゲルマン兵で占められていた。彼らの多くは土地を与えられて作物を育てて暮らすようになっていた。ローマ人が去ると昔からのブリトン諸部族の分立体制が表面化し、ブリタニアはローマ支配以前の世界が再び現れたかのようであった。そこにはローマの文化や技術が継承され、土着の伝統と融合して、独特の文化があった。しかしこのような軍事的な空白を、周囲の敵が放っておくはずがなかった。ようやく花咲いたロマノ・ブリトン文化は風前の灯であった。間近に迫ったアングロ・サクソンの足音は、ローマ人退去の後に生き残った者の耳には未だ届かなかったのである。

（狩野晃一）

コラム 2

ハドリアヌスの防壁

過去の栄光と繁栄の名残をとどめる歴史的遺構を目の当たりにすると、人類の歩んできた歴史の重みや偉業に思わず息を呑むことがある。イングランド北部ノーサンバランド地方の広野に、東西の全長ほぼ120キロメートルにわたって延びる堅固な石造りの防壁、イギリス版万里の長城ともいうべきハドリアヌスの防壁も、そのような遺跡のひとつである。この防壁は、古代ローマ帝国最大の版図を広げた前帝トラヤヌスの後を受け帝位についたハドリアヌスが、統治するには広大になりすぎた領内各地の国境線強化に努めていた紀元122年頃、ブリタニアを訪れた際、現在のスコットランドに居住していたケルト系カレドニア諸族の侵入を阻止するため建造を命じたものである。ブリタニア属州知事ネポスの指揮の下、東部ニューカスル・アポン・タイン東寄りのウォールズエンドから着工され、終着地点は西部ソルウェイ湾岸ボウネス、工事は一応の完成に6年、約10年に及ぶ大事業となり、当初、西の3分の1は固めた泥炭土と木造の築城であった。

石の壁の厚さおよそ3メートル、最大6メートルほどもある圧倒的な高さを誇る防壁本体、その防壁に沿って要衝ごとに砦（その数21）が建設され、砦間にはほぼ1ローマ・マイル（約1・4キロメートル）ごとに城塞（マイル・キャスル）が、城塞間にも信号塔を兼ねる二つの監視塔が設営された。防壁の北側には敵の急襲に備えてV字型の深い溝が掘られ、防壁南側の背後にも物資を輸送する軍用道路のほか、高低差のある二つの土手やV字型の側溝など、幾重にも防衛策が講じられた。兵士の宿舎である砦には、司令部をはじめ兵舎や穀物倉庫、社交の場でもある今日のサウナ風呂にあたるローマ式浴場や病院、武具作りや修理をする鍛冶屋の工房や神々への礼拝を行う祭壇まで、兵士の生活に必要な設備や施設が完備された。兵士は食事も飲み物も十分に与えられ、非番の時にはゲーム盤遊びや狩猟に興じたことも出土品から知られている。なお防壁に駐屯する兵士は属州出身の外国人部隊で、騎馬隊が駐屯し１０００人の兵士を収容できるチェスターズのような大規模な砦が造営されると、初期の防壁に駐屯した兵士の数は優に1万人を超えると推測されている。

やがて防壁を挟む南北のケルト系住民との経済交流が進み、外国人部隊の司令官のなかに妻子を伴って赴任する者が現れる頃には、防壁周辺はさまざまな店舗を構える民間人居留地として発展する。国境近くに駐屯する軍隊こそがローマ世界最大の消費市場となる。防壁は、軍事施設だけでなく近隣の農・商・鉱業地区まで含む古代世界最大の産軍一体の複合体となるのである。もとよりこの防壁はピクト人をはじめとする北のカレドニア諸族の侵入を阻止する軍事目的のため構築された。しかし防壁内外の集落が最も繁栄した4世紀初頭には、兵士も現地で徴用されるなど防衛は形式的なものにすぎず、防壁はむしろブリタニアの豊かな経済力や消費力の促進と帝国内の流通経済の安定とに寄与することになったといえよう。

しかし紀元5世紀初頭、ローマ帝国が撤退すると、この防壁は放棄され歴史から姿を消す。その後も周辺村落の都市化にともない道路や家屋、教会の建設資材として防壁の石は略奪され、防壁は放置される。19世紀に入り防壁の考古学的発掘や調査が開始されると、私財を投じて防壁の一部を私有地として保護する民間人も現れ、20世紀には地球物理学や宇宙航空写真等の最新技術を駆使して防壁の解明や復元が進められる。これらの実績が評価され、１９８７年にユネスコにより世界文化遺産に認定された。なおハドリアヌスの防壁が、時にイングランドとスコットランドとの目に見えぬ国境線として象徴的な意味合いをもつことも、付言しておきたい。

（立野晴子）

コラム 3

ロンドンの誕生

紀元前55年と紀元前54年にカエサル率いるローマ軍がブリテン島に上陸した。この時は占領することなく撤退したが、これが契機となって現地に暮らしていた人びとはローマ文明と接触することになる。それからおよそ100年後の43年にローマ軍がブリタニア中南部を占領した。この占領は軍事的名声が低かったローマ皇帝クラウディウスの権力をより強固にすることが主な目的だったようだ。ロンドンの建設がこのブリタニア遠征によってなされたのかどうかは意見が分かれるかもしれない。記録から事実がわかるのはカエサルのブリタニア上陸あたりからだ。

ブリタニアがローマの属州となったことで、先住民の主要部族の中心地はそれぞれローマの都市となり、テムズ川で隔てられた都市は川幅の狭いところに橋を架けて道路を作る必要があった。この条件に合う土地が発見されると「沼地の土地」「荒れた土地」という意味のロンディニウムと呼ばれるようになった。今日のロンドンの前身となる都市の誕生だ。

43年のローマ軍によるブリタニア遠征によって、軍人だけでなく役人や商人もブリテン島に上陸し、その一部がロンディニウムに定住したおかげで、商店が次々と建てられて宝石、陶器、ワインなどが売られ、ロンディニウムは商業の中心地として急速に発展していくことになった。

ところが、この繁栄は長くは続かなかった。ロンディニウムは60年にイケニ族の女王ボアディケア（ボウディッカ）によって焼き尽くされてしまった。ボアディケアの王国はローマに服従していたが、王プラスタグスが没するとローマ皇帝ネロはこの国の保護王国制を廃止して、未亡人となったボアディケアから領土を強制的に取り上げてしまった。その結果、ボアディケアと二人の娘は宮殿に攻め込んだローマ兵たちに辱められた。当然イケニ族は耐え兼ねて南方近隣のトリノウァンテス族と手を結んで反旗を翻し、まず南方のコルチェスターへと進軍し陥落させた。次の矛先はロンドンだった。ローマ軍はウェールズ地方に遠征中だったこともあり多くのローマ人が殺害された。火が放たれると木造の建物に瞬く間に燃え広がり、ロンディニウムは灰燼と化した。最終的にボアディケアは遠征から帰還したローマ軍に追い詰められて毒を飲んで自殺してしまったといわれている。

この悲劇でロンドンは破壊されてしまったが、ブリタニア全体の中心地として重要な役割を果たしていたため、本格的に再建されることになる。行政の場としてのバシリカや商業のためのフォルム、さらには大衆向けの円形闘技場や公衆浴場や神殿も建設された。橋に続く道路沿いにも建物が立ち並び、宿屋や鍛冶屋も存在していた。これらは都市の発展に欠かすことのできない重要な建物だ。こうしてボア

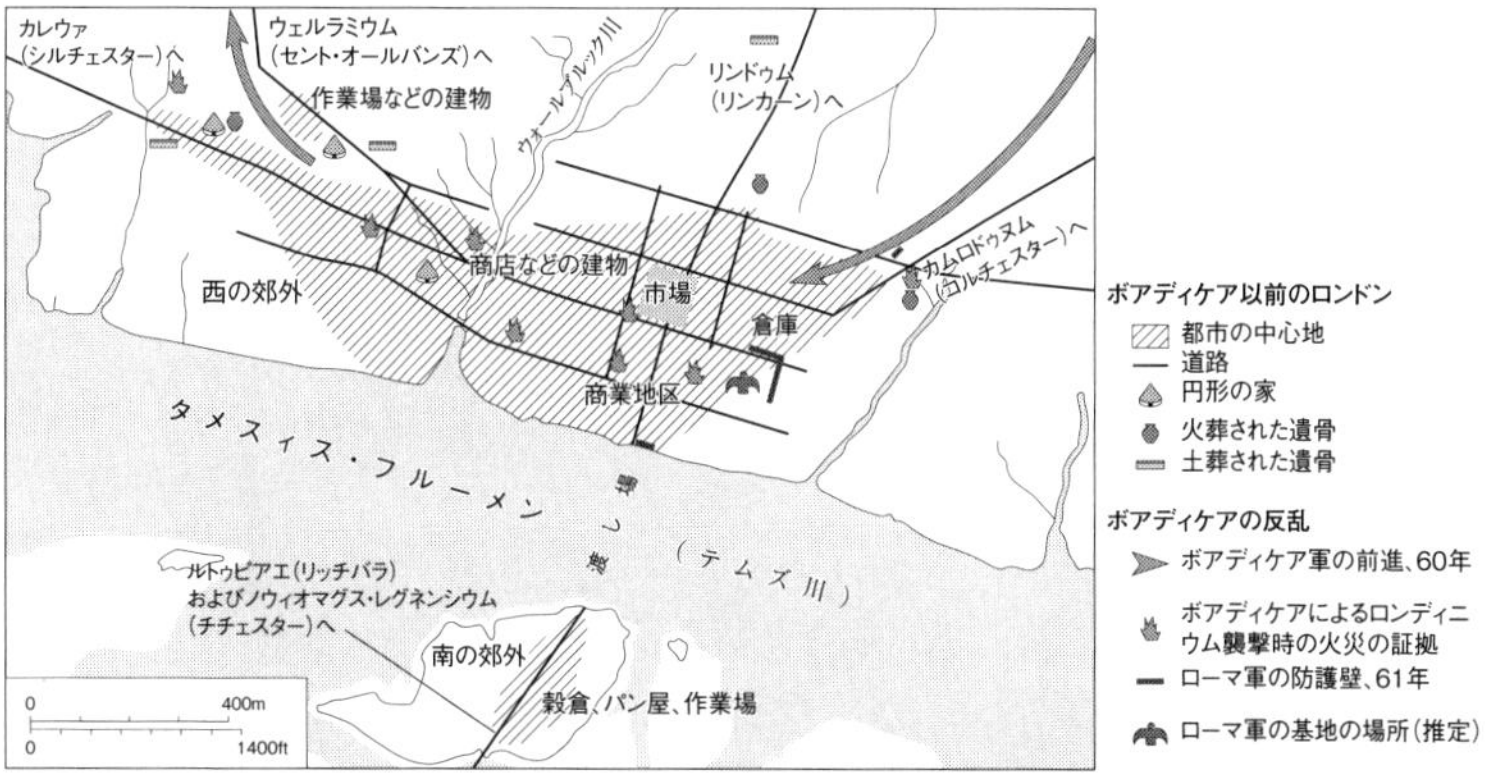

60年に破壊される以前のロンディニウム

［出所：キャシー・ロス、ジョン・クラーク『ロンドン歴史図鑑』原書房、2015年］

ディケアの悲劇から約50年でロンドンは比類なき大都市へと変貌を遂げた。

市民は大半が労働者階級で暮らしは裕福でなく、環境はトイレ設備が整っていないため劣悪だった。それでも移住してくる人びとは増加し、それに応じて新しい専門的な手工業や職人が増えた。公共建築物も石造りに改築され、石壁には壁画が描かれるようになった。当時は神話の壁画が人気だったようだ。

信仰の対象はローマの神々だけでなく、土着のケルトの神々や移住者が信仰していた神々、ミトラやイシスなど多岐にわたっていた。ローマ帝国がブリタニアに根付いた宗教に対して寛容であったこともロンドンの繁栄につながったといえる。

残念なことに、そのロンドンの繁栄も陰りを見せ始める。３００年になるとブリタニアは4分割され、それに応じてロンドンの重要性も薄れていき、４１０年にローマ軍が撤退するとロンドンの繁栄は終焉を迎えた。とはいえ、ロンドンが消滅したわけではない。ロンドンは大都市として現代までその歴史を紡いでいる。

ロンドン誕生の歴史を紐解いて確実にいえることは、都市と人間の繁栄は密接に結びついていて絶対に切り離すことはできないということだ。たとえ都市が衰退しても、そこに暮らす人びとが繁栄すれば都市も再び繁栄することをロンドンの歴史が証明している。

（濱口真木）

コラム 4

バース

バースの温泉は、古来から、タンブリッジ・ウェルズの温泉と並んで、イングランド西部エイヴォン川沿いに湯治場として親しまれていた。伝説では、古代ブリテンの王子ブラダッドが不運にも、ハンセン病にかかり、王宮から追い出され、豚飼いとなったが、ある日、怪我をした豚が湧き出る水たまりに入ると治った。前863年、ブラダッド新王は現在のバースに自らの館を建て、治療に効能をもつ泉を大切にしたという。

43年、明るい地中海から暗くて湿っぽいブリテン島に派遣されたローマ人は、もともと風呂好きなこともあって土地が肥沃で温泉のあるバースに住み着いた。彼らは先住民族のケルト人に崇拝されていた温泉の女神「スル」とローマの治療の女神「ミネルヴァ」を結合させた神殿を献堂した。神殿には「バース・ゴルゴン」の像（巨大な怪物の顔）が置かれ、バースは温泉と神殿を目的にイギリス各地からはもとより、ヨーロッパ大陸から人びとが訪れ、温泉保養地としての繁栄の基礎を築いた。5世紀になり、アングロ・サクソン人のブリテン島侵攻を受けて、ローマ人が撤退すると、湯治場は衰退する。やがて泥や砂に埋まり、人びとの関心からも消えていった。8世紀ごろまでに、キリスト教が伝わり、10世紀初頭には修道士たちの布教の拠点としての役割を担う。973年、イングランド王エドガーの戴冠式がバースで挙行され、バースは時の話題を占領する。

1066年、ウィリアム征服王（1027～1087）率いるノルマン人のイングランド征服「ノルマン・コンケスト」により、一時期ゴーストタウンと化すが、1086年、自治都市の特権獲得後、司教座聖堂都市として栄える。

14世紀になると、イングランド西部の織物業の中心都市としてバースは新たな注目を浴びる。その時の様子を中世最大の詩人チョーサーによる『カンタベリー物語』の織物上手な「バースの女房」でも知ることができる。この時代も、ハンセン病などの治療のための湯治場であった。

16世紀になると、ヘンリー8世の離婚から始まるカトリックとの対立と弾圧のために、カトリック教会や修道院などが閉鎖され、かつての司教座聖堂都市としての華やいだバースは、歴史の舞台から消えていった。

その一方で、1572年に出版されたバース温泉の効用に関する書物により、温泉は上流階級に知れわたるようになる。1591年、エリザベス1世はバースを訪れるが、町には悪臭が漂い、女王は即座に下水を埋めるよう厳命して、この町を足早に後にしたといわれている。

18世紀、バースに「伊達男ナッシュ」というニックネームのリチャード・ナッシュが登場する。彼が辿り着いた頃は、ギャンブル、それに伴うケンカ、決闘が日常茶飯事で、依然として鼻を突く悪臭のただよう、ただの湯治場だった。ロンドンで遊びなれたオックスフォード大学中退のプロのギャンブラーであるナッシュにバースの改革が任される。治安、衛生、ファッション、風俗、帯刀禁止などを明文化した「ナッシュ憲法」が、バースを洗練された社交の場としての温泉保養地にした。イギリスの貴族階級、上流階級の「バース詣で」が社会的ステイタスとなる。しかし、1761年、ナッシュは86歳でこの世を去った。

19世紀になり、バースの雰囲気は華やかな貴族的なものから次第に雑多な大衆的なものへと変わっていった。20世紀、ツーリズムを受けて、かつての繁栄を偲ばせるジョージ王朝時代の建造物とローマの遺跡は世界中から訪れる人びとを魅了し続け、1987年、バースは世界遺産に認定された。

（山口晴美）

3 アングロ・サクソン人のイングランド
――ヴァイキング来寇以前のアングロ・サクソン諸王の行状

アングロ・サクソン人は、言語・法律・宗教など現在のイギリスを特徴づける多くのものの基礎を形成したといっても過言ではないだろう。彼らの時代はローマン人がブリテン島を去った5世紀半ばから、デーン人のヴァイキングが襲来し王座につくまでのことである。この章ではアングロ・サクソン人がブリテン島に渡来する前夜から、対立抗争を繰り返しつつ次第に統合へと向かい、ウェセックスによるイングランド統一までを概括する。

ローマ軍撤退とゲルマン人の襲来

現在のイングランドに当たる地域は、5世紀の初め頃までローマ帝国の属州で、ブリタニアと呼ばれていた。しかしゲルマン民族の大移動による影響を受けて、ローマ軍がブリタニアから撤収すると、北方のピクト人は南部へと侵入を開始した。残されたブリトン人はローマに援軍を求めたが、ローマには辺境のブリタニアを援助する余裕はなかった。仕方なくブリトン人の酋長フォーティゲルンは援軍を現在のユトランド半島付近にいたジュート族のヘンギストとホルサに頼み、彼らを傭兵としてケントのサネット島に迎えた。この傭兵政策は成功した。戦闘能力に長けたゲルマン人はたちまちピクト人を撃退したからである。しかし、傭兵部隊はすぐに雇主を裏切ったばかりか、ジュート族のみならず、サクソン族、アングル族などをブリテン島に引き入れる結果となった。それから約200年にわたる情報の暗闇が晴れると、島の大部分は事実上3部族に乗っ取られていた。アングル族はイングランド中部からハンバー川の北側にあるノーサンブリア地方にいたる広い地域に住み着いた。彼らの土地「アングル・ランド」がやがて「イングランド」となり、その言語englisc が「イングリッシュ」となった。ちなみに大陸にいたサクソン族と区別するために後にアングロ・サクソン（イギリスのサクソン族）と呼ばれるようになった。

大陸のゲルマン人たちがこの島を占領すると、先住民族であるブリトン人は肥沃な中原を追われ、西の山岳地帯のウェールズや北部の辺境カンバーランド、大西洋に突き出たコーンウォール地方に押し込められてしまった。敗走の過程でブリトン人の英雄アーサー王を主人公にした伝説も生み出された。このような史実とファンタジーが合わさった話は、はじめ『ブリトン人の歴史』に現れ、12世紀の聖職者ジェフリー・オブ・モンマスの『ブリタニア列王史』に詳しく語られることになり、15世紀のトマス・マロリー『アーサー王の死』に結晶する。

アングロ・サクソン七王国からイングランド統一まで

侵入したゲルマン人は当初もとの部族を中心に国を作っていった。ジュート族は南部のケント（450頃）を建国し、サクソン族はその西側にサセックス（477頃）、西部にウェセックス（495頃）、東部にエセックス（527頃）を建国した。アングル族は中部から北部にかけてノーサンブリア（54

7頃）、中部にマーシア（586頃）、東部にイースト・アングリア（575頃）を建国した。これがヘプターキと呼ばれるアングロ・サクソン七王国である。

これらの国は、今日の目で見れば、王国というよりは地方の豪族に近く、その他にも小国、属国など多数が群雄割拠して武力によって覇を競っていた。やがてその中から、優れた指導者を有する王国が覇権を握るようになった。最初に優位を占めたのはノーサンブリアであった。この王国の王位継承は必ずしも円満にいったわけではなかったが、エドウィン（在位616～633）、オズワルド（在位633～642）、オズウィ（在位642～670）などの有能な指導者に恵まれ、ノーサンブリアは黄金時代を迎えた。この地にはいち早くアイルランドからケルト系のキリスト教が浸透し、ラテン語での読み書きを中心とする教育が普及した。664年にウィットビー教会会議が行われ、ローマ・カトリックに改宗したが、引き続き修道院を中心に高い文化が維持され、政治・文化・学問の中心となった。当時ヨーロッパ中に名を馳せた聖職者であり教会博士のベーダ（673頃～735）や神学者でシャルルマーニュに重用されたアルクイン（735～804）などが出たのはこのような背景による。特にベーダの『英国民教会史』（731）はアングロ・サクソン史にとり重要な史料であり、この書物を通してその頃のイングランドの様子を垣間見ることができる。

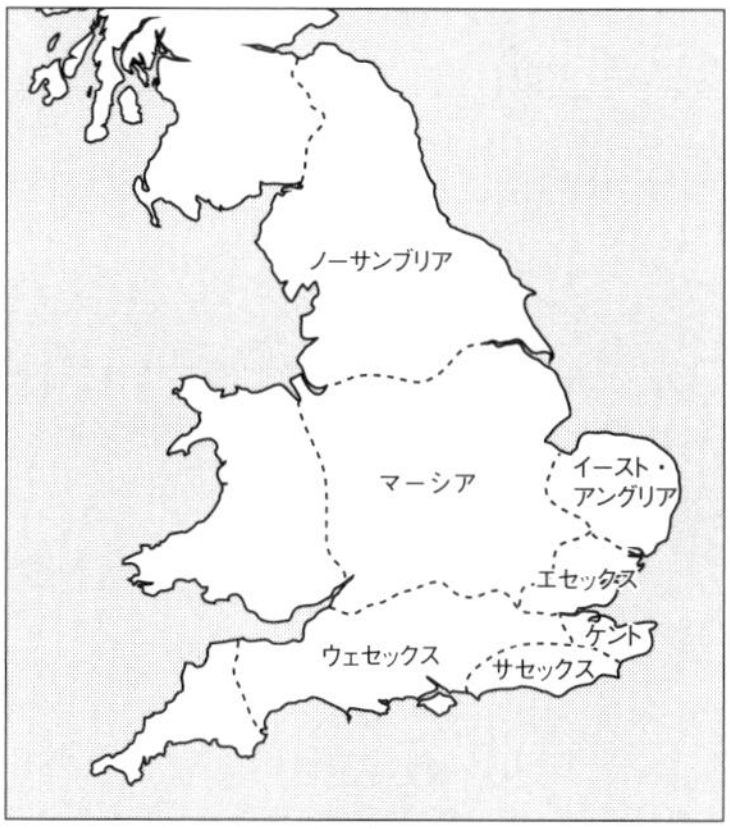

アングロ・サクソン七王国

権勢を振るったノーサンブリア王国も8世紀後半になると国力は著しく低下した。その原因は、皮肉なことに「ノーサンバーランド・ルネサンス」と讃えられた高い文化であった。ベーダはこう証言する。「平和で静穏な時代のために、ノーサンブリアでは大勢の者たちが貴人も庶民も自分たちや子供たちが戦争に専念するよりは修道院の生活に入り、神に奉仕することを熱心に望んでいる。このことがいかなる結果をもたらすかは、次の世代がこれを証明することになろう」と。私有修道院を建てるべく次々に土地が寄進されたため、戦士となる貴族の子弟に分け与える土地がなくなった。彼らはそれらを国外に求めて流出し、結果として軍事力の低下に至った。

この北方の強国が落ち目となり、次に勢力を振るったのはマーシア王国である。ノーサンブリアとは対照的に、この国はペンダ王（在位626～655？）の時代に異教を奨励し、その後キリスト教に改宗していたものの、教会の税金を厳しく取り立てて、強大な軍事力の維持に努めた。オッファ（在位758～796）が即位すると全盛期を迎える。オッファはアルフレッド大王が出るまでの王として、最も強力であると考えられている。彼はウェールズとの国境に「オッファの防壁」と呼ばれる長大な土塁を築いてブリトン人の侵入を阻んだ。今日も残るその遺跡はアングロ・サクソン人の行った最大の土木工事といわれている。

これによって西からの脅威を封じたオッファは、その強大な軍事力を自由に駆使して、リンジー、エセックス、サセックスの諸王家を相次いで滅亡に追いやり、ケント王家も一時断絶した。娘をウェセックス王ベオルフトリックに嫁がせ、盟約を結んでウェセックスにマーシアの宗主権を認めさせたうえ、その有力王位継承者候補エグバートを追放した。イースト・アングリア王エゼルベルトはオッファの命により処刑されて、王家も一時断絶した。

オッファは卓抜な軍事力とともに優れた行政手腕を発揮して、国を発展させた。それは外交にもみられ、息子をフランク王シャルルマーニュ（在位768〜814）の娘と結婚させた。ケントをヨーロッパへの玄関口とし、ロンドンを主要な港として活用して大陸との交易に力を入れた。796年にシャルルマーニュが送った書状では、オッファを「兄弟よ」と呼び、イングランドの商人がフランク王国内で自由に交易できるように保障するとある。この一事をもってしても、オッファが西ローマ帝国の皇帝となる実力者と対等に接していたことがわかる。貨幣制度を改革して通商を活性化させ、広くヨーロッパとの貿易を促した。それを物語るように、フランク王国の各地で見つかる貨幣の中に、オッファ治世にブリテン島で鋳造され流通したものが散見される。オッファは宗教界にも影響力を行使し、セント・オルバンズに巨大修道院を建てたほか、カンタベリー管区とヨーク管区に対抗してリッチフィールドに大司教管区を設立した。

中世写本にあるオッファ王の肖像

こうしてオッファは、アングロ・サクソンを共通の文化を持つ共同体と捉え、軍事王権から統治王権への転換を目指したが、40年の統治の後796年に没した。王権は息子のエクフリッド（在位796）に継承されたが、彼による統治は141日間のみであった。アルクインによれば、それは彼の父が流したあまりに多くの血に対する報復であったという。オッファに圧迫されていた周辺国家も、次第にマーシアのくびきを脱し、オッファによって追放されていたエグバートもウェセックスに戻り、虎視眈々と覇権を狙っていた。かつてオッファが目指していた統治王権は機能せず元の軍事王権が完全に復活していた。

エグバートは20年にわたって国力の回復に努め、満を持して、825年、周辺国への侵攻を開始した。瞬く間にハンバー川以南の覇権を確立し、ノーサンバーランドにも宗主権を認めさせた。ここにイングランドは初めて統一され、事実上のイングランド王国が成立した。

しかしながら、ウェセックスによる統治でやっと国内が安定したと思えたのも束の間、海を越えて恐ろしい敵デーン人が忍び寄っていた。平和や安定は侵略民族にとって格好の獲物であることは過去の歴史が示す通りである。彼らは修道院を略奪し、無防備な修道士を虐殺した。まずノーサンバーランドが蹂躙され、次に海岸、河川に近い村から都市が次々に襲撃された。内乱に明け暮れたイングランドには海の脅威に対する防御がなかったのである。

この国難の中で祖国を背負って立ち上がり、ヴァイキングと戦ったのがアルフレッド大王であった。スカンジナヴィアからの残忍な来訪者との共存状態はしばらく続くこととなるが、彼の偉大な働きのおかげでイングランドの南東部を回復し、アルフレッドの指導のもと、そこを拠点に北部を奪還するのが次のイングランドの命題になってゆくのである。

（狩野晃一）

4 アングロ・サクソン・イングランド統一への道

――ヴァイキングに翻弄された王朝

現イギリス君主エリザベス2世が、その王室の歴史を紹介する際、「父祖ウィリアム征服王以来」としばしば述べるように、その歴史はフランス系のノルマン王朝を始まりとしている。しかし、このノルマン王朝より以前に、「幻」ともいえるアングロ・サクソン人による王朝が存在していたのである。アングロ・サクソンの国といわれるイギリスだけに、このアングロ・サクソン王朝の言語や文化がこの国に多大な影響を及ぼしている。例えば、王室の伝統を見ても、キリスト教に基づく戴冠式は、この王朝のエドガー王（在位957～975）により973年に始められたものであり、その戴冠式が現在でも行われるウェストミンスター寺院の礎を築いたのもやはり、この王朝のエドワード証聖王（在位1042～1066）である。

アングロ・サクソン王朝は、アングロ・サクソン人によるイングランド統一によって成立することになるが、それまでにはかなりの時間を要した。9世紀初めに、ようやく当時勢力を誇っていた4王国（ノーサンブリア、マーシア、ウェセックス、イースト・アングリア）のうち、ウェセックス王エグバートがその気運を高めたものの、安定した統一までには至らなかった。この統一を促進する鍵を握っていたのが、9世紀前半から本格化したデーン人を中心とするヴァイキングの侵攻であった。すなわち、

5世紀にケルト系民族の住むブリテン島に侵攻・定住したアングロ・サクソン人は、9世紀に入るとヴァイキングによって侵攻を受けることになり、この外部からの侵攻によって、その後の国内の命運を左右されることになったのである。そこで、ここでは、アングロ・サクソン王朝の歴史をヴァイキングの侵攻と関連させながら見ていくことにしたい。

統一への基盤

ヴァイキングは、865年にイースト・アングリア、その後、約2年間でノーサンブリア、マーシア東部を次々と征服し、ノーサンブリアの大都市ヨークに拠点を構え、残りのマーシア西部とウェセックスの征服を狙うようになっていた。このような状況下で、救世主のごとく現れたのが、871年にウェセックスで即位したアルフレッド（在位871～899）である。彼はヴァイキングと激戦を続け、一時はサマセットの湿地の奥にあるアセルニー島に身を隠し、なんとか命を長らえるなどの苦々しい経験を経て、ようやく878年、エディントンの戦いで大勝利を収め、後にウェドモアにて休戦協定を結ぶことに成功した。この協定により、デーン人の支配地域をイングランド北東部に限定することができた。この地域は、デーン人の法律が適応されたのでデーンロウ（Danelaw）と呼ばれたが、その力は強大で、依然として国土の半分は彼らが支配していた。『アングロ・サクソン年代記』の「886年」の項に、「デーン人の捕虜になっている者を除いて、全てのイングランド人が王「アルフレッド」に服従をした」という記述が残されているが、実際アルフレッドが支配していたのは、ウェセックスを含めたイングランドの南半分のみに過ぎなかった。すなわち、アルフレッドの置かれ

農婦にケーキを焦がしたことでひどく叱られるアルフレッド［出所：James William Edmund Doyle, *A Chronicle of England, B.C.55-A.D.1485*, 1864］

た状況では、イングランド全土を統一するには到底至らず、ヴァイキングとの戦いを通して、その統一への足掛かりを築くことが精一杯であった。その功績は、デーンロウとの境界線を明確にし、南半分でのアングロ・サクソン人による自治を確保することで、ヴァイキングから領土を奪還し、この国を統一することが国家的命題であることを明らかにしたことである。

このようにウェセックスを守り、統一の礎を築いたアルフレッドは、後世の人びとに「大王」と呼ばれるようになった。これは、その軍事的な功績に加え、ヴァイキングによって荒廃させられた学問の再興をラテン語の重要文献の翻訳等を通して行う等の文化的な功績を含め、その後のイングランドが辿るべき道筋を示したからである。また、彼がヴァイキングとの戦いで命からがら逃げ込んだ民家で、ケーキ番を任せられながら、自国のこれからの事に気を取られケーキを焦がしてしまい、その家の農婦にひどく叱られた話は、イギリスの子供なら誰もが知っている逸話である。この逸話に基づき、アルフレッドが創設したとされるオックスフォード大学のユニバーシティ・コレッジでは、最近行われた記念行事で、「焦げたケーキ」が供されたとのことである。

統一への道

ヴァイキングと休戦協定を結び、ウェセックスの自治を守ったことに加え、ヴァイキングに対抗するには、アングロ・サクソン人の団結が不可欠と考えたアルフレッドは、自身の娘エゼルフレッドをマーシアへ嫁がせ、ウェセックスとマーシアの繋がりを強固なものとしていた。ローマ帝国の圧政に対し反旗を翻したイケニ族の女王ボアディケア（ボウディッカ）を想起させる行動力を持っていたエゼルフレッドは、アングロ・サクソン人のボアディケアと称される程であった。この女丈夫は、夫のマーシア王の死後、ウェセックスのエドワード長兄王（在位899～924）と協力し、自らも戦場で指揮をとり、イースト・アングリアとマーシア東部を奪還することに成功した。つまり、アルフレッドの遺訓を守った次の世代が、ヴァイキングによって支配された土地を取り戻し始めたのである。

エゼルスタン王の治世に発行されたコイン。文字はÆÐELSTAN REX TO (tius) BRI (tainniae)「エゼルスタン王、全ブリテン島の王」と読める。括弧内は、原著者によるもの

　そして、『アングロ・サクソン年代記』の「927年」の項に、「この島にいる全ての王を征服する」という記述がようやく現れる。これは、エドワード長兄王の息子エゼルスタン（在位924～939）がデーンロウ地域の中心地ヨークを奪回することでイングランド統一を成し遂げたことを意味している。さらに、937年のヴァイキング・スコット族連合軍に圧勝したブルナンブルフの戦いによって、彼は、デーン人のみならず、長い間北方

を脅かしていたケルト系民族にもその力を誇示し、その権威をより確実なものとすることができた。『アングロ・サクソン年代記』で、この戦いが詩としても謳われていることからも、この勝利の意義深さがうかがえる。彼が統一を成したことは、彼の作成する書類に「イングランド王」が用いられるようになったこと、また、彼の治世に鋳造された硬貨に「全ブリテン島の王」(*Rex totius Britanniae*)と刻まれていることが物語っている。このように、外敵ヴァイキングとの戦いを通して、イングランドは国内の統一を果たし、ウェセックスを中心としたアングロ・サクソン王朝が成立したのである。

統一の崩壊

9世紀前半のヴァイキングの侵攻によって促進されることになったイングランド統一であるが、皮肉なことに、その崩壊もヴァイキングの侵攻をきっかけとしていた。エゼルスタンの統一以後、イングランドは地域的な争いを除けば安定期を迎えていたが、10世紀後半からヴァイキングの侵攻が再び本格化してきた。この第二波ともいえる侵攻に加え、若くして王位に就いたエゼルレッド(在位978~1016)が失策を繰り返したことが重なり、この統一の弱体化が進むことになったのである。

前王である異母兄エドワード殉教王(在位975~978)を母親が暗殺して王位に就いたのではというういわくつきのエゼルレッドは、賄賂を渡してもその攻撃をやめないヴァイキングに激怒し、イングランドに住むデーン人の皆殺しを命じた。この無謀な命令により、デンマーク王スウェインの妹が殺されると、これをきっかけとして、ヴァイキングはさらなる猛攻を加え、スウェイン(在位1014~1016)がイングランドの王位を奪うことになった。そして、王位をはく奪されたエゼルレッドは、ノルマンディへの亡命を余儀なくされた。この後、スウェインが急逝して一時王位に復帰することになったエゼルレッドは、「王による統治には国民の同意を要する」という重要な概念を含む誓約を文書の形で結んだのである。これこそ、それまでの数々の愚策の故に「無策王」と呼ばれてきたエゼルレッドが、イギリス史に投じた貴重な一石ということができる。復位して2年後の1016年にエゼルレッドは亡くなり、王位はスウェインの息子であるカヌート（在位1016〜1035）へ移り、以後26年にわたり、この国はデンマーク王朝によって統治されることになった。

デンマーク王朝の後、再び、王位はアングロ・サクソン王朝のエドワード証聖王に戻ったものの、1066年に彼が亡くなると、いわゆる「ノルマン征服（ノルマン・コンケスト）」が生じた。この出来事によって、イギリス王室の祖とされるフランスのノルマン王朝へイングランドの王位が渡り、これ以降現在に至るまで、この国からはアングロ・サクソン人の王は1人も出ていない。このように、アングロ・サクソン王朝は、9世紀前半の第一波のヴァイキングの侵攻によって成立したものの、10世紀後半の第二波の侵攻をきっかけに崩壊への道を歩み、その100年余りの短い統治の歴史に幕を下ろすことになった。つまり、現在では歴史の表舞台にはあまり出てこないこの王朝は、ヴァイキングの侵攻によってその命運を翻弄されたということができる。

（福田一貴）

5 英語のルーツと変遷
——アングロ・サクソン民族の言語から国際語へ

英語はその起源からどのような変遷をたどって、現代の国際語としての地位を確立するに至ったのであろうか。

イギリスの先住民族であるケルト人は、紀元前5世紀頃までにブリテン諸島の全域に定住していた。ケルト人が使用していた言語は、スコットランド・アイルランドのゲール語、ウェールズ語、マン島語、コーンウォール語などケルト語派に属する言語であった。イギリス南西部で使われていたコーンウォール語は17世紀に死滅してしまったが、その他の言語は現在も少数の人びとによって使われている。ウェールズ、アイルランドを旅すると交通標識や案内表示に英語とウェールズ語、ゲール語が併記されているのに気付くであろう。

先住のケルト人が使っていた語彙は、地名や地形を表す語彙に残っている。London（荒れた土地）、Thames《テムズ》（暗い川）、avon《エイボン》（川）、glen《グレン》（峡谷）、loch《ロッホ》（湖）などはケルト語起源の語彙である。

ケルト人が暮らしていたブリテン島に紀元前55～54年ローマからユリウス・カエサル（前100～44）率いる軍勢が二度にわたって侵入し、ケルト人と戦った。その後、ローマ人はイングランド北部地方までをローマ帝国の支配下におさめた。ランカスター（Lancaster）、チェスター（Chester）、ウィン

イングランドとウェールズの境界にある標識

チェスター（Winchester）、グロスター（Gloucester）などのように-caster、-chester、-cesterの付く地名はいずれもローマ人が建設した町である。これらはラテン語のcastra「野営地」の意味である。しかし、ローマ人は、ローマ帝国崩壊の危機に瀕して400年頃にはブリテン島から引き揚げてしまう。

ローマ人が去った後に450年頃、ブリテン島の南東部へ侵入してきたのはユトランド半島からドイツ北部、オランダに至る地域に住んでいたアングル人、サクソン人、フリジア人、ユトランド半島北部から渡来したジュート人である。その中で勢力を増したのはアングル人とサクソン人であった。Englandは古英語Englalandに由来し、その原義はthe land of the Angles「アングル人の土地」の意味である。

英語の歴史は古英語（450〜1100）、中英語（1100〜1500）、近代英語（1500〜1900）、現代英語（1900〜）の四つに区分される。

ゲルマン民族はルーン文字と呼ばれる線状の文字を木や骨、岩など硬いものに彫り付けて使っていた。アングロ・サクソン人もルーン文字を使用し、現代英語のwriteは古英語ではwrītanで、その原義は「引っ掻く」という意味であった。またbookの古英語bōcの原義はルーン文字を刻み付ける「平板」で、語源を遡ることで初期の文字文化を知ることができる。

しかし、6世紀末からキリスト教の布教の過程で、アイルランドからの修道士たちはルーン文字をラテン語のアルファベットに置き換えたために、ルーン文字は次第に廃れていくことになった。現代英語がthで表している音はðやþで表していた。写真はパン屋の看板である。Ye olde（= The old）のYはルーン文字þの上の部分が分かれてyのように書かれたもので、今日でも古いパブの看板などにルーン文字の名残りを見ることができる。

8世紀末から11世紀にかけて、ブリテン島は北方のスカンジナビアからヴァイキングと呼ばれたデーン人の攻撃にさらされることになった。878年デーン人との戦いに勝利したアルフレッド大王（849～899）は、ブリテン島をデーン人が住む北部とアングロ・サクソン人が住む南部に分け、デーンロウと呼ばれる境界線を設けた。英語はデーン人が使っていた現代北欧諸言語の祖先である古ノルド語の影響を受けることになったが、アングロ・サクソン人と同じゲルマン民族のデーン人は次第にアングロ・サクソン社会に融合していった。イングランド北東部にはDerby, Rugbyなど-by（「村、農地」の意味）の付く地名が残っている。これらはかつてデーン人が移住した地域である。デーン人は英語にsk-で始まるsky, skin, skiなどの語彙、knife, law, leg, husband, die, takeなどの新しい語彙を持ち込んだ。英語と古ノルド語は同系の言語であったため、sick（英語）とill

パン屋の看板

（北欧語）、wish（英語）とwant（北欧語）のように現代まで併存して使われている例も見られる。さらに、現代英語のshirt「シャツ」（古英語scyrte）とskirt「スカート」（古ノルド語skyrta）は、もともと「短い衣服」を意味する同じ語源の語であったが、身に付ける部分が分かれて用いられるようになったものである。

文法に関して、古英語は現代ドイツ語と同じように名詞に男性、女性、中性の文法性があった。現代英語の名詞は複数形に-s、所有格に-'s、形容詞は比較級に-er、最上級に-estのような語形変化があるのみだが、文法性、数、格に応じて複雑な語形変化があった。さらに、定冠詞theにも多くの変化形があるなど、古英語は現代英語とは大きく異なっていた。

1066年のノルマンディ公ウィリアム（1027～1087）のイギリス征服は英国史のみならず、英語の歴史においても大事件であった。ウィリアムは英語が話せなかったことから、イギリスは約300年間、宮廷をはじめ政治、宗教などに従事するノルマンフランス人がフランス語を使い、庶民は英語を使う二言語社会になった。公式文書はラテン語およびフランス語で書かれ、フランス語が公用語の社会になり、英語は公の場から姿を消すことになった。現代英語で家畜にはcow「牛」、sheep「羊」、swine「豚」を用いるが、食卓に上るときはbeef「牛肉」、mutton「羊肉」、pork「豚肉」のようにフランス語起源の語彙を用いて使い分けている。このような外来語の存在は、2言語使用の状況を反映している。

中英語の特徴として、政治、法律、経済、裁判、軍事、宗教、爵位を表す大量の語彙がフランス語から入ってきたことがあげられる。parliament「議会」、judge「裁判官」、army「軍隊」、religion「宗教」、duke「公爵」、viscount「子爵」はそのような語彙である。anisenのようにフランス語からface「顔」が入ってきたために本来語の語彙が消失して、フランス語からの借用語に取って代わられた例がある一方、weddingとmarriage「結婚」、acheとpain「痛み」、helpとaid「助ける」のように本来語と借用語が併存して用いられる例も生じた。英語は他言語に比べて類義語が多いといわれるのは、借用語を柔軟に取り入れてきたことが理由にあげられる。

公の場から姿を消していた英語は、1362年、議会の開会式が英語で行われ、復活することになった。支配者の言語であるフランス語は英語にとって代わることはなかった。14世紀に入ると南東部のロンドンが商業や貿易の中心になり、ロンドンの英語が標準英語としての地位を確立していくことになる。詩人チョーサー（1340?～1400）が『カンタベリー物語』（1387～1395）をロンドンの英語で書いたことは英語の確立に大きく貢献した。

1458年、グーテンベルクによって発明された印刷術は、ウィリアム・キャクストン（1422～1491）によってイギリスにもたらされた。書物は筆写本から印刷本の時代となり、写本の時代に不統一であった英語の綴りは次第に固定化されていくことになる。

1558年にエリザベス1世が即位し、文化面ではシェイクスピア（1564～1616）が活躍して華やかなイギリスのルネサンス時代が到来した。シェイクスピアは英語の語彙を豊かにするとともに、当時のあらゆる階層の人物を描き出し、数々の名言名句を残した。シェイクスピアと並んで英語の確立に大きな影響を与えたのはジェイムズ1世治世の下で1611年に上梓された欽定英訳聖書である。荘重な文体はその後の英語散文に影響を与えた。

英語が現在の国際語としての地位を確立した要因の一つとして、17世紀から19世紀に植民地を海外に広げたイギリスの帝国主義政策があげられる。アメリカ、インド、オーストラリア、ニュージランド、アフリカへと植民地を広げ、19世紀には日の没することなき大英帝国として世界の繁栄を謳歌する国家へと発展するとともに、英語は世界へと広がっていった。アメリカへの移住は、1607年ヴァージニアのジェームズタウンに最初の植民地が築かれた。その後イギリス国教会の改革を唱えた清教徒たちの一団がメイフラワー号に乗って、1620年マサチューセッツに信仰の自由を求めて移住した。1776年、13の連合植民地が新憲法のもとで批准された。当時、90％がイギリスからの移民で占められていたことがアメリカで英語が主要言語になった大きな要因であった。アメリカ英語とイギリス英語の違いの一つに綴りの違いがある。辞書編纂者のウェブスター（1758～1843）は、アメリカ独自のスペリングの普及に努め、イギリス綴りのcolour, centre, travelling, licenceをそれぞれcolor, center, traveling, licenseに改めアメリカ英語の綴りとして定着していった。

現代はコンピューター、科学技術の発達により新たな語彙が急速に増え続けている。第二次世界大戦後、アメリカが政治経済的に優位に立つとともに、アメリカ英語が影響力を強めている。かつて、中世ヨーロッパでラテン語が共通語（リンガフランカ）としての役目を果たしていたのと同じように、現代では英語が世界の共通言語としての地位を築きつつある。世界各地で様々な英語の変種が使われるようになり、World Englishesという言い方も生まれている。英語教育はますます活況を呈しているが、イギリスはこの分野で教材開発、外国語としての英語学習者向け辞書の編纂などで主要な役割を担っている。

（塚本倫久）

6 キリスト教の伝播
――西欧文化圏への帰属

ローマン・ブリテン時代

イギリスにいつ、誰が、キリスト教を伝えたかという問いに答えることは難しい。ユダヤ人の議員で、イエスの遺体を引き取り埋葬したとされるアリマタヤのヨセフが63年にブリテン島に渡って布教したとか、ブリタニア王ルキウスの要請で教皇エレウテリウスが１６６年に2名の宣教師を派遣したなどという伝承はあるが、いずれも歴史的事実として確認できない。

おそらくキリスト教が伝わったのは宣教師によってではなく、2世紀頃に渡ってきた人々に含まれていた信徒によってであろう。3世紀前半に教父のテルトゥリアヌスやオリゲネスがキリスト教徒の存在を示唆しているが、キリスト教関連の遺物はほとんど見つかっておらず、どれほど広まっていたかは明らかでない。4世紀になるとキリスト教徒の存在はより明確になる。都市名に名を残す聖アルバンらが殉教し、ペラギウスのような神学者も現れ、その教えは異端とされても5世紀までブリタニアで広く支持された。また、各地でこの時期の教会や洗礼盤、典礼器具、墓、装飾品など、キリスト教に関係する遺物が発見されている。教会の組織化も進み、３１４年のアルル教会会議にはロンドン、ヨーク、コルチェスターの司教が参加、サルディカ教会会議（３４７）、リミニ教会会議（３９５）にもブリテン島の司教が出席している。

4世紀末にはブリトン人のニニアンがスコットランドで布教し、カンディダ・カサ（ウィットホーン）教会を創建した、といわれる。ローマ軍撤退後の431年、オーセール司教ゲルマヌスが教皇によって派遣され、ペラギウス主義を論駁するとともに、「教会だけでなく、四つ辻や田舎、遠方の地方でも」布教した、という。

ゲルマン民族の移住以前にブリテン島では、ハドリアヌスの防壁以北をも含む広い範囲で、都市のみでなく農村でも、多少とも広い社会層にキリスト教が広がっていたのである。ローマ軍の撤退もキリスト教の衰退を招かなかった。

ゲルマン民族の侵入と改宗

5世紀半ば、アングル族、サクソン族、ジュート族などのゲルマン諸族がブリテン島に侵入した。ブリトン人の諸王国は激しく抵抗しながらも相互間の協力に欠け、しだいに西へと追いやられてウェールズとブリテン島南西部で命脈を保つのみとなった。ブリトン人の教会は存続したが、大陸の教会や教皇権とは切り離された。多くの王国を形成したゲルマン諸族はキリスト教徒ではなかったので、イギリスのキリスト教化は大きく後退した。

ブリテン島の再キリスト教化は二つの方向から進められた。一つはアイルランドの修道士による北からの布教である。アイルランドでは5世紀にパラディウスやパトリックの布教によりキリスト教が広まり、多くの修道院が建てられ、修道士は修行と学問、布教に力を注いだ。修道士大コルンバはスコットランドに渡り、ピクト人に布教、563年にアイオナ修道院を創建した。その修道士であったエイダンは635年頃イングランド北部のノーサンブリア王オズワルド（在位634～642）の求めに応じて派遣され、リンデスファーンに修道院を建設して布教の拠点とした。

他方、ローマ教皇は南からの布教を試みた。ターゲットとしたのはまず王や王族であった。伝承によると、教皇グレゴリウス1世は登位前に、ローマで売られていた天使angelのような少年奴隷がアングル人と知り、彼を救いたいと願って布教を思い立ったという。教皇は当時西方最大のカトリック国であったフランク王国の支援を得て、修道士アウグスティヌスを南東部のケント王国に派遣した。アウグスティヌスは大コルンバが没した597年に南東部のケント王国に到着し、エセルベルフト王（在位560～616）とその臣下に洗礼を授けた。王はすでにフランク王国の王女ベルタを妻に迎えており、フランクとの関係は重要であった。こうしてエセルベルフトはキリスト教に改宗した最初のイングランド人の王となった。ケント王の影響で、甥のエセックス王サベルフト（在位604?～616?）、イースト・アングリア王レドワルド（在位?～624）も受洗した。アウグスティヌスはカンタベリー、ロチェスター、さらにロンドンに司教座をおいた。

王たちの改宗に政治的理由があったことは否定できない。ノーサンブリア王エドウィン（在位616～633）はエセルベルフトの娘と結婚し、後にヨーク司教となるパウリヌスから洗礼を受けてケント王国との関係を固めた。エセルベルフトの子エアドバルド（在位616～640）は王位に就いたときにはキリスト教を否定したが、613年にフランク王クロタール2世（在位613～629）が勢力を強めると、ネウストリアの宮宰の娘と結婚して改宗した。イースト・アングリアのレドワルドの

7世紀のブリテン島［出所：青山吉信編『イギリス史Ⅰ』山川出版社、1991年、91頁より作成］

子エアルプワルド（在位６２４?〜６２７?）はエドウィンの支援を受けるためにキリスト教に改宗した。エアルプワルドの死後、異教に戻ったイースト・アングリアを再改宗させたシゲベルフト（在位６３０〜６３５）はフランク亡命中に受洗し、フランクとの関係を強めていた。ウェセックス王キュネギルズ（在位６１１〜６４２）は６３５年にノーサンブリア王オズワルドを代父として受洗した。

王の受洗はその臣下や民の改宗を促したが、このような改宗は王の代替わりや敗北によって水泡に帰す可能性があった。実際、エセルベルフトの死後ケントで異教が復興したし、エセックス王サベルフト、ノーサンブリア王エドウィン、イースト・アングリア王エアルプワルドの死後も同様であった。

王に十分な力がなく、改宗が臣下に受け入れられないこともあった。先のエアルプワルド王は改宗直後に異教徒の手にかかって殺された。エセックスのシゲベルフト（在位６５３?〜６６０）も改宗直後に２人の親戚によって殺された。また、王が洗礼を受けても異教を排除しない場合もあった。イースト・アングリアを強勢に導いたレドワルドは受洗した後、異教を容認した。力がなかったのではなく、妻や臣下の意向に配慮したようである。

このようにアングロ・サクソン人のキリスト教化は王たちの決定に大きく依存し、強力な他国との関係強化もしばしば改宗の動機の一つであった。ケント、ノーサンブリアなど改宗した国が強勢をふるうようになると、これに倣う王が増えた。異教徒で有力な王はマーシア王ペンダ（在位632?～654）を最後とすることができる。そのマーシアもペンダの子ペアダ（在位654～656）がノーサンブリアのオズウィ（在位641～670）の娘と結婚し、キリスト教に改宗した。7世紀末にはキリスト教はイングランド全体に広まっていた。

ローマ・カトリック教会への帰属

ノーサンブリアは6世紀中葉のオズワルドとオズウィの時代に強勢を誇るとともに、キリスト教が深く根を下ろすことになった。エドウィン時代にはケントの影響を受けてローマ系キリスト教を取り入れたのであるが、オズワルドはアイオナからエイダンを招いてアイルランド系キリスト教を迎え入れた。

これらのキリスト教はいくつかの点で対立していた。ローマ教会では司教が管轄する司教区を教会行政の単位とし、修道制度はベネディクト派で中庸を旨としていた。アイルランド系では修道院を活動の拠点とし、修道生活は苦行的である一方、流浪して説教・布教に従事するなど規制されない一面があった。しかし、ノーサンブリアで主要な争点となったのは復活祭の算定方法あった。復活祭についてはアイルランドでも二つに分かれ、南部ではすでにローマ方式に従っていたので、ここで問題となったのはアイオナ方式であった。アイオナ方式では月齢が14日から20日の、ローマ方式では15日から21日の日曜日を復活祭とした。そのため、月齢14日が日曜日になったとき、両者の間でずれが生じ、アイオナ方式ではユダヤ人の過越祭と同日となるために問題視されたのである。

この問題を解決するためにオズウィ王が召集したのがウィットビー教会会議である。リンディスファーン司教コルマンがアイルランド方式を、リボン修道院長ウィルフリッドがローマ方式を主張、王は後者を支持した。王としては、南への勢力伸長についてローマ教会の支持を取り付けるとともにノーサンブリア教会のアイオナ修道院からの自立を目指すという政治的意図があったのである。この教会会議は一つの王国の教会会議に過ぎないが、後にカンタベリー大司教座につぐ地位を与えられるヨーク司教座を含むノーサンブリアの教会がローマとの関係を強化したことは、以後のイギリス教会の方向性を決定したといえるであろう。

669年にカンタベリー大司教となったテオドルスはローマの慣習を確認するとともに、イングランド教会におけるカンタベリー大司教の首位権を確立し、イングランドを10数個の司教区に分け、ローマ教会のもとに組織づけた。こうしてイギリスの教会はデーン人の侵攻を乗り越えて、16世紀の宗教改革までカトリック教会にとどまるのである。

（尾﨑秀夫）

第Ⅱ部
中世

7 ノルマン・コンケスト

――論争を生み続ける「イングランド史の転換点」

１０６６年、ノルマンディ公ギヨーム２世がイングランド王ハロルド２世をヘイスティングズの戦いで破り、ギヨームがイングランド王（ウィリアム征服王、在位１０６６～１０８７）となった。この事件はノルマン・コンケスト（ノルマン征服）と呼ばれ、その劇的な展開、影響力の大きさから「イングランド史の転換点」として論争の対象となってきた。ここでは征服の過程といくつかのポイントを紹介しよう。

１０６６年10月14日、ヘイスティングズの戦い

１０６６年１月５日、イングランドのエドワード証聖王（在位１０４２～１０６６）が没した。有力貴族ゴドウィン家出身で王妃の兄弟のハロルドが賢人会の支持でただちに王位を継ぐ（ハロルド２世）。当時、イングランドはこのウェセックス王権のもと統一王国に成長していたが、王位継承は安定しておらず、子のないエドワードの後継者として複数の候補がいた。その一人、ノルマンディ公ギヨーム２世は、血統を根拠とし、さらにエドワードから後継者に指名されていたと主張、王位を要求する。半世紀前の１０１６年、デーン軍を率いるクヌートがイングランドにデーン朝を開いたとき、王子

だったエドワードは母エマの故郷ノルマンディに亡命していた。クヌートの系統の最後となるハルサクヌートに呼び戻されて1042年にイングランド王となるまで、彼は長期間ノルマンディに滞在しており、この地と深いつながりがあったのである。

ギヨームは船を建造し、物資を集め、遠征準備を進めた。ノルマンディのみならず、ヨーロッパ各地から参加者を募る。王位継承の正当性を示すためローマ教皇アレクサンデル2世の支持をとりつけ、教皇旗を掲げる権利も得た。当時、ノルマンディ周囲の有力勢力であるフランス王家やアンジュー伯家は世代交代の混乱期でノルマンディに圧力をかける余裕はなく、ギヨームにとってはチャンスだった。

だが、ノルウェー王ハーラルも、デーン朝に遡る王位継承の約束があったと主張してイングランド王位をねらう。彼は、ハロルドの弟で、兄ハロルドに反旗を翻していたトスティクと結び、イングランド北部に上陸するのである。

ギヨームの侵入に備え南部に軍を集めていたハロルドは急ぎ北上、9月25日、ヨーク近郊のスタンフォード・ブリッジの戦いでハーラルとトスティクの連合軍を撃破した。わずか3日後、今度はギヨーム上陸を聞いたハロルドは、疲労困憊した自軍を率いて南下、決戦に備える。

1066年10月14日朝、ヘイスティングズの戦いが始まった。騎士と弓兵を武器とするノルマン軍に対し、イングランド軍は歩兵中心の密集戦法で立ち向かい、一進一退の激闘が続いた。混乱の中イングランド軍は陣形を崩し、ハロルドが目に矢を受けて倒れた。ついにギヨームが激戦を制したのである。次いでギヨームはロンドンを押さえ、クリスマスにウェストミンスターで戴冠し、イングランド王ウィリアム1世征服王となった。

だが、征服王は勝利に酔う暇はない。支配下の地域では反乱が相次ぐのみならず、北欧勢力はイングランドをうかがう。再度フランス王やアンジュー伯らの圧力を受けるようになっていた故郷ノルマンディも当然維持しなければならない。さらには、長男ロベールが父に反乱し、フランス王のもとに走ったのである。苦難のうちに、１０８７年９月９日、征服王はノルマンディの都市ルーアン近郊で没した。

ノルマン・コンケストがもたらしたもの

征服王はイングランド王国とノルマンディ公領という、海峡をまたがる二つの地域を支配した。征服王はイングランドでは王だが、ノルマンディ公としてはフランス王の家臣だった。この立場は、子孫たちの時代まで英仏関係に影響する。

また、征服により、イングランドの聖俗支配層はノルマンディを中心とした大陸出身者に入れ替わり、大陸の文化がイングランドに広がった。大陸と強いつながりを持つ支配層の成立により、イングランドと北欧の関係は薄れ、イングランドは西ヨーロッパ世界に組み込まれる。また、征服後のイングランドを拠点に、ノルマン貴族たちは、スコットランド、ウェールズ、アイルランドにも進出し、ヨーロッパ大陸とつながる文化は、変容しつつ広くブリテン諸島に拡大していったのである。

一方、征服王は、たしかに海峡を頻繁に行き来してイングランドとノルマンディを一人で支配したが、法や地方体制はそれぞれの地域の伝統が強く残った点が指摘されている。実際、征服王は、エドワードの正統な後継者を自称し、イングランドの体制維持を掲げた。イングランド、ノルマンディ独自の伝統の継続や発展、相互の影響については、さらなる検討が必要だろう。

このような理解は、比較的近年のものである。近代歴史学が国家単位で実践された19世紀以降、長い間、ノルマン・コンケストもイングランド近代国家成立の過程に位置づけてられてきた。とくに、ノルマン・コンケストにより中世イングランド封建社会が成立したとされ、征服は「イングランド史の転換点」として注目を浴びた。現在では、封建制論そのものが見直され、封建制の起源はノルマンディかイングランドかという論争は影を潜めた。近年の研究は、「ノルマン・コンケストによりイングランドがフランスに征服された」という前提のもと、「ノルマン・コンケストのイングランドへの影響」に集中するのでなく、ノルマン・コンケストを、ブリテン諸島におけるイングランドとそれを取り巻く北欧、ノルマンディを中心としたヨーロッパ大陸との長期にわたる関係の中でとらえる方向へと変化しているのである。

征服王の支配から「アンジュー帝国」へ

征服王の死で王国は混乱期に入った。長男ロベールはノルマンディ公（ロベール2世）に、次のウィリアムはイングランド王（ウィリアム2世、在位1087～1100）となり、末子ヘンリーには財産のみ遺された。三兄弟が争いを繰り返した後、イングランド王となり、イングランドとノルマンディを最終的に父のように併せ持ったのは末子ヘンリーだった（ヘンリー1世、在位1100～1135）。

ヘンリー1世期には、ノルマン支配層がイングランドに定着してイングランドにおけるノルマン文化が成立し、財務府や巡回裁判などの統治システムが発展した。一方、ノルマンディにはフランス王ら周囲の勢力がノルマン貴族らと結んで介入し、ヘンリーの支配を脅かす。そしてヘンリーもまた後継者問題に直面した。後継者に予定していた嫡男ウィリアムが1120年英仏海峡の横断中に遭難死するのである。ヘンリーは、夫である神聖ローマ皇帝ハインリヒ5世の死で帰国した娘マティルダをアンジュー伯家に嫁がせ、娘の系統による自分の王国の継承を期待した。だが、ヘンリーが1135年に没すると、甥のブロワ伯スティーヴンがイングランド王位を継ぐ（在位1135～1154）。マティルダは、夫のアンジュー伯ジョフロワとともに対抗、「スティーヴン王の内乱期」と呼ばれる20年近い対立が始まった。

ようやく成立した和解とスティーヴン王の死を経て、1154年マティルダとジョフロワの息子ヘンリがイングランド王（ヘンリー2世、在位1154～1189）となり、広大な所領を受け継いだ。ヘンリーの妻は南仏の大諸侯アキテーヌ公の女相続人アリエノール・ダキテーヌであり、ここに祖父、父、そして結婚で得た広大な領土からなる「アンジュー帝国」が誕生した。こうしてノルマン・コンケストの遺産はその後の英仏関係をさらに複雑なものにしていくのである。

《バイユーのタペストリ》と『ドゥームズデー・ブック』

最後に、同時代の資料2点を紹介しよう。まず、《バイユーのタペストリ》である。タペストリ（綴織）と呼ばれるが、刺繍による布の絵巻物で、幅約50センチほど、今に残る部分の長さだけでも70メートルほどもある。おそらくイングランド南東部のカンタベリーで、征服から数年後に製作された。ヘイスティングズの戦いにいたるイングランド側とノルマン側の動きから戦いの準備、戦争シーン、

《バイユーのタペストリ》の一部。ヘイスティングズの戦いを描いた部分

イングランド側の敗走が、刺繍による簡潔なラテン語の詞書と人物たちで生き生きと描かれ、観るものを圧倒する。現在はノルマンディの都市バイユーの博物館に保管されている。

もうひとつは『ドゥームズデー・ブック』である。征服王支配下のイングランドの土地調査結果がまとめられ、グレート・ドゥームズデー・ブックと、東部についてのリトル・ドゥームズデー・ブックと呼ばれる分厚い2冊の書物として残され、ロンドンの国立公文書館に保管されている。各ページには、州ごと、各土地保有者ごとに、土地の情報が調査の行われた１０８６年とエドワード証聖王時代について詳細に記録されている。『アングロ・サクソン年代記』は、１０８５年冬、王は家臣たちと議論し、「一頭の雄牛、一頭の牝牛、一頭の豚ももらさぬよう」イングランドの土地調査を命じた、と書いている。11世紀という時代に、この国家的大事業が実現したことには驚くほかはない。まさに『ドゥームズデー・ブック』は、征服王の支配が、征服前から継承されたイングランドの地方行政システムを利用して生み出した当時のヨーロッパ最大の資料のひとつなのである。《バイユーのタペストリ》と『ドゥームズデー・ブック』、どちらも今なお研究者の新たな解釈の源泉となり続けている。

（中村敦子）

コラム 5

アングロ・サクソン人を睥睨したノルマン式の城

ウィリアム1世（在位1066～1087）のイングランド征服を容易にした軍事的要因として、攻撃の中心に騎馬隊をすえた戦術にあったとされている。それともう一つ、城の存在がある。

ノルマン征服以前、イングランドの支配層は防御柵と濠をめぐらせたような館に住んでいたが、それは「城」と呼べるほど強固なものではなかった。ここに本格的な城を持ち込んで征服と支配の拠点としていったのがウィリアム1世だった。彼はペヴンシーに上陸すると、海岸線に沿って東進し、ヘイスティングズに遠征軍の橋頭堡となる城を築きはじめた。イングランドで最初の城とされるものである。その後、彼は征服を続けながら、各地に征服軍の基地となる城を次つぎと築いていった。

ウィリアム1世が築いた城は「モット（土塁）・アンド・ベイリー（外庭）・カースル」というノルマン式のもので、土塁と外庭の部分から

ノルマン式の「土塁と外庭の城」

なっていた。土塁の上にはキープと呼ばれる、2層から3層造りの四角い塔のような木造の建物が建てられた。城の中心となる部分で、天守に相当するものである。屋上には狭間胸壁がめぐらされていた。土塁の下の外庭には、戦士たちの宿舎や厩舎、倉庫などがあった。そしてキープと外庭、それらをつなぐ階段の周囲には丸太をつらねた防御柵がめぐらされ、さらにその外側には城全体をとりかこむように濠が掘られていた。この城の利点は、場所を選ばずどこにでも短期間で築けることだった。

　城は緊急時には征服軍が1日で移動できる距離にあることが必要だったために、20マイル（約34キロメートル）ごとに築かれていった。その数は征服の完了する1080年代半ばまでに、従臣のものまで含めると84カ所にのぼったとされる。ロンドンの南西部にはベイナーズ城とモントゥフィチット塔という二つの城が築かれた（二つとも現存しない）。またウィリアム1世が重要拠点としたところの城は、王直轄の王城（ロイヤル・カースル）とされた（主なものにコーフ城、ドーヴァー城、ロチェスター城、リンカン城、ケンブリッジ城、ノーリッジ城、セトフォード城、ヨーク城などがある）。

　ノルマン式の城は、城らしい城を持たなかったアングロ・サクソン人を圧倒するものであったが、急ごしらえで基本的には木造であったために、火攻めに弱いという欠点があった。そのためあまり長くは使われず、12世紀には石造りの城に改築されていった。現存する石造りの城の中には、ヨークのクリフォー

ノルマン時代の土塁の上に建つヨークのクリフォーズ塔

ズ塔のように、ノルマン式城の土塁の上に建っているものもある。

ノルマン征服時に急ぐ必要のない場合やウィリアム1世が地理的に重要拠点と見たところには、当初から強固な石造りの城が築かれることもあった。侵攻中に南西部でアングロ・サクソン人による最大の叛乱のあったエクセターでは、1067年に小規模ながらイングランドで最初の石造りの城が築かれた。1071年にデーン人の襲撃に備えて築城されたコルチェスター城は、ローマ時代の要塞跡の上に築かれたものであるが、当時イングランドで最大の石造りの城とされた。

1078年にウィリアム1世は、ロンドンの南東部に新たにイングランドの征服を象徴し、アングロ・サクソン人を睥睨するような巨大な石造りの城を築きはじめた。ロンドン塔の前身となり、のちに白く塗られたことからホワイト・タワーと呼ばれるようになる城である。築城の責任者は、聖職者でありながら軍事建築の専門家でもあったロチェスター司教ガンダルフだった。

ノルマン征服時代、城造りには多くのアングロ・サクソン人が強制労働に駆り出された。そうした彼らは、ノルマン式の城にそびえるキープを見上げるたびにその威容に圧倒され、あらためてノルマン人がイングランドの支配者になったことを思い知らされたのだった。

（千葉　茂）

ホワイト・タワー
［出所：Wikimedia Commons/Bernard Gagnon］

8 アンジュー帝国
——中世英仏関係史の中で

アンジュー帝国とは12世紀後半から13世紀初めにかけて、イギリス海峡を挟むブリテン島とフランス西部に、フランスのアンジュー家が支配・領有した地域を指す歴史学者の研究用語である。狭義のアンジュー帝国は１２０４年のノルマンディの喪失で崩壊したとされる。帝国の中心は12世紀にはロワール川沿いのアンジェであったが、１２０４年以後イングランドに移った。帝国を領土として理解するとアンジュー帝国はその年に崩壊したことになるが、権力構造として理解すると、１４５３年の百年戦争終結まで続いたといえる。その時イングランド王国はフランス王国とは別の独立した国家となり、帝国的構造は崩壊した。

王と伯

フランス王国は既存の公や伯のような領域権力者が、９８７年相互の平和維持機構として構想し、同等者中の第一人者であったカペー家を王に推戴して、公や伯が王に封建的臣従を誓約することで権力構造を築いて成立した。王は公伯に現地統治を委ね（間接統治）、王国領域の防衛・拡大に努めることが、王や公伯の暗黙の了解であった。10世紀末から12世紀半ばまでの英仏地域には、この王国に含まれない地域（ノルマンディ、ブルターニュ、アキテーヌ）があった。それらの地域を代表する公的権力保持者が不服従で未確定のため、カペー家は現地代表者との封建関係による間接統治の形式をとり得ず、フランス王国の王権が及ばなかった。

アンジュー家は本領地アンジューを自力で支配し、カペー家に伯として臣従していたが、1151年までにはカペー家フランス王国に含まれない地域をアンジュー家が領有する状態が生じた。同年アンジュー伯ジョフロワが息子ヘンリー（仏語発音ではアンリ、後のプランタジネット家イングランド王ヘンリー2世）をノルマンディ公としてカペー家ルイ7世に臣従させたことは、広大な支配領域を従えるアンジュー家がノルマンディ公、アンジュー伯として、フランス国王に匹敵する武力保持者・最大の封臣になることを意味した。アンジュー家がカペー家の封臣に留まる意思がないことは、両家がノルマン・ヴェクサン地方をめぐってたびたび軍事衝突し、アキテーヌでも戦闘した（1152）ことを見れば明らかである。カペー家と交代してアンジュー家がフランス国王になるという承認を、北仏諸侯に行わせることが無理であれば、カペー家と縁組をして王家の一族となる可能性と、フランス王国から離れて別の王国を設立する可能性とが残る。

アンジュー帝国の成立

1152年にアンジュー家のヘンリーとアキテーヌ公領相続人のアリエノール（エレアノール）とが結婚した結果、同家の領有地はさらに拡大した。しかも1154年ヘンリーが母方の家系（フランス王と対立していたノルマン家）の領地であったイングランド王国を相続したため、同家はイギリス海峡の両岸に、フランス王家領を凌ぐ広大な土地を領有することになった。その地域は別々の王国、伯公国の集合体であり、相互間に封建的主従関係はなく、一体化した統治は行われていないが、領有者がアンジュー家であり、カペー家フランス王権とは距離をおく地域である、という共通点があった。

アンジュー家のヘンリーは一方でカペー家との縁組策を採りつつ、他方で独立した別の権力構造（アンジュー帝国）設立策を実行した。ヘンリーはルイ7世の再婚者コンスタンスの娘マルグリットと、自分の息子若ヘンリーとの結婚を約束させた（1158）。コンスタンスの死後、ルイ7世の次の妻アデル・ド・シャンパーニュが、ルイにとって待望の男子フィリップを生んだ（1165）。アンジュー家がフランス王家と姻戚関係によって王になる可能性が消えた。しかしその後も、リチャードとコンスタンスのもう一人の娘アリスとの婚約を成立させた（1169）。1189年リチャードはフィリップとの交渉で、アリスとの結婚を承諾していた。

カペー家から見れば、これは封主と封臣の絆を固める婚約であった。カペー家当主フィリップ2世の王国構想は、西仏に広大な所領を有しているアンジュー家が、フランス王の封臣としての義務を果たす状況を作り、その帰属を確保してフランス王国の規模を拡大し、いわば「フランス帝国」を形成するものであった。それはフィリップ2世が1183年以降、反乱する諸侯をフランシーズ（特権）と呼ばれる特許状を授与することでフランス化し鎮めようとしたことに見られる。

アンジュー帝国の拡大

カペー家と休戦条約を結んでいたアンジュー家ヘンリーは、ルイ7世にフィリップが誕生した（1

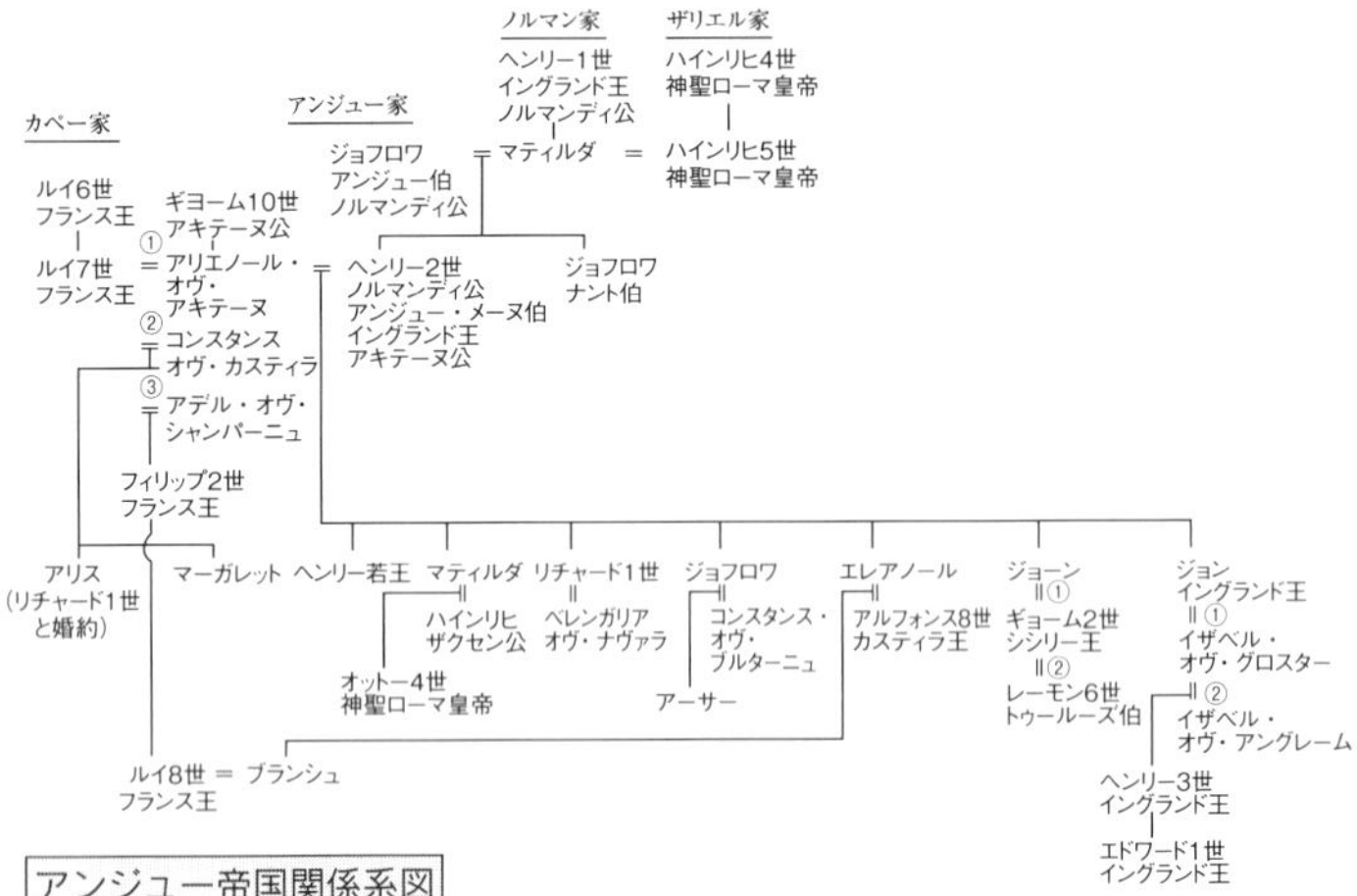

アンジュー帝国関係系図

165）ことを契機に、フランス王国から離れて別の権力構造を建設する策へと重心を移した。その後のアンジュー家による帝国的権力構造の建設は目覚ましい。1165年には大規模なウェールズ遠征を行い、1166〜69年にブルターニュ在地勢力に対して、息子ジョフロワの支配権を認めさせた。1171年にはアイルランドを攻めた。同年フランスとドイツの境界に位置するサヴォワの伯ウンベルト3世と同盟し、カペー家の進出に歯止めをかけた。同年1月ヘンリーはトゥールーズ伯の臣従を受けた。イングランドへ侵入したスコットランド軍を鎮圧し、1174年ファレーズ条約を結ばせ、イングランド王に臣従させた。1176年には娘をシシリー王と婚約させた。1177年には末子ジョンをアイルランドの支配者とした。これらすべては、カペー家を核とするフランス王国の勢力範囲と競合しつつ、アンジュー家を権力の核とする独自の権力構造を拡大する行動である。

　イングランドはカペー家からの封土ではなく、アンジュー家の支配領域（ドミニオン）の一つとしてヘンリーに都合よく領有された。ヘンリーは王を統治者から領有者へと変え、統治を自らは担当せず、相互に対立するイングランド在住の諸侯の合議を経て統治ルールの合意を形成させ、領有者としての王が最終決定権を持つという形へと変更した。この変更が、それまでのアングロ・ノルマン王国内の一領域イングランドを、アンジュー帝国内の一ドミニオンとしてのイングランド王国へと変えた。

こうして獲得されたアンジュー家領は統一した国制がないので王国とは呼べない。王国、公伯国を含み、各ドミニオンの統治者よりも領有者アンジュー家当主が上位権力を行使する構造の権力体なので、帝国とみなすべきである。権力構造の核と諸ドミニオンの支配者とを結ぶものは封建的主従関係ではなく、アンジュー家の血縁・家族関係に過ぎない。アンジュー家当主はアキテーヌ、ブルターニュ支配を息子たちに委ね、アンジューにも代官をおいて統治させた。これはカペー家フランス王国の封建的国制との大きな違いである。一方諸侯がフランス王国にではなく帝国に帰属する判断基準は、12世紀後半には、諸領邦を構成する在地領主たちの領地確保を果たし、領邦間の平和維持の機能を実行できる領有者の能力の多寡であった。ヘンリーが二度にわたる息子たちの帝国からの離反行動（1173～1174、1183～1185）を軍事力で鎮圧した結果、彼の力量が諸侯に示された。

リチャード、ジョン時代

1188年までは父の帝国領有策に逆らっていたリチャードは、アンジュー家当主の地位を相続以後、父と同じ路線を採った。十字軍戦士として聖地に向かう途中のシシリーで、ナヴァラのベレンガリアとの結婚を前提に、フィリップの異母姉妹アリスとの婚約を解消した結果、二つの家門は合体せず、競合することにならざるを得ない（1191）。

1199年弟ジョンがアンジュー家当主となると、フィリップ2世はノルマンディを攻めた。1206年までにノルマンディと北仏のアンジュー家領大半は、カペー家の支配下に入り、アキテーヌのガスコーニュ、ポワトゥがアンジュー家に残った。その結果、当主ジョンはイングランドに恒常的に居住することになり、アンジュー帝国の核はイングランドに移った。しかも1214年ブーヴィーヌでフィリップ軍が勝利し、アンジュー帝国に帰属する諸侯が大幅に減少した。この過程でジョンはアンジュー家当主として、1208年に南ウェールズ、1209年にスコットランド、1210年にアイルランド、1211年に北ウェールズを攻め、帝国としての拡大を意図した。イングランドやブリテン諸島の富が、大陸での戦役に浪費された。つまり1204年のノルマンディ喪失後も、アンジュー帝国は、支配家系からも、支配される側からも、さらには敵対する家系からも、ジョンに味方した周辺諸侯からも、実際に存在するとみなされていた。

ジョンの後を継いだヘンリー3世は、1230、43、53年に自らガスコーニュへ遠征した。北仏では戦わなかったが、ノルマンディ公などの肩書きを外すことはなかった。1337年には英仏百年戦争が始まり、エドワード3世が仏王位を請求し、1422年にはヘンリー6世が仏王を名のった。戦争は1453年に終わり、アンジュー家による帝国的権力構造が、広域的平和領域を築いた時代は終わった。アンジュー家は、1460年代にヨーク家のリチャードが、自己の王位請求権は、ランカスター家に勝ることを主張する根拠として、プランタジネット家の名称を用いた時以後、その名で呼ばれるようになった。テューダー家4代目メアリーの時に、カレーをヴァロワ家に奪われ、アンジュー帝国もその遺産も消えたのである。

（朝治啓三）

9 マグナ・カルタ
——国制基本文書説の再検討

1215年6月15日にイングランド王ジョンが、諸侯の集団に与えた特許状。大憲章（大きな特許状）という後付けの名称は、内容の偉大さの故にではなくその大きさに由来し、1217年に分離独立した御料林憲章と区別する故にでもある。

二つの視角

これまでにマグナ・カルタ（以下MCと略記）の研究視角は二つに絞られた。一つは法制史の視角で、その代表的研究者はマクケニである。二つ目は歴史学の視角で、代表者はホルトである。18世紀にブラクストンが前者の研究方法でMCのイングランド法史における法律、制度としての位置づけを行った際に、原文にはない条文番号を振り、その後の研究者がそれを踏襲した。1215年にジョンがラニミードで、諸侯の提出した「バロンの条項」に認可を与えたMC原文は現存していない。その写本といわれるものが4通あり、大英図書館にそのうちの2通が保存されている。特許状の授与者であるジョンは6月に承認したMCを8月までに否認した。翌1216年ジョンが死亡し、息子ヘンリー

3世が即位の際、内容を改定して再公布した。さらに翌1217年ヘンリーが再度内容を改定して再公布した。1225年新たな課税を臣民が受け入れるのと交換に、内容を改定して再度公布された。その後はこの最後の版が再確認されたので、長い有効性を保ったのは1225年版のMCであり、それ以前の版は法律としては無効である。イングランド人の人権尊重の源とされる1215年版の第39条（以下1215年版の条文番号で記す）は、その後の版にも条文番号を変えて収録されたため、有効性を保った。しかし議会制度の起源とみなされる1215年版の第12、14条は、その後の版には引き継がれず無効である。現在「王国制定法集」に残っているのは、第1、13条と第39、40条を合体させた条文の3種である。法制史の立場では無効とされた条文への顧慮は薄く、1225年版の条文が、その後のイングランド法や世界各地の法に如何に継承されていったかが議論されてきた。

これに対して歴史学者は、MCがどのような社会や歴史的流れの中で生み出されたのかを議論してきた。ジョンと交渉した直臣たちは、イングランド住民諸階層を代表していたのか。ジョンがラニミードで承認を与えたのは、武力威嚇に強制されたからなのか、それともMCを承認しても王の権威は維持できるという彼なりの見込みがあってのことなのか。教皇インノケンティウス3世がジョンを助け、諸侯を破門したのはどのような勝算があってのことなのか。これらの論点を解明するには、MCの条文や以前や以後の法を調べるだけでは不十分であり、1215年当時のイングランド王国の統治の実態を解明する必要や、教皇や皇帝、さらにはフランス王からの影響や干渉をも考慮する必要があることは明白である。

1215年版の条文

MCがジョンから彼の直臣の集団に対して与えた特許状であったことは、この事件がイングランド王国の最高封主とその封臣たちとの封建契約をめぐるトラブル（例えば相続上納金、寡婦産、結婚承認権などの規則や運用）に関する規定が前半に並んでいることから明白である。多くの直臣がジョンへの忠誠誓約を破棄すると宣言したことが契機となって、彼がMCを承認したことからみると、国王としての彼の権力が直臣の支持の上に成立しているとの認識があったといえる。他方、承認2カ月以内にMCを否認したことは、ジョンを支持する直臣たちの軍事力に依拠すれば、対抗勢力を武力制圧し得るとの予期に立つものと見なされ得る。これに対して忠誠を破棄した諸侯が、新たなイングランド国王としてカペー家のルイ王子（のちのルイ8世）を招聘し、彼に忠誠誓約すると宣言したことは、彼らにとっては、彼らの主君がイングランド人である必要はなく、プランタジネット（アンジュー）家に限られる訳でもなかったことを示す。諸侯の意図が実現していれば、イングランド国王を選ぶのはイングランド諸侯の団体であることを、事実として示し得ていたであろう。

ジョン王の国璽（表）。「バロンの条項」につけられたもの。直径3.75インチ（大英図書館蔵）［出所：J. C. Halt & M. Reeves, *The King John and Magna Carta*, Longman, 1988.］

MCの中のかなりの数の条文が直臣以外の人びと、すなわち陪臣、自由人一般、都市民、外国からイングランドを訪れる商人、聖職者たちの権利をも対象としていることは、彼らの権利の保護責任者がイングランド国王であり、ジョンがその称号保持者であることの主張である。これはＭＣが単なる封建契約書ではなく、同時に王国統治者の権限と義務を定めた文書であることを明確に示している。

しかしジョンは教皇に訴えて、ＭＣの無効を標榜し反抗した諸侯を破門するよう請願したため、インノケンティウス３世はその要求に応じた。既に１２１３年にジョンはイングランドを教皇に献上し、あらためて封土として下賜されていたから、彼はイングランド領有権を、諸侯の支持にではなく、教皇の封主としての権限に基づかせていた。「バロンの条項」にはなかったにも拘わらず、ＭＣに第１条としてイングランド教会の特権を保証する条文を挿入したのは、ジョンから教皇への当然の返礼である。

アンジュー帝国の中のイングランド

プランタジネット家の家産であるイングランドの領有権者としてのジョンは、１２１５年彼の直臣との間で、封建関係だけでなく、王国統治に関する様々な規則をＭＣとして文書化した結果、王国の統治権者として諸侯によって承認されたといえる。それを裏書きするのが第61条である。すなわち両者がなした約束を、ジョンが一方的に破った場合、諸侯のうち24人とロンドン市長を加えた25人が、王国共同体を代表してジョンに対して差し押さえなどの手段で匡正《きょうせい》させることができるという長文の規定である。この条文は１２１６年以降の版では削除されたが、代わりに諸侯の「共通の助言で」という文言が用いられ、国王と統治権を分有する諸侯団体が想定されていた。１２２５年以降の版ではそれも消えるが、この頃までに1215年当時の反ジョン派の諸侯はほぼ現役を退き、団体は消えたからである。王と諸侯集団とが王国統治権を分有する状態は、それ以後、両者間での紛争が生じる度に、1225年版が再確認されるという形で存続した。その回数はトムスンによれば13世紀だけで23回に及ぶ。そのうち1297年エドワード1世が確認した時の条文が、現在『王国制定法集』に掲載されている。

1204年にカペー家のフランス王フィリップ2世がノルマンディを奪取して以来、ジョンはイングランドに住み、そこから大陸の故地を奪還する戦争を始めるという、アンジュー家当主としての課題を担うことになった。そのための出撃費用や軍隊をイングランドで調達しなければならず、封建的付帯義務の徴収以外にも、聖職者からの罰金徴収や州請負料の徴収、木材の徴発なども利用して増収を図った。しかしその結果、封臣以外のイングランド住民からも統治権者への不満が発生し、いずれの項目についてもMCにおいて制限が加えられた（22、25、31条など）。ジョンが相続による領有権者ではあっても、裁判、課税、秩序維持、外交などの王国統治権を行使するには、被治者の同意が必要である旨（21、22、39、52条など）書き記された。封臣以外の人びとの権利に関する条文をも「バロンの条項」に書き連ねて、ジョンにMCとして認めさせた諸侯団体は、王だけでなく自らも王国統治に責任を持つと認識していたのかもしれない。

その後のマグナ・カルタ

13世紀には国王と諸侯の国政討議の場であったパーラメントが、14世紀の前半に議会として定着すると、紛争ごとの再確認は不要になった。1297年の再確認以後、MCは法とみなされ、その解釈・改廃は議会で行われた。14世紀に議会制定法で、「いかなる自由人も」の箇所は、「いかなる身分あるいは境遇にある人も」へと、解釈を変更された（1354年）。17世紀にステュアート家が王位に就いていわゆる王権神授説に基づく国政を始めると、同意原則が破られたことを実感した裁判官クックが、イングランド住民全体の権利を保障する国王と臣民との合意の根拠としてMCに再度光をあて、封建文書としてではなく、広く人権擁護の憲章として定式化した。その結果、MCはいわゆるピューリタン革命の理論的支柱とみなされ、神話化が始まった。この神話化に掉さしたのは、新大陸で新たな国家を建設しようとして、本国政府と戦っていたアメリカ13植民地の英雄たちであった。彼の地では政治のみならず文化、学問、芸術の分野においてもMCの神話化が進み、第二次世界大戦後1957年に、故地ラニミードにMCの記念碑を建てたのはアメリカ法律家協会であった。

彼らはMCの第39条の規定を、臣民の自由を保障する基本原則とみなし、本国政府と国王ジョージ3世に対して、植民地住民の権利を擁護する運動の根拠とした。1215年6月の政治的緊張の過程で作成された政治文書は、17世紀にはロックの自然権と結びつけられて、普遍的な人権の根拠となる基本法とみなされたのである。歴史史料を文面だけで分析し、歴史的背景を無視すると、解釈が独り歩きする例である。

（朝治啓三）

10 大陸からの撤退と島国国家の誕生

——中世から18世紀まで

イギリスが、アンジュー帝国のような大陸国家から島国国家へと移行してゆく過程を見るには、大きくふたつの側面を考える必要がある。ひとつは、大陸領土の喪失であり、もうひとつはブリテン島をひとつのまとまった国に統一しようという動きである。さらに後者からは、全島をひとつのまとまりと考える理解の浸透という、より長期的な視野が必要となる問題が見えてくる。

この移行を考える上でのキーパーソンのひとりが、イングランド国王エドワード1世（在位1272～1307）である。彼のウェールズとスコットランドへの征服戦争は、その後のブリテン島の歴史に大きな痕跡を残すことになった。

国王ジョンが大陸領のほとんどを失ったのち、ジョンの後を継いだヘンリー3世は大陸領の回復を目指すものの、成果は上がらず、膨らんだ戦費をまかなうための課税によって再び貴族との関係が悪化し、フランス系の貴族シモン・ド・モンフォールを指導者とする貴族たちと国王派の貴族との対立が激化した。この内戦（ジョン王の時代の「第一次バロン戦争」に対して「第二次バロン戦争」という）で、最終的にシモン・ド・モンフォールを破ったのが、王太子エドワードであった。

この勝利によって国政の実権を握ったエドワードは、1272年に即位すると、行政組織を整え、封建関係を再整理し、教会裁判所の力を抑えるなどして国王権力の強化を図った。こうして国内を掌握したのち、対外的には、大陸領を失って収縮を続けていた領土の再拡大を目指すことになる。その最初の標的となったのが、ウェールズであった。

当時ウェールズでは、北ウェールズのグウィネッズを支配していたルウェリン・アプ・グリフィズが、自ら「ウェールズの君主」を意味する「プリンス・オブ・ウェールズ」の称号を名乗って、バロン戦争の混乱に乗じて、勢力を拡大していた。ルウェリンがシモン・ド・モンフォール派との結びつきを強めたことは、エドワード1世にとって看過できるものではなく、ルウェリンがエドワードへの臣従礼を拒否したのを機に、ウェールズ侵攻に乗り出す。

圧倒的な軍事力のイングランドにルウェリンは敗北、1282年に再び蜂起するものの、打ち破られ、ウェールズはイングランドによって完全に掌握された。この後、15世紀に大規模な反乱が起きるものの、その鎮圧後は大きな抵抗もなく、16世紀には「合同法」によってイングランドに併合され、ウェールズは行政区分として消滅することになる。

次にエドワードが矛先を向けたのがスコットランドである。王家直系の王位継承権者がいなくなったスコットランドで、王位をめぐる混乱が生じたのに乗じて介入し、1292年、傀儡としてジョン・ベイリアルを王位につけて、臣従を誓わせ、スコットランド国王を封建臣下とした。

スコットランドを勢力下に収めたエドワードは、フランスとの戦いに向かうことになる。アンジュー帝国崩壊後もイングランド領として残っていた大陸領アキテーヌ南部のガスコーニュ地方をめぐって、1294年にフランス王と戦いが始まる。すると、イングランド支配に反発していたスコットランド貴族におされて、ジョン・ベイリアルはフランスと同盟を結ぶが、すぐにエドワードに制圧されてしまう。ジョンはスコットランド王位をエドワードに譲り渡し、一時スコットランドは独立を失うことになる。その後、スコットランドの独立は回復されるものの、イングランドは封建上位権を主張し続け、16世紀にいたるまで、スコットランドの支配・併合を目指して、スコットランドと戦争を繰り返すことになる。

エドワード1世の下で実現した「統一されたブリテン島」は、少なくともイングランドにおいては、この国の基本的な姿と理解されるようになった。現在、エドワード1世を「連合王国」の先駆者として評価する歴史家もいるが、もちろん、征服されたスコットランドやウェールズから見た場合、正反対の評価になる。「統一的な島国国家」という枠組みをどう見るかは、スコットランド独立運動とも関わる今日的な問題でもある。

ウェールズやスコットランドでは「成果」を挙げたエドワード1世であるが、フランスとの戦争では、領土回復という成果を挙げることなく休戦にいたった。エドワードの大陸領土への関心は、その後、孫のエドワード3世やランカスター朝のヘンリー5世などに引き継がれることになる（百年戦争）が、結果的には、フランスとの大陸領土をめぐる戦いは、わずかにドーヴァー海峡に面した港町カレーだけを残して、大陸領土をすべて失う形で終結する。

ただ、領土の喪失は、そのまま大陸国家への憧憬をすぐにしぼませたわけではなかった。16世紀前半、ヘンリー8世は、大陸への野心をつのらせて、幾度か兵を送ることになる。このヘンリーの野心は財政の窮乏だけを残し、失敗に終わる。ヘンリーが大陸派兵の拠点としたのが、ただひとつ残された大陸領カレーであったが、そのカレーも、メアリー1世の時代、スペインとの同盟によって引き込まれた対フランス戦争の結果、1558年にフランスに奪われてしまう。これ以降、イングランドは新大陸に関心を向けることになり、その後の発展の出発点となった、ともいえるのだが、当時の人びとにとっては、大陸国家であった栄光の名残を吹き消す悲痛な事件として記憶されたようである。

その後もイングランド王は、形式的には19世紀初めまでフランス王の称号を唱え、国王紋章にもフランス王家の紋章である百合の花を組み込んだものを使い続けるが、一方で「島国国家」としての自己認識を確立してゆくことになる。イングランドにおいて、いわゆる「国民意識」がいつ頃成立したのかについては様々に議論──たとえば、百年戦争時の軍隊での英語使用の指示による英語の復権など──されるが、他のヨーロッパの国々よりは早くに形成されていたと考えられる。その裏返しとして、近世において「外国人嫌い」が顕著であったことも指摘されている。ただ、その場合、自国と外国の区切りがどこに設定されたのかという問題がある。法的・政治的な区画とは別に、人びとの意識において、イングランドとスコットランドはどのような関係にあると理解されたのだろうか。

1577年に初版が刊行されたラファエル・ホリンシェッドの『年代記』では、イングランドの歴史とともにスコットランドとアイルランドの歴史を併載している。シェイクスピアも『リチャード2世』（1595）で「第二のエデン、小さな天国」として「この歴代の国王たちが統治した島」を讃える。そこでは、海は「城壁ともなり、館を守る濠」とされ、ブリテン島を一体的に捉えた見方を示唆している。また、同時代の歴史家ウィリアム・カムデンも主著『ブリタニア』（1586初版）で、イングランドとスコットランドを一体化した「ブリタニア」として叙述している（ちなみにアイルランドは別立てである）。いずれも、イングランドとスコットランドの同君連合が実現する前の著作である。スコットランドでの事情は違ったに違いないが、イングランドではスコットランドをも含めた一体的な地理概念が受け入れられていたことがうかがえる。この意識が「外国の王」であるステュアート朝の下での同君連合実現に大きな混乱がなかった理由のひとつであったと考えてよいだろう。

他方、フランスへの意識は「元イングランド領」という側面を失い、むしろ、イングランドとの比較において否定的な価値観を持つ国となってゆく。さらに、18世紀の「第二次英仏百年戦争」が拍車をかける。かつての大陸国家の名残は、国王紋章の百合の花だけとなり、その花も、19世紀初め、帝国の時代にひっそりと消えていった。

「海洋帝国」として展開してゆくイギリスにとって、島国国家であることは自己認識の根幹になっていた。18世紀、ハノーヴァー朝の成立によってイングランドは再び大陸と結びついていたのだが、もはやそれによってかつての大陸国家への郷愁が呼び起こされることはなかった。18世紀の愛国歌「ルール・ブリタニア」は次のように「島国」であることを高らかに歌う。

神の命によって紺碧の海より生まれ出でしブリテン島……
比類なき美を戴く聖なる島よ……海を支配せよ！

（指　昭博）

11 百年戦争
——島国イギリスの誕生

一般に百年戦争とは、１３３７年から１４５３年にわたる英仏間の戦争をいい、エドワード3世（在位１３２７～１３７７）によるフランス侵攻を前期、ヘンリー5世（在位１４１３～１４２２）による侵攻を後期として考える。発端は、フランス王シャルル4世が後継者不在のまま逝去し、王位がヴァロア家のフィリップに継承されたときに、エドワード3世が自らの継承権が優先すると主張したことによる。この主張は曽孫のヘンリー5世に継承されたために、百年戦争はヴァロア家とアンジュー（プランタジネット）家のフランス王位継承権争いであると解釈されてきた。だがもう少し詳細に見てみると、フランス本土から事実上追い出されたアンジュー家が、かつての地位と権限を確保することを狙った侵攻であることが見えてくる。つまり、王位継承問題は大義名分に過ぎないのである。ヘンリー5世は曽祖父の大義を受け継ぎ、シャルル6世の精神疾患やフランスの内戦状態という時の利を生かしての侵攻であったが、実のところ、国民の目を外に向け、国内に渦巻く「ランカスター王朝は王位を簒奪した」との不評を一掃することが当初の狙いであった。

前期と後期の間には百年近い隔たりがあるが、その過程は驚くほど似ている。前期にはエドワード3世の長男の黒太子エドワード、後期にはヘンリー5世という天才的な戦士の存在があったために、緒戦は共にイギリスが優位で、長弓部隊を主力にしたイギリス軍が騎兵を主力にしたフランス軍を圧倒している。前期では黒太子がフランス王ジャン2世を捕虜にした時期が最盛期であったが、黒太子が病気で戦線を離脱すると、名将デュ・ゲクラン率いるフランス軍が次々に領土を奪還していった。後期ではヘンリーがフランス王女キャサリンを娶ってフランス王位獲得への道筋をつけた1420年のトロワ条約締結時が最盛期であったが、彼が34歳で病没すると、流れは変わる。戦略的にはオルレアンの少女ジャンヌ・ダルクの活躍が転機で、自信を回復したフランスは敵対していたアルマニャック派とブルゴーニュ派が和解し、団結してイギリス軍を撃退した。百年戦争の結果、フランスでは諸侯の権力が衰退し、国王の権限が強化された。イギリスはカレーや一部の島嶼を除いてことごとく大陸の領土を奪われ、ここに今日の国境に近い英仏の領土が確定した。

百年戦争がもたらしたもの

百年戦争は百数十年間にわたる英仏の抗争であり、そこには無数の戦い、華やかな勝利、悲惨な敗戦と束の間の平和があった。後世の人びとはこれをまとめて百年戦争と呼んだのである。英仏はこの戦争を通じて中世に幕を引き、近代的な意味でのイギリス人、フランス人という意識を確立した。それは広い意味での文化の様々な領域にまで浸透していった。

最も典型的な例は国語である。以前のイギリスはフランスの領邦君主アンジュー家の支配するフランスの前哨地で、フランス語が国語で、英語は被征服者の言語としてさげすまれていた。しかし、この時代になると学校で英語が教えられるようになり、英語で文学さえ書かれるようになった。国民はそれまでのフランスに対する劣等感をかなぐり捨て、文化面でもイギリス人としての自覚と自信を持つようになった。画期的なことは、貴族、なかでも国王自身が英語を話したことである。ヘンリー5世は通訳を伴ってフランスと交渉したが、アングロ・サクソンの民衆にはこれが眩しいほど美しく見えた。そのヘンリーが1415年、アジンコートで圧倒的な兵力を持つフランス軍を打ち破ったのである。これは奇蹟であり、神の審判であった。神はヘンリーの大義を認めたのだ。神はフランス王位請求が正当であることを認めたばかりでなく、彼が――王位簒奪者の息子ではなく――正統なイングランド王であると認めたのだ。それこそ、ランカスター王家の悲願であった。

ところで戦争自体は最終的にフランスの勝利となり、イギリス人は大西洋の島に閉じ込められてしまう。彼らはこの敗戦をどう受け止めているのであろうか。実は、多くのイギリス人にとって百年戦争はヘンリーが勝利した時のトロワ条約で終結しているのである。その後の敗戦は、バラ戦争という内戦によって混乱が生じたために、国内の秩序回復を優先して撤退したに過ぎないと考える。このため、フランスにおける一連の敗戦が、彼らの自信を喪失させることはなかった。ヘンリー7世（在位1485～1509）の手で内戦が終結すると、イギリスは再び栄光に向かって邁進する。これが、シェイクスピアが一連の歴史劇を通じて描きあげ、多くの国民に受け入れられた概念であった。

百年戦争の実態

この時代の戦争には奇妙な二面性があった。すなわち、現実離れするほど理想化された騎士道精神と弱肉強食の野蛮性とである。騎士道精神の典型は捕虜の扱いに見られる。ヨーロッパでは古くから

黒太子の墓（カンタベリー大聖堂）

奴隷制度があり、戦争は奴隷を得る絶好の機会であった。中世になると、捕虜は身分によって値段がつけられ、身代金で釈放される慣習が定着した。『カンタベリー物語』の作者ジェフリー・チョーサーも捕虜になって、16ポンドの身代金で釈放されたことがある。日本の武士道と違って、捕虜になることは決して不名誉なことではなかった。中世末期に板金鎧《プレート・アーマー》の機能が改善されて防御性能が著しく向上すると、死の危険性が減じ、上流階級はスポーツにも似た意識で戦闘に出かけたとされる。身代金が低いと、自分の身分が低く判断されたと憤慨し、増額を求めたなどという逸話も残っている。貴族などは捕虜といえども元の身分に近い生活をおくることができた。例えば、黒太子によって捕虜となったジャン2世は、黒太子を家来の如く従えてロンドンに入り、国内を自由に旅行したり、英国婦人との恋愛さえ自由であった。ジャン2世を丁重に扱った黒太子は騎士道の鏡として尊敬された。その後の交渉によってジャン2世は帰国を許されたが、代わりに差し出した人質の一人が脱走すると、これを恥じて自ら捕虜としてロンドンに戻った。結局この騎士道精神の華は、イギリスで数奇な生涯を終えることになる。

騎士道精神は厳格な倫理を特徴とする紳士的な行為である。だが、それは騎士など一定の身分を持った人びととの話で、その規範の外にあるものは野蛮な弱肉強食の掟に晒された。例えば、兵士でも身分の低い者や身代金が払えない者は容赦なく殺された。身分が高くても重傷を負って、捕虜の価値がないと判断されると慈悲の短剣《ミゼリコード》によって刺殺された。馬から落ちて身動きの取れなくなった重騎兵は、歩兵の戦斧で殴り倒され、兜の目の穴から短剣を突き刺されたり、兜と鎧の隙間から首を掻かれた。運よく戦場を逃れても、多くは待ち構えた農民によって身ぐるみ剝がれた。

騎行《シュヴォンシェ》は、この時代の代表的な軍事作戦で、敵の経済基盤を破壊して軍事力をそぐばかりでなく、敵を侮辱して主力部隊をおびき出し、決戦を迫る戦術であった。しかし、その実は敵地に乗り込んでの、略奪、放火、強姦などが当たり前で、兵の中にはそれを目当てに参戦する者もあった。そのために、いつも犠牲になるのは庶民であった。当時の戦争では、多くの外国人傭兵部隊も雇われていた。彼らはプロの戦士であったが、雇主が負けると約束の賃金を払ってもらえなかった。野武士と化し、徒党を組んで町や村を略奪する傭兵集団は、特に百年戦争前期には、フランスの庶民にとっては黒死病に劣らぬ悪夢であった。

後期になると、城壁に囲まれた町を攻めるための包囲戦が主となっていった。前期には、大砲は巨大な音で敵を威嚇する程度のものであったが、後期には、堅固な城壁を破るための巨大な大砲の有無が勝敗を決した。大砲を据えつける高台の確保も重要な戦略となった。

城壁の中には多くの市民が逃げ込んでいたために、その犠牲も甚大であった。また、長期の籠城では食料が不足したが、真っ先に飢えたのは非戦闘員である女性や子供であった。飢えてやせ細った人びとを容赦なく伝染病が襲った。

１４１５年の港湾都市アルフルールの包囲戦では、騎士道精神を尊ぶヘンリー5世が寛大な降伏条件を出し、女性や子供に持てるだけの荷物と現金5スーを与えて釈放した。しかし、彼らは町を出るとたちまち狼藉、強姦のうえに、身ぐるみ剝がれてしまった。彼らを襲ったのはイギリス兵ではなく、同国人であるフランス人であった。領主が違えば異国人と同じで、同国人という意識は希薄だったからである。

1419年、城塞都市ルーアンではイギリス軍に包囲された守備隊が、飢えに苦しんだ挙句、口減らしのために味方の女性や子供を城壁の外に追い出してしまった。アルフルールでの評判を聞いた守備隊が考え出した苦肉の策であったが、今度はヘンリーも脱出を認めなかった。このために多くの市民が城壁と包囲線の間に閉じ込められてしまった。ヘンリーは若干の食料を差し入れたものの、両軍の兵士が見守る中で、多くが飢えと寒さで倒れていった。

英仏百年戦争とはいいながら、戦場は常にフランスであったために、この戦争で一番悲惨な目にあったのはフランスの民衆であった。

（石原孝哉）

コラム 6

パブリック・スクール

聖職を志す貧困家庭の若者のためにウィンチェスター司教ウィッカムのウィリアムが１３８２年にグラマー・スクールとして開設したウィンチェスター・コレッジが「パブリック・スクール」の始まりとされる。これは王侯貴族や富裕階級の寄付（基金）をもとに建てられた基金立学校であり、庶民の子弟にも開かれている、あるいは、ローカルではなく広く全国から学生を集める、という意味であった。ところが時代が下るにつれてその意味が変わり始める。グラマー・スクール（以後GSと略記）とパブリック・スクール（以後PSと略記）の区別がはっきりするのは18世紀末で、前者の中で評判の高い有名校がＰＳと呼ばれるようになるのである。現在イギリスにおいてＰＳについて法律上の定義は存在せず、ＰＳも自身をインディペンデント・スクールと呼ぶのが通例である。アメリカその他の国々とスコットランドでパブリック・スクールといえば授業料無償の公立の初等・中等学校を意味する。21世紀の現在イギリスでGSは存続している。但しＰＳとは違い公立の中等学校である。ＰＳと同様に選抜制をとり、古典語教育を重んじ、また学力の高い生徒が通う大学進学校である点で共通する。

ウィッカムのウィリアムが作ったウィンチェスター校を皮切りにイートン（１４４０）、ラグビー（１５６７）、ハロウ（１５７１）、チャーターハウス（１６１１）といった具合に16世紀から17世紀にかけて各地にGSが創設され、エリザベス１世（在位１５５８～１６０１）の時代になるとイングランドでおよそ２５０校に増えていた。しかし18世紀から19世紀にかけて沈滞期を迎える。風紀の乱れ、体罰の横行、学力低下によって社会的評価が落ち、入学者が減少した。この危機に当たっていくつかのPSが改革を試みた。とりわけラグビー校の校長トマス・アーノルド（在任1828～1842）の改革は他校に大きな影響を与え、彼の死後、彼の教育改革に見習うPSが増えていった。結果としてPSは19世紀半ばに蘇生し人気を取り戻す。その時から既存のPS名門校への入学者が急増し、1840年代以降の30年間でPSの数はそれ以前の3倍以上に増え、史上空前のPSブームを迎えた。

この時代になるとPS出身者がオックスフォード、ケンブリッジ両大学（以後オックスブリッジと略記）に進む学生の大部分を占めるようになり、彼らは政・財界、官僚、国教会、陸海軍、法曹界、学界の各方面に進出していった。PSはかくして大英帝国を支えるエリート養成中等教育機関として重要な役割を担った。こうした役割は今日に至っても変わっていない。

この時期のPSの特徴を列挙してみよう。①上流および上層中流階級子弟を対象にオックスブリッジ等の有名大学、および陸・海軍士官学校に入学させる予備教育。②「ジェントルマン」の育成を目標に掲げる。③全寮制。④ギリシャ語、ラテン語の学習に基づく古典的教養（人文主義）教育。⑤イギリス国教会の宗教教育（生徒はPS校内の礼拝堂での礼拝を日課とする）。⑥集団競技を通じたスポーツマンシップの涵養（アスレティシズム）。

19世紀中頃から国家による教育への関与が始まり、とりわけ中等教育における機会均等、そのための公正な選抜が図られる。これは社会一般の学歴志向の広まりとともに、個人の能力や実績に基づく、階級差別なき選抜が否定しがたい原則となったことを表わす。1980年代には、オックスブリッジ入試における特別枠の廃止などPS出身者に有利な計らいがなくなった。多くのPSで女子校、共学校が増加し、全体として通学制が寄宿制を上回るようになった。人格形成より学業成績優先の方向への変化が現れている。（小澤　喬）

12 バラ戦争

——命運を握っていたのは女性

第一次内乱——因果は巡る

バラ戦争は百年戦争後期における30年間に及ぶ内戦の総称である。ランカスター家が赤バラ、ヨーク家が白バラをバッジとしていたことから、後世になってこの名がついた。一般的に三期に分けて考えられ、第一期は1455年のセント・オルバンズの戦いから、七度に及ぶ激戦の末、ヨーク派が勝ってエドワード4世（在位1461～1483）が王位に就く1461年までをいう。

ヘンリー5世（在位1413～1422）の大勝利によってランカスター王朝が盤石にみえたのも束の間、後を継いだヘンリー6世（在位1422～1461、1470～1471）が精神に異常をきたすと、統治者不在のイギリスは奈落への道を歩み始める。王の精神錯乱は祖父のフランス王シャルル6世から隔世遺伝したものといわれる。彼はヘンリー5世に敗北して、あたかも戦利品の如く王女のキャサリンを嫁がせるという屈辱を味わった。だが、遺伝子という目に見えない力で、孫の代で復讐を果たしたように見える。

混乱の始まりは、子供のいなかったヘンリー6世に皇太子が誕生し、これを機に王妃マーガレットが、かつて摂政として王位継承候補に擬せられていたヨーク公リチャードを、息子の将来を脅かす危険人物と見做して激しく対立するようになったからである。皇太子の誕生にもかかわらず、ヨーク公が王位継承の旗を降ろさなかったのは、ランカスター王朝は王位簒奪者であるという根強い不信感であった。さらに、父方、母方の双方を通じて王家の血を引く自分の方がランカスター王家より、血統的に優位にあるという自負心と、父ケンブリッジ伯リチャードがヘンリー5世に処刑されたという因縁もあった。ヨーク公自身は武運つたなく戦死するが、息子のエドワード4世が王位に就いてこの夢がかなう。こちらも孫の代になってやっと結果が出ている。まさに因果は巡るである。

歴史書では、一連の戦闘の経過や勝敗が詳述され、武将の活躍や英雄の功業などが分析されている。戦いは男性の世界であるから当然だが、中に男性顔負けの女性がいたことを忘れてはならない。その一人が王妃マーガレットである。彼女は至って不人気な女性だが、それはシェイクスピアの作品で「フランスの雌狼」と呼ばれ、幽鬼の如く描かれているからである。史実では、わが子を守って、病気の夫をかばいながら、けなげに戦う女丈夫であった。剣こそ取らないまでも、資金を集め、兵を集め、戦略をめぐらして、事実上のランカスター派の指導者であった。戦いに敗れて、夫のヘンリー6世がロンドン塔に幽閉された後も、皇太子を伴ってフランスに渡り、ルイ11世の援助を取り付けて、第二次内乱で再び決戦を挑んだ。

マーガレット・オブ・アンジュー（ヘンリー6世妃）

第二次内乱――国王製造人《キング・メイカー》

第二次内乱は、国王製造人と仇名されるウォーリック伯リチャード・ネヴィルが反旗を翻して、ヘンリー6世を復位させたものの、バーネットの戦いで戦死し、王妃マーガレット率いるランカスター軍もテュークスベリーの戦いで壊滅して、エドワード4世が復位する1471年までをいう。

ウォーリック伯がエドワード4世と袂を分かつきっかけは、王が彼に結婚交渉を命じておきながら、エリザベス・グレイ（ウッドヴィル）という寡婦と秘密結婚したからである。さらに、王妃となったエリザベスは王を説得して親戚の多くを有力な貴族と縁組させ、たちまち一大勢力を形成してしまった。宮廷に王妃の実家のウッドヴィル一族が新興勢力として台頭したことは、ヨーク王朝成立の功労者を自認するウォーリックには我慢ならなかった。権力奪還を目論む彼は、娘のイザベルを野心家の王弟クラレンス公と結婚させて反撃に出た。ウォーリック軍は1469年のエッジコート・ヒルの戦いで勝利して首尾よく王を捕虜にした。ところが、悪しき臣下を追放するという大義を旗印に挙兵したために、王自身を殺すことはできなかった。やがて自由の身になった王は、退勢を挽回してウォーリックとクラレンスをフランスに追い払った。

フランスには先に亡命したマーガレットがおり、両者に援助を要請されたルイ11世は、ウォーリックが彼女と同盟することを条件に軍事援助を約束した。同盟の証は、マーガレットの一人息子エドワードとウォーリックの次女アンの結婚であった。ランカスター派を巻き込んだことでウォーリックの力は倍増し、有力者もこれに呼応して立ち上がったために、今度は逆に王がブルゴーニュ公を頼って亡命せざるを得なかった。1470年10月、王冠は再びヘンリー6世の頭上に戻った。このような辣腕ぶりからウォーリックは国王製造人の別名を奉られることになった。

だがヘンリー6世の王位は長続きしなかった。ブルゴーニュ公の援助を受けた王がヨークで兵を募ってロンドンに入り、ヘンリー6世の身柄を拘束したからである。これを聞いて駆け付けたウォーリック軍と王軍が激突したのが1471年のバーネットの戦いであった。

この戦いは二つの偶然が運命を左右した。一つは嵐で、フランスから兵を率いて駆けつけるはずのマーガレットの出航が遅れ、ウォーリック軍と合流できなかったのである。次は濃霧である。ウォーリックの期待にたがわず、猛将オックスフォード伯は対峙した王軍の左翼部隊を瞬く間に蹴散らしたが、追撃戦を終了して戦場に戻ってみると、なんと味方から攻撃を受けた。オックスフォード家の「星に光」の制服が、エドワード4世の「輝ける太陽」のバッジと似ていたために、濃霧の中で間違えられたのである。この同士打ちを機にウォーリック軍は総崩れとなり、混乱の中で国王製造人と異名をとった英雄は、雑兵の手で惨殺されて波乱の生涯を閉じた。

マーガレット率いるランカスター軍はその後テュークスベリーの戦いで最後の戦いを挑んだ。しかし運命は彼女を見捨て、希望の星であった王子エドワードも殺害された。最愛の息子を失ったマーガレットは一人のか弱き女性に戻り、最後はフランスで寂しい生涯を終えた。ヘンリー6世も何者かに暗殺されて、第二次内乱は終結した。

第三次内乱――母は強し

第三次内乱は、リチャード3世（在位1483～1485）の王位簒奪からボズワースの戦いのあった1485年までをいう。

幼いエドワード5世（在位1483）が王位に就くと、先王の遺言で王弟のグロスター公（後のリチャード3世）が摂政として幼王を後見することになっていた。ところが、王妃エリザベスの身内のウッドヴィル一族は、グロスター公が北部の所領にいることを利用して、評議員を巻き込んで彼の摂政就任を阻止し、瞬く間にロンドン塔や海軍を掌握するなど、権力奪取に先手を取った。これに憤慨したグロスター公は、宮廷革命を起こして摂政に就任し、逆に政治の実権を握る。その後、「エドワード4世はエリザベスと結婚する前に別の女性と婚約していたので、先王の秘密結婚は教会法に違反し、二人の間の子供は庶子で、王位相続権はない」と主張する「王位継承法」を議会で立法化して、リチャード3世として王位に就いた。エドワード5世と弟のヨーク公はロンドン塔で（おそらくリチャードの手によって）殺され、王位は安泰かに見えた。

しかし、一粒種の皇太子エドワード・オブ・ミドラムが急死すると、後継者のないリチャード3世は瞬く間に求心力を失ってゆく。各地に反乱が続き、フランスからはランカスター派のリッチモンド伯ヘンリーが兵を率いてウェールズに上陸した。両者が激突したのがボズワースの戦いであった。緒戦は王軍が有利に戦闘をすすめたものの、味方の裏切りでリチャードはあえなく戦死した。リッチモンド伯はヘンリー7世（在位1485～1509）としてテューダー朝を開き、エドワード4世の娘エリザベスと結婚して、長きにわたった赤バラと白バラの抗争に終止符を打った。

第三次内乱も、表面的には政争と戦いに明け暮れた戦国時代であったが、その陰にたくましい女性たちがいたことを忘れてはならない。その一人がエドワード4世妃エリザベスである。彼女は2児の子持ちの未亡人であったが、王妃となり、一族の多くを貴族に抜擢した。ウォーリック伯には父と弟を殺され、リチャード3世にはもう一人の弟とエドワード5世を含めて3人の息子を殺されながら、娘のエリザベス・オブ・ヨークをヘンリー7世の妃にして、最終的な勝利を収めた。

もう一人は、ヘンリー7世の母マーガレット・ボーフォートである。彼女は傍系ながら初代ランカスター公の末裔で、その血縁によって息子を王位に繋いだ功労者である。12歳で結婚し、13歳でヘンリーを生んだときに既に夫はこの世にいなかった。彼女は、皇太后となったエリザベスを説得して、その娘のエリザベスとわが子ヘンリーとの結婚を密約した。4人目の夫であるスタンリー卿を説き伏せて、息子の味方に引き入れた。ボズワースの戦いの勝敗を決定づけた裏切りは、このスタンリー卿とその弟によるものであった。

忘れてならないのは、ヘンリー5世妃キャサリンである。彼女は息子のヘンリー6世に精神病という負の遺産を残すことによってランカスター家を滅亡させ、結果的には本家のプランタジネット家そのものを終焉させた。実は彼女は、ヘンリー5世亡き後にウェールズ人のオウエン・テューダーと秘密結婚して三男一女をもうけた。その子供の一人エドモンドがマーガレット・ボーフォートと結婚して後のヘンリー7世が生まれた。つまり、道ならぬ恋として議会に弾劾された彼女の二度目の結婚によって生まれた孫が、因果の連鎖を断ち切って近代イギリスの幕を開けたことになる。正に英国史を翻弄した女である。

（石原孝哉）

第Ⅲ部 近世

13 テューダー王朝の始まり

――王領地拡大による王権強化

ヨーク家最後の王とも、あるいはプランタジネット王朝最後の王ともいわれるリチャード3世（在位1483～1485）の遺骨が2012年に発掘された。場所は王の最期となった戦場ボズワース・フィールドからほど近いイングランド中部のレスター市で、それを記念して「リチャード3世ヴィジター・センター」が開設された。その館内のパネルに「ボズワースの戦いは、英国史上最も重要な戦いの一つであり、中世の終焉を告げる出来事、としばしばいわれている」と書かれている。弱冠28歳のヘンリー・テューダーがイングランド国王リチャード3世を敗死させたこの戦いは、それゆえ、近世の曙光を告げる出来事でもあり、ヘンリー7世を初代（在位1485～1509）とするテューダー王朝の始まりは、そのままイギリス近世の始まりをも意味することになる。

しかし、それは歴史を現代から概観した見方に過ぎない。同時代人からみれば、このボズワースの戦いは、ヨーク家とランカスター家との30年にわたるバラ戦争に決着をつけ、永年の宿根を断ち切るに至った戦いでもあった。なぜなら、ランカスター家の血を引くヘンリーがヨーク家の血を引くエドワード4世（在位1461～1470、1471～1483）の長女エリザベスと婚約したことで正当な王位継承権請求者となり、正嫡の「ロンドン塔の二王子」を闇に葬ってまでイングランド王位を簒奪したリチャードを撃破、晴れて両家和解の縁を結び、その後の血脈の源となったからである。

アイルランド全土を平定し、久しく敵対してきたスコットランドとも王冠を合同にした１６０３年の同君連合から振り返るとき、それまでのテューダー朝の為政の成果は、多くの歴史家が異口同音に指摘するように、ブリテン諸島の王政の中央集権化、行政的画一化で君主権を強化し、地方の自立性を抑圧してイングランド文化を拡張し、軍事境界域を廃して国土の拡大に努め、最終的に単一の国家形成を準備した、ということになる。しかし、ウェールズ出身で、15年間のフランス亡命生活を経て治世に就く新王に、そのような遠大なヴィジョンを抱く余裕はなかった。とはいえ、アイルランド、フランス、スコットランドとの覇権・外交問題に加えて、古くからの一握りの大貴族が「カントリー」と称される広大な私有地と多数の私兵を有して、国内の地域社会の安寧秩序の要となり、王国支配の隠然たる勢力になっていることに気づくのに、さほど時間はかからなかった。

新王にとって幸いなことに、旧王朝からの名だたる大貴族の中でも、前王時代の政変に絡む処刑等で、主不在を余儀なくされ、地元の私有地ばかりか王領地さえ管理する能力に欠ける大貴族もあった。無償で手に入れたミドランドの統治委託権がそれゆえ大貴族に下賜されることはなかったし、戦勝後の恩典・役職の再分配でも、彼らには冷淡であった。彼らをどう抑え込むか、それこそが彼の最優先課題であった。

各地の官職者は皆中央宮廷の国王の部下であるとの認識が、何よりもまずパトロンである地元貴族や領主の臣従者であるとの意識に取って代わったのは、ヘンリー7世になってからであった。イングランド治世の政治的地図の拡大と中央集権と官僚体制が国民全体に浸透しつつあったことを物語っている。高額の手当が保証された要職の国境警備をはじめ、執事、税査定官、収入役、要塞管理官といった公職はそれまでは地元の大貴族の下賜事項であったが、いつのまにか新興のジェントリーへの新たな臣従を当てにした国王の贈与物として利用されるようになっていた。旧貴族に代わり地方のジェントリーを重用し、平和時にも戦時にも王家に奉仕する忠僕な臣従者を育て、新たな官僚政治の礎が築かれていく。

テューダー朝初期を中世から近世への転形期とみる歴史家の挙げる理由の一つに、人口の漸増と牧場の農地化がある。荘園領主や土地所有者の囲い込みなどによる土地活用の効率化のために、それまではむしろ農地の牧場への転用傾向がみられたが、人口増加に伴って、必然的に食料の増産に拍車がかかり、牧草地の農地化への機運が高まっていった。

土地に対する一般の神聖な畏敬の念は中世と変わりなかったものの、為政者や領主はその地域社会の秩序保持に土地所有は無言の発言力を有することに気づいていた。土地が権力と結びつくことをすでにリチャード3世も理解し、王領地拡大への強い関心がその施政に見て取れる。ヘンリー7世はその前王が兄弟親戚から深謀によって取得した北部の広大な王領地や直轄権や東部の植民地をそのまま取得することになる。

土地所有に対する彼の執着は前王以上であった。ランカスター公爵領、ヨーク公爵領、マーチ伯爵領の王領化に加えて、あこぎな科料で支払い不能となった他の貴族の相続権を廃嫡し、その領地を没収して憚らなかった。新税、増税を繰り返し、彼らの領有地を削ぐことで彼らの権力を削いでいった。気づいてみれば、ヘンリー7世はヘンリー6世（在位1422～1461、1470～1471）の5倍もの土地所有者となったばかりか、土地保有権に関しての封建制度上の長となり、直接受封者への土地の権利から派生する莫大な収入によって、パトロンとしての潤沢な資金の裏付けを手にし、王室財政の基盤を盤石なものにしていった。罰則規定を増やしたことで、彼の統治の最後の数年には、貴族のおよそ3分の2が多額の債務や処罰に喘いでいたらしい。

ヘンリー7世のこうした旧貴族への税制・財政面での締め付けが王朝への臣従者や国民の反感を煽ったのは当然である。はたして、１４８７年5月にダブリンでの、プランタジネット王朝の血を継ぐ（とされた）一人の少年のエドワード6世としての即位は、明らかにヨーク派貴族の残党によって仕組まれた大掛かりな陰謀であった。「最後のバラ戦争」といわれるこの戦いは、兵力で上回る王軍の圧勝に終わる。その際イングランド最大の私兵力を有するノーサンバーランド伯爵が国王援護に回らなかったことを契機に、貴族の謀反の根を絶やす意図から私兵保有禁止を打ち出すが、そうした警戒にもかかわらず、その後も重鎮の宮内大臣など宮廷の心臓部で臣従する大貴族による陰謀が未然に発覚。7名以上が処分されたのは１４９５年のことである。

ヘンリー7世（1505年）［ナショナル・ポートレート・ギャラリー蔵］

リチャード3世による「ロンドン塔での二王子」暗殺の風聞も、裏付けとなる証拠が出な

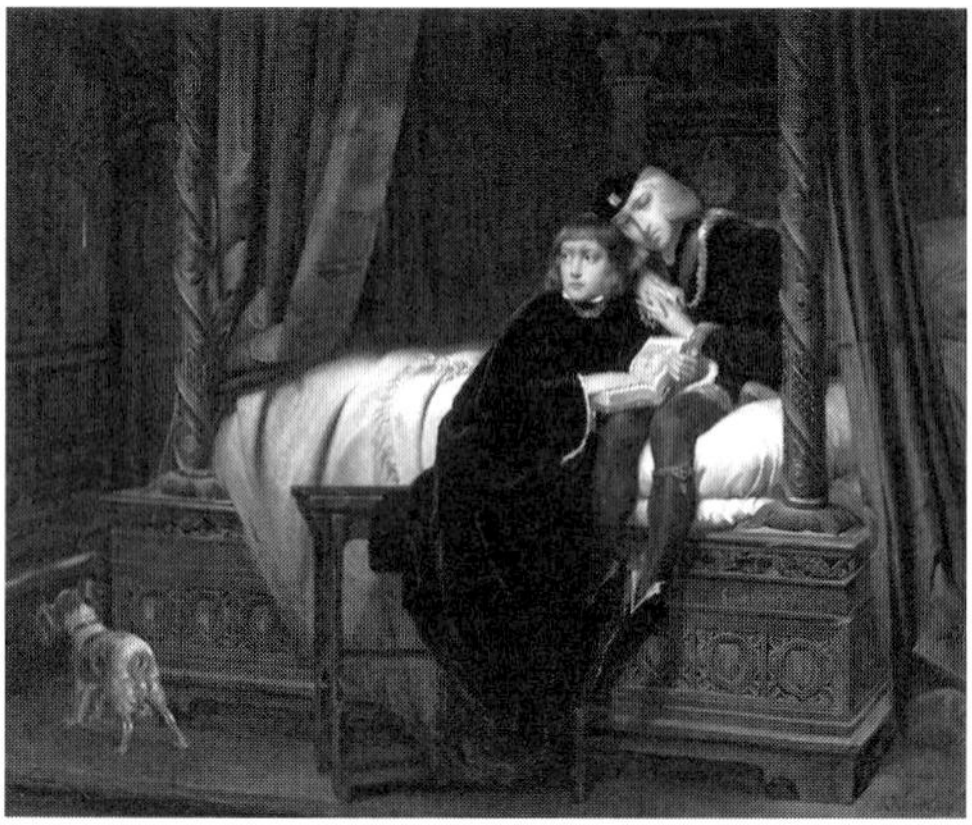

ロンドン塔での二王子（《幼きイングランド王エドワード5世とその弟ヨーク公リチャード》ポール・ドラロッシュ作、1831年）［ルーブル美術館蔵］

かっただけに、正嫡によるプランタジネット王朝再興の動きは、先例にとどまらなかった。海外に逃れていたヨーク公爵リチャード・プランタジネットの帰郷という触れ込みのパーキン・ウォーベックの騙りは、ヘンリー7世からないがしろにされてきた国内の旧ヨーク派貴族や不満分子ばかりか、彼が強力に外交的策謀を図ってきた近隣諸国をも巻き込み、それぞれの国で広範囲でかつ深刻な影響を及ぼしはしたが、いずれも最終的には戦火を交えることなく、退却している。「イングランド領アイルランド」でも、ウォーベックが原因で再発した内紛のため、地元貴族が本国に反旗を翻したが、失敗に終わっている。ウォーベックの反旗に応えたのは北のヨーク派ではなく、意外にもヘンリー・テューダーの出身地ウェールズと南接する西南イングランド諸州であった。抑圧的支配体制と過酷な徴税に苦しむ彼らを一揆へと駆り立てたのは、ウォーベックのテューダー支配への告発であったが、首謀者とともに彼もまた、１４９９年に処刑されている。

　ヘンリー7世の治世下では、こうした内憂外患の不安な騒擾は後年に至るまで絶えることはなかった。蓄財への執着は異常なまでに強く、そこから滲み出る彼の用心深さ、猜疑心、狡猾な打算、秘密主義は臣民への信頼と臣民からの信頼のどちらをも醸成させることはなかった。廷臣とか相談役とは名ばかりで、政事の多くは国王と彼が選ぶ一握りのカウンシラーという法律家グループによって処理されていた。ヘンリー7世は1509年4月21日に病没しているが、彼の過酷な法律を情け容赦なく代理執行したエドマンド・ダドリーはその3日後、ロンドン塔へ送られている。

そんな中で、あえてイングランド国王としての彼の功績を挙げるとすれば、王領地と王室資産の急増、国内の政敵の駆逐、アイルランド政権の奪還、スコットランドやヨーロッパ隣国との平和維持であろうか。なかでも、スペインとの同盟関係構築のための長子アーサーとスペインの「カトリック両王」の二女カタリーナ・デ・アラゴン（英語名キャサリン・オブ・アラゴン）との結婚、宿敵スコットランドとの紛争回避のための長女マーガレットと国王ジェイムズ4世との政略結婚は、難局にあった外交関係から遺恨の芽を摘む政治手法であったといえる。それればかりか、後者の場合、両家の姻戚関係は、思いがけず後代に重要な成果をもたらすことになる。というのも、ヘンリー7世によって開かれたテューダー王朝は、1603年のエリザベス女王の崩御によって途絶えたかにみえるが、後継したジェイムズ1世（＝スコットランドのジェイムズ6世）はヘンリー7世の曾孫に当たるという点で、テューダー王朝は消えるものの、その血脈は途絶えることがなかったからである。

（伊澤東一）

14 ヘンリー8世と宗教改革
——その後のイングランドを大きく変えた王の離婚

イングランドの宗教改革は、ヘンリー8世（在位1509〜1547）と妻キャサリン・オブ・アラゴン（正式のスペイン名はカタリーナ・デ・アラゴン）との離婚問題に端を発する王と教皇クレメンス7世の争いから生じた政治性を帯びた改革であった。

信仰の擁護者としてのヘンリー8世

ヘンリー8世の宮廷は活気にあふれていた。王の厚い信頼を受けたウルジー枢機卿が実権を握り、国を良く治め、繁栄させた。ヘンリーは立派な体格で音楽、詩の素養が深く、学識にあふれ、優れた狩猟家で、理想的なルネサンスの君主であり、王の宮廷生活は華やかであった。ヘンリーはヨーロッパ大陸の宗教改革者マルティン・ルターの理論への反論を公表し、ローマ教皇レオ10世は彼を「信仰の擁護者」と褒めそやした。

ダラム大学教授のアレック・ライリーによれば、カトリックは人が神の前で正しく義となるためには、教会と秘蹟に支えられて罪を告解し、悔い改め、高潔になる努力をしなければならないとした。これに対し、ルターは人間が全く堕落しており、善行により自らの救いを得ることができず、キリストの慈悲に我が身をゆだねてのみ救われるとする、信仰義認の教義を樹立した。これをプロテスタンティズムという。プロテスタンティズムは教会を介在させず、個人が直接神と関係するとし、古い教会の典礼、断食、巡礼、聖遺物崇拝、定まった祈りの朗唱、秘蹟を否定した。当時、ヘンリーの治世下でも、イングランドには腐敗したカトリック教会を批判するロラード派の名残が存在し、また、福音主義者（プロテスタント）が出現する等の、反カトリックの流れが生じていた。

ヘンリー8世の離婚

ヘンリーの兄の皇太子アーサーが１５０２年、結婚ほぼ5カ月後に死去した。その未亡人キャサリンの処遇をめぐって波乱があった。彼女は「カトリック両王」という称号をもつスペイン王フェルナンド2世（在位１４７９～１５１６）と女王イサベル1世（在位１４７４～１５１６）の末娘であった。舅のヘンリー7世（在位１４８５～１５０９）はキャサリンの20万エスクードという莫大な持参金をスペインへ返したくなかった。彼は１５０３年に王妃エリザベスを亡くしたので、彼自身がキャサリンと結婚しようと考えた。しかし、彼女の両親

ヘンリー8世（ハンス・ホルバイン作、1537年頃）［ティッセン・ボルネミッサ美術館蔵］

はその縁組みを嫌い、娘と皇太子のヘンリー王子との結婚を望んだ。結局、ヘンリー7世はそれに同意した。ヘンリー王子とキャサリンは１５０３年に婚約し、１５０９年に王子がヘンリー8世として即位した2カ月後に結婚した。

ヘンリーとキャサリンとの間では次々と子供ができるが死産か流産で、わずかに女子メアリーのみが成長した。ヘンリーは国内外の厳しい現実への対処には、男子の後継者を望んでいた。兄弟の未亡人との結婚はカトリック教会では禁じられており、教皇ユリウス5世の特免で結婚できた。教会が兄弟の未亡人との結婚を禁じていたのは、レビ記18章16節による。さらに、レビ記20章21節には、このような結婚からは子供が生まれないと記されている。ヘンリーは男子に恵まれないのは神の罰であると苦悩した。キャサリンの侍女アン・ブリンを見初めたヘンリーは彼女との結婚により男子をもうけようと考え、レビ記を根拠として、教皇からキャサリンとの結婚の無効宣言を受けようとした。

婚姻法は教会裁判所の管轄事項であり、１５２８年にウルジーは二人の特使をローマに派遣した。教皇クレメンス7世はキャサリンの甥の神聖ローマ皇帝カール5世（在位１５１９～１５５６、スペイン王カルロス1世として在位１５１６～１５５６）もヘンリーも怒らせたくなく、なかなか決断しなかった。ついに教皇はヨーク大司教ウルジー枢機卿と教皇特使カンペッジョ枢機卿によるイングランドでの教皇特使法廷の開廷を命じた。カンペッジョはキャサリンを修道女にして、ヘンリーの再婚を可能にしようとしたが、失敗した。キャサリンはイングランドでは公正な裁判を受けられないとローマに上訴し、それが受け入られ、イングランドでの裁判は閉廷され、教皇はヘンリーにローマへの出頭を命じた。ヘンリーはローマ行きを避けようとし、国内の教会に圧力をかけたが、効果はなかった。ウルジーは働きが十分でないとして失脚した。

ヘンリー8世の主張

ウルジーに代わって国王の助言者に任じられた才気煥発なトマス・クロムウエルが採った解決策は、王権軽視罪、聖職者に対する請願、条件付上納金禁止令に加えて、イングランドの臣下のイングランド以外の宗教裁判所への上訴は違法とする上訴禁止令を議会で成立させたことである。同法はイングランドの信者に対する教皇の権威を全面的に否定する画期的なものであった。さらに、ヘンリー8世とクロムウエルは国王至上令を成立させた。ヘンリーはイングランドが独立した管区であり、紀元2世紀以来、イングランドの国王たちは王国における世俗的な支配権と宗教的な至上権を享受してきた、彼は聖職者たちに一部貸し出していた宗教的支配権を取り戻すのであるとした。これに対し、教皇はヘンリーを破門した。

ヘンリー8世の宗教改革

本来、至上権は宗教的事項であるが、教会の議決機関である聖職者会議をさしおいて、議会が国王至上令を決定し、これを聖職者会議に認めさせた。国王至上令の成立により、議会は国内の教会に対して支配権を持つようになり、中世以来続いた国家と教会の二大権威の相互依存と並立の関係が崩れた。ヘンリーは国王至上権により、国内の教会をローマ教皇から独立させ、自らその首長となり、教皇に代わり、教会法、教会裁判所、聖職者の叙任、財政、教義を管理した。

ヘンリーは信仰と善行は救済に不可欠であるとしてカトリックの教義を踏襲し、プロテスタントの信仰義認を否定した。他方で、ヘンリーは、偶像破壊、聖遺物崇拝・巡礼の禁止、祝祭日の統合、死者の祈りに対する疑義、煉獄の教義の否定といった過激な決定を行った。これは王が聖書を重視した結果、導き出された改革であった。また、ヘンリーは修道院を解散させた。国王至上令は上からの改革で、国民に人気がなかったが、著名な反対者の処刑を行い、恐怖心からエリート層を黙従させた。また、王はイングランド国内に存在した福音主義者を弾圧する一方で、宗教改革の幅広い支持を集めるため、福音主義者の協力を仰ぎ、彼らの教義上のいくつかのプロテスタント的な偏向を黙認した。その結果、福音主義者が国内の教会にもぐりこむことができた。

聖書を厳守すべきとするヘンリーは、英訳聖書を合法化し、全ての教区は公衆が読むことができるように教会に一部を備えるよう命じた。ヘンリーは国王至上権の教義が「神の言葉」の中に読み取ることができると考えたのだ。信者は、従来牧師がラテン語で職務日課を行うのを見守る受動的立場から、英語の祈禱書による英語の礼拝に積極的に参加し、英語で行われる説教を頻繁に聞くように変化した。

ここに、イングランドにおいて、カトリックから独立した、独自のイギリス国教会が成立し、その後も発展を遂げていくのである。ヘンリー8世はイングランドの他、ウェールズとアイルランドにおいても教会の首長として君臨した。スコットランドについては、イングランドとは全く別の歴史をたどったので、宗教改革の事情は異なっていた。

その後

ヘンリーの死去により即位した、ヘンリーと3番目の妻ジェーン・シーモアとの間の子、エドワード6世（在位1547～1553）は福音主義を信奉し、1547年、信仰義認を説く説教集を出版させ、先王の宗教改革をプロテスタント化させた。1549年には英語の祈禱書初版が出版された。1553年にメアリー1世（在位1553～1558）が即位し、カトリックを復活させ、彼女は約300人のプロテスタントを焚刑処分し、「ブラッディ・メアリー」と呼ばれた。ヘンリーとアン・ブリンとの間の子、エリザベス1世（在位1558～1603）は、カトリックとプロテスタントがしのぎを削る中で、1559年、カトリックの反発を買ったヘンリー8世の「地上最高の首長」という称号を「最高の統治者」という称号に変えて再度国王至上令を成立させた。また、礼拝様式統一法を成立させて、プロテスタンティズムの中心的教義をほとんど受け入れながらも、伝統的な典礼を温存した。この「エリザベスの解決」と呼ばれる宗教政策により、国内を安定させた。

国民の受け止め方

服従と秩序が強調されたテューダー朝において、一般大衆は上から課された宗教改革の変化を受容した。時の経過とともに、同一家系内に、カトリックの亡き祖父母、宗教改革時にカトリックであった両親、宗教改革以降に生まれたプロテスタントの子供が混在したが、一般大衆は家族同士の愛と義務を優先し、この宗教的相剋を乗り越えた。

（小林清衛）

15 支配されるウェールズ
――イングランドによるウェールズの併合を中心として

人類の歩みを侵略・紛争の歴史と捉える人びとは多い。実際、その事例となりうるものは枚挙に暇がなく、分厚い書物数冊分にも匹敵するようなリストを作ることも、さほど困難なことではないだろう。ウェールズに関わる様々な史実――例えば、ローマ人による征服、サクソン人により「外国人」「よそもの」として自らの土地を追われたことなど――とりわけ、13世紀にイングランドに併合されたことは、その例に数えられるに違いない。本章では、そもそもウェールズがどのような国であったのか、どのような侵略を受け、いかにしてイングランドに併合され、支配されてきたのか、さらにウェールズがいかにして誇り高き伝統を維持してきたのかについて鳥瞰していく。

ローマ軍による支配からノルマン人による征服まで

ブリテン島にウェールズ人の祖先であるケルト人が住みついたのは紀元前６００年頃のことであった。鉄器文化を持っていた彼らの言語や文化は島全土に広まっていったが、西暦43年、ローマ人の征服により様相は一変する。とりわけ、アングルシー島を攻撃され、その地を拠点としていた彼らの精神的支柱たるドルイド（第1章を参照）の勢力が失われたことは、ブリテン島のケルト文化にとっては大きな打撃となった。

80年頃には既にローマ軍によるブリテン島支配が確立しており、ウェールズはその後、約300年にわたりローマ帝国の属州としての時代を過ごすことになった。そして、ケルト人の文化や生活様式はローマ風なものとなっていった。

ローマ軍の撤退後、島の東部にアングル人やブリトン人が侵入してきた。特にサクソン人は島の西側への入植を強く押し進め、その結果、ブリトン人は現在のウェールズに逃れ、定住するに至った。サクソン人はそのようなブリトン人を自らの言葉で「外国人」「よそ者」の意の「ウェリース」と呼び、それがウェールズという名称になった。

当時、ウェールズは数多くの王国に分裂していた。内乱続きのウェールズを統一したのはグウィネッズ王グリフィズ・アプ・サウェリンであった。1056年にウェールズ統一を果たした彼はイングランドにまで攻め込んだが、1063年、居城をイングランド軍に襲われた際に、逃亡先のスノードニアで殺害された。それにより統一国家は失われ、ウェールズは再び王国が乱立するようになった。その後、1066年のノルマン人による征服にともない海岸地帯などを奪われたウェールズは、それまでもヴァイキングに対する防衛をめぐってウェセックス王に臣従していたが、一層、イングランドの支配に組み込まれていったのである。

サウェリン終王の死

イングランドに臣従していた王国グウィネッズは、サウェリン・アプ・ヨーワース（大サウェリン、

1173〜1240）とその後継者であった孫サウェリン（サウェリン終王、1228?〜1282）の時代に、ウェールズのほぼ全土を支配下に収めた。大サウェリンはイングランド王の非嫡出子ジョアナと婚姻を結ぶことにより、王国の独立を保ち、サウェリン終王はその治世の初期にイングランドが弱体化していたこともあり、さらなる版図拡大に成功したのであった。そして、サウェリン終王は自らウェールズ大公（プリンス・オブ・ウェールズ）を名乗るようになった。

だが、1274年、サウェリンはイングランド王エドワード1世（在位1271〜1307）の戴冠式に姿を現さなかった。領土を求めてサウェリンの殺害を企てた弟ダヴィッズをエドワードが匿っており、身の危険を感じたからであったが、それをもってサウェリンは反逆者の扱いを受けることになる。1276年、イングランド軍がウェールズに侵攻し、その大軍の前にサウェリンはなすすべもなく降伏。ウェールズは再び分割されることとなり、ダヴィッズにも領地が与えられた。サウェリンに残されたのはグウィネッズとウェールズ大公の称号のみであった。

エドワード1世に臣従を誓ったとはいえ、サウェリンはイングランドの法でウェールズの諸事が決定されることに不満を募らせていた。1284年、ダヴィッズがエドワードに近い辺境領主の城を襲い、それがイングランドに対する叛乱へと繋がった。不利な戦況の中、サウェリンはカンタベリー司教の説得も拒否し、遂にビルス・ウェルズで殺害されたのであった。この時点でイングランドによるウェールズ制圧はほぼ完了し、以降、ウェールズ大公の称号はイングランド王の長子に与えられることとなった。王殺害をもって「独立国家ウェールズ」に終止符を打ったイングランド王に対する怨嗟は今もウェールズ人の心に残っているともいわれる。

ウェールズ併合法

イングランドによる征服以降、ウェールズではイングランド人が領主となり、イングランドからの移住者も増加した。1284年には、ウェールズ法が発布される。これはイングランドによるウェールズ支配のあり方を規定したものであったが、ウェールズの血を享けていたヘンリー7世（在位1485～1509）の時代までは、イングランドの支配は比較的穏やかなものであった。事態が変わったのは、ヘンリー8世（在位1509～1547）が王位に就いてからであり、とりわけ1536年公布のウェールズ併合法はウェールズにとっては屈辱的なものであった。この併合法により、イングランドによるウェールズの政治的、経済的保護は一層強固なものになったのであるが、それに伴い人びとは自らのアイデンティティを否定されるほどの不都合を強いられたからである。例えば、公的な場での公用語が英語となり、英語を解さない者は公職に就けなくなった。当時、ジェントリーや富裕な農場主の子息のためのグラマースクールがウェールズにも何校か設立されたが、そこでの教授言語も英語であった。つまり、ウェールズ語は消滅の危機に瀕したのである。農耕生活などの面でイングランド化が進んでいたとはいうものの、ウェールズ人の文化の根底にあり、彼らの魂の拠り所たる言語の「剝奪」が彼らに与えた精神的衝撃は想像に難くない。サウェリン終王が殺害された頃、ウェールズの人びとは「われわれの言語、生活様式、法律、慣習をまったく理解しないイングランド」といったと伝えられているが、ウェールズ併合法は彼らの誇りをことごとく踏みにじるものだったのである。

しかし、イングランドの支配が図らずも招いたのは、ウェールズ人の民族意識強化である。それは彼らが自らを「同朋」あるいは「共同体」の意の「カムリ」と名乗ったことにも表れている。ウェールズ併合法はウェールズ人が誇りとする様々なものを消滅させる可能性を有してはいたが、皮肉にもウェールズを救ったといえるかもしれない。

ウェールズ併合法以降

併合法発布以降、イングランドによる支配が強化されてゆく中で、1588年、エリザベス1世（在位1558～1603）の命により、ウェールズ語訳聖書が出版された。これはウェールズの庶民に対する英国国教布教活動の一環であったが、想定外の効果をもたらした。ドルイドに代表されるように、ウェールズ人の「祖先」ケルト人は、文字による記録をしていなかったし、ウェールズにおける大衆教育が普及してゆくのは17世紀後半から18世紀初頭にかけてのことであったので、ウェールズ語訳聖書出版当時のウェールズ人はウェールズ語を用いていたし、識字率も極めて低かった。そこで教会関係者や文字を解する人びとにより、まず庶民が日常的に用いているウェールズ語訳の聖書を用いて布教が行われた。しかし、非国教徒として信仰心の篤かったウェールズ人の宗教的関心と、イングランドへの反発心が結びつき、エリザベス1世の思惑は外れ、ウェールズ人の民族意識や文化への想いは強まったのであった。布教を任されたウェールズ人も自国への想いを抱いていたため、この機会を逃すことなく、布教よりも、実際には聖書を用いて人びとのウェールズ語読み書きの能力を向上させ、それによる国力の強化を意図していた。キリスト教知識普及協会とグリフィス・ジョーンズによる巡回学校の功績も大きかった。

その後、言語をはじめとするウェールズ文化はたびたび消滅の危機を迎えることになるが、18世紀中葉以降、ケルト文化への注目と伝統文芸見直しがなされた。例えば、説話集『マビノギオン』が英訳され人びとの関心を呼んだが、特にアーサー王伝説は注目された。優れた伝説・神話の舞台というだけでなく、風光明媚な土地であるという理由からも、ウェールズは「他国」の人びとの心を捉えたのであった。

20世紀におけるウェールズ語・文化保護を主導したのは高等教育を受けたウェールズ人たちであった。彼らは伝統文化の意味を理解し、それを維持する過程で協会と学校だけでは不十分と考え、自らの権利主張運動と教育を連動させるという、それまでのウェールズには見られなかった手法を採った。その成果は1998年ウェールズ統治法で、そこでは一定の自治が認められ、翌年ウェールズ国民議会が創設されたのであった。

（太田直也）

16 エリザベス朝の社会

――格差の拡大とイングリッシュネスの誕生

ロンドンのナショナル・ポートレイト・ギャラリーに、女王エリザベス1世（在位1558～1603）の有名な肖像画が幾点かある。中でも異彩を放つのは全身像のもので、ティアラを思わせるほど多くの宝石をちりばめた髪と、黄金色の刺繍を点在させた、まばゆいばかりの白いドレスが観るものを圧倒する。まるで妖精女王だ。だが、この肖像画がそれ以上に注目されるのは、彼女は地球儀の上に立ち、その足元に地図が広がっていることだ。イングランドとウェールズの地図で、スコットランドもアイルランドも描かれていない。地図の所有がそのまま権力の掌握を象徴した時代である。1536年のイングランド行政制度への統合以来、ウェールズもまたテューダー朝の支配下にあり、ウェールズ出身のテューダー王朝の血を引く彼女の、その直接治下にある世界を、この地図は示唆している。よく見ると、左足の爪先はオックスフォードシャーのディッチリー付近を踏んでいる。1592年に女王が地元を行幸されたのを記念して、サー・ヘンリー・リーが後に宮廷に仕えることになる画家に依頼した肖像画である。

ちなみに、この地図が作成された1592年から翌年にかけて、ロンドンはペストの惨禍の中にあり、移住貧困層を中心に、人口のほぼ1割に当たる1万8000人近くが犠牲になっている。その後も世紀末にかけて、悪疫の猛威は収まることがなかった。しかしながら、こうした悪疫や飢饉による停滞はあったものの、16世紀後半のイングランドやウェールズの人口は急増している。エリザベス朝時代だけでも、それ以前から33％増加し、1571年の330万人から1603年には415万人に増加している。

16世紀半ば以降の人口の急増を考えるとき、低地農業と高地牧畜業の生産力やビジネス・システムの変化とそれを大量消費する都市の形成を無視することはできない。低地耕作農業は土地所有者層である貴族やジェントリーによって効率よく生産管理され、高地や丘陵地では毛織物の生産性向上のため、人口の3倍以上の羊が飼育され、その結果、地主、借地農、農業・牧畜に従事する労働者から成る新しい農村社会構造が定着し、この時代の基本的な産業活動の土台が形成されていく。

エリザベス1世（マークス・ギーレアツ作、1592年頃）［ナショナル・ポートレート・ギャラリー所蔵］

そうした経済活動から生産される食物や織物の受け皿は、それまでは村や町の小市場に限られていたが、製造や商業の活動規模を拡大し、より利潤を高めようとのビジネス意欲が、主として城壁のある町の活動規模を高め、都市化への肥大を促した。ロンドンはもとよりノリッチ、ブリストル、ニューカッスル、エクセター、ヨーク、コベントリーなどが、地方都市へと成長していく。

大量消費能力を伴う都市の形成は所有土地から上がる収益を享受する地元周辺の領主、地主、ジェントリーなど「持てる階層」はもとより、地方で食べていけなくなった農民や牧童たちの移住をも呼び込み、新たな職業を生み、安定した商業・製造業活動や労働力の確保のために、ギルドが組織化されるまでになった。衣料、飲食、建築関係は一般男性のほぼ半数が従事した職種であったが、地方によって皮革業とか織物業の盛んな都市も誕生する一方、ノリッチのように、１００種以上の職種に溢れた地方都市もあった。

こうした地方農村社会とあらたに形成された都市社会が有用な労働力の需要に応えて人口の増加を促したことはいうまでもない。ロンドンに限れば、その人口は16世紀末には20万人に達している。１５９０年代のノリッチの人口は13万人であった。こうした人口急増の背景に生活への意欲を駆り立てる価値観の変化を見落とすべきではない。農夫や牧夫、都市型ビジネスに活路を見出そうとする貴族から賃金労務者や浮浪者に至るまで、その心を領するようになったものは、血統よりも富が社会的尺度になり得る、貧者にも希望を灯すような新しい近世的価値観であった。

人口増加は、しかしながら、労働貧民に希望の火を灯すことはなかった。穀物や商品の価格上昇を併発させ、働き手は増えたものの、雇用者による賃金引き下げで実質所得が低下し、人口の３分の１を占める貧困層の生活は楽になるどころか飢餓状態に近い状況を呈し始めた。悪疫の犠牲になったのもこうした貧民層であった。悲劇は都市部だけではない。農産物の価格上昇に味を占めた領主たちは、農村経済活動の中核を成してきた借地農の農地の無期限保有権を定期借地権へすり替え、地代を値上げし始めた。また生産性の上昇の見込めない農地を羊牧場に換えることで土地の有効率をあげる領主も増え、その結果借地農の多くが賃金労働者への変身を余儀なくされるに至った。こうした都市部や農村部での労働形態に根本的な変化が生じてくるのは、16世紀後半のことである。1600年には賃金だけで生活する人の数はイングランドの人口の半数に達しようとしていた。

この変化は当然のことながら貧富の格差と社会の階層化を促すことになる。農村では独立自営の農民と農業労働者との間に、都市部ではジェントルマン、商人、織布工と賃金労働者との経済的格差が顕著になり、そこに富を尺度とする社会の階層化が進む。人口増加と経済構造の変革は、結局貧富の分極化を招くことになる。ジェントルマンや自営農民や商人が豊かな暮らしの中で教育を志向していくのに対し、労働貧民が急激に浮浪化していったのは16世紀半ば以降である。彼らの多くは仕事を求めて放浪し、仕事にありつけないと、物乞いか盗みで糊口を凌ぐほかはなかった。

1598年に制定され1601年に立法化された救貧法がそれまでのものと大きく異なるのは、宗教改革で機能不能となった宗教的慈善救貧活動に代わって、その活動と責任を各教区に委ね、救貧税の徴収・支出を委任させたことである。こうすることで、浮浪者の動向に対する目配りがより行き届いたものになり、統治がより緻密になる、との当局の思惑があった。浮浪者の動向へのこうした関心の背景には、当局の組織化された騒乱や暴動への強い警戒がみてとれる。というのも、1590年代後半には冷害の影響で飢饉となり、農業労働者、職人、婦人によって、食糧暴動が各地で頻発していたからだ。

こうした格差の拡大や社会騒動にもかかわらず、低所得者にとってさえ、子女への教育は生活の支えとなる希望であった。家族で生活していくための基本的な術を親が子供に教えこむ仕方とは別の一貫した教育システムはまだなかったが、基礎的な読み書き・勘定を教えるABCスクールや教会は各地に散在していたし、望めばさらにグラマースクールで文法や修辞法を学ぶこともできた。

識字能力の社会的・経済的有用性が認識され始めたのは、英語が自国語として自立していく気運と相俟っていた。ウィリアム・ティンダル（聖書翻訳家、宗教改革者）の英訳聖書（1526刊行）は、自国語としての英語の社会への浸透に大きな功績を果たした。英語の読み書きはもとより、商売を始めれば簿記の知識が必要となり、日々の暮らしの中で法律への知識も必要になっていた。16世紀末のロンドンの識字率は、農村社会のそれが30％台であったのに対し、70％を超えていた。

宗教改革はヘンリー8世時代ほど激変的ではなかったが、エリザベス朝では、ウィリアム・セシルの主導で、プロテスタンティズムへの変革が推進されていた。中央のこの宗教改革運動がイングランドとスコットランドをヨーロッパ諸国から宗教的に自立への歩みを促しつつあるとき、国民もまたおしなべてカトリックから距離を置くような信仰姿勢を取り始めていた。その一方で、ヨーロッパ大陸を経由して、古代思想や古典の物語にも触れ、キリスト教だけでなく多様な世界観をも体験することで、彼らの中で、自国語での自己表現への意欲が燻り始めていた。英語は繊細で洗練された表現には不向きとされながら、シドニーの詩やシェイクスピアの戯曲などに、見事に開花されていく。

大陸のイタリア、スペイン、ネーデルランド等から見ればまだ僻遠で周縁的存在にすぎなかったブリテン諸島が、やがて他国から意識されざるを得ない自立した国家へと歩むことになったのは、単にスペイン無敵艦隊を1588年にドーヴァー海峡で撃破するまでに国力が充実し、カトリックの牙城に歯向かうまでに精神的に自立してきたためだけではない。イングランドを見る限り、人種的にも階層的にも宗教的にもある意味で混在状態でありながら、それぞれの異質性をものともしない一つの包括的な巨量のバイタリティがこの時代の底に控えていた。1ペンスの平土間から高額の貴賓席まで、皮革職人から貴族に至るまであらゆる階層の人間が同じ地平で、借金の取り立てを巧みにかわすフォールスタッフにわが身を重ねて苦笑する演劇体験を提供したのがこの時代のグローブ座であるが、役者と聴衆が一つの世界を築き上げ共有していたという意味で、図らずもこの時代を象徴していたように思う。スコットランド、アイルランド、イングランド三国の同君連合を容易に受け容れる同胞感のようなものが、エリザベス朝の国民一人一人の中で、社会的にも文化的にも自立する一つの「イングリッシュネス」という国の血液型が醸成されつつあったことを、われわれはこの時代に明確に認めることができる。

（伊澤東一）

17 無敵艦隊（アルマダ）の戦い・ドーヴァー沖海戦

――無謀なる遠征の果てに

　フェリペ２世（在位１５５６～１５９８）が30年の長きにわたって逡巡したあげく、ついに１５８８年、エリザベス女王の統治するイングランドへ１３０隻の艦船に兵士と水夫を合わせて３万に近い人員を乗せた大艦隊を派遣する決定を下したについてはさまざまな理由があった。フェリペ２世がヨーロッパに向かって唱えた大義名分は、エリザベス（在位１５５８～１６０３）を退位させてプロテスタントのイングランドをもとのカトリックの国へ戻すことであった。ローマ教皇シクストゥス５世（在位１５８５～１５９０）の支持も得ており、イングランドに攻め込むのになんらやましいところはなかった。そしてこれにはスコットランドのカトリック女王メアリー・ステュアート（在位１５４２～１５６７）の処刑が遠因としてあった。しかしこの大儀の陰にフェリペ２世の堪忍袋の緒を切る事態がふたつあった。ひとつは海賊ドレイクの暗躍である。

　カリブ海のスペイン領で南米大陸から金銀を運ぶ船を襲っては掠奪を繰り返してきたドレイクの活動が年ごとに激しさを増し、しかもエリザベスはドレイクやホーキンズを始めとする海賊たちに私掠船の認可を与えてスペイン船に限って海賊行為を働くことを認め、その収益の幾ばくかを国庫に納めさせていたのである。その被害額は莫大な数にのぼり、やがてはカリブ海からスペイン沿岸にまで被害が及び、傍若無人に掠奪を働くイギリス船にフェリペ2世はたびたび抗議をしている。もとよりエリザベスにはそれを咎める意図はなく、表面上は「遺憾に存じます」と書簡を返しながらものらりくらりと抗議をかわしてきた。スペイン経済の根底を脅かすまでに拡大してきた海賊船の暗躍をこれ以上は見過ごしにできず、武力をもって駆逐しなければならない時期がやってきたのである。

いまひとつスペインの頭の痛い問題にフランドルの独立運動があった。この当時、フランドル総督であったパルマ公がスペイン精鋭部隊を率いて治安統治にあたっていた。しかしいくら屈強のスペイン陸軍をもってしてもモグラ叩きのごとくに起こる反乱を鎮めることはできなかった。それもそのはずで、いくら大陸を制圧しても海岸線ががら空きである。エリザベス女王は初めは密かに海側から援助を行い、やがてはフランドルと条約を結んでレスター伯を指揮官とする軍隊を送り、公然とフランドルの味方に立ってプロテスタントを支援したのである。これにもフェリペ2世は厳重に抗議をするが、やはりエリザベスは巧みに言を左右にして応じなかった。

エリザベスとは戦争をしたくなかったフェリペ2世であるが、もはや是非もないとなって1588年の艦隊派遣が実施されるのである。総数130隻、総トン数でおよそ6万トンを超す大艦隊を整えるには膨大な物資と人員を必要とする。これが急に決まったのではなく数年前からその準備段階に入っていたのは言うまでもない。一大国家事業である艦隊の集結・整備についてはさまざまなエピソードがあり、ここで触れる余裕はないが、総司令官にはメディナ・シドニア公アロンソ・ペレス・デ・グスマンが指名された。弱冠38歳とはいえスペイン随一の貴族である。

艦隊の集結と出撃は1580年よりスペイン王室に併合されていたポルトガルのリスボンが利用さ

れた。出港は5月11日（以降グレゴリオ暦表示）と記録されているが、実際に１３０隻がリスボン港を出るまでには数日かかっている。天候の悪い年にあたって、逆風を切り上がりながらポルトガル沿岸をかたつむりのようにのろのろと北上を始め、やっとの思いで西端のフィニステレを迂回したところで嵐に遭遇してコルーニャへ避難しなければならなかった。ここで船の補修と食料・水の補給に１カ月を費やしたのは予想外の手痛い遅れであった。

ガレー船とガレオン船

7月21日にコルーニャを出帆してイギリス西端のシリー諸島からリザード岬を臨み、プリマス沖へ達したのは7月31日であった。スペイン艦隊の襲来を予想してプリマス港にはドレイク（海賊から副提督に昇格していた）の率いるイギリス艦隊が停泊していた。最強の要衝であるプリマスへ攻め込むか否かについてスペイン艦隊では船上会議が開かれ、はやり立つ武将の意見を押さえてメディナ・シドニア公は、ひたすらドーバー海峡を目指して西進する決定を下した。これは無益な戦闘を避けるようにとのフェリペ2世からの厳命でもあったが、迎え撃つドレイク艦隊は熾烈な戦闘を仕掛けた。夜半のうちに逆風をついて艦船を湾内から外海へ曳航し、夜明けとともにスペイン艦隊の風上に立つ戦略を取ったのである。帆船の戦闘では風上に立つのが鉄則である。風下の劣勢に立たされたスペイン艦隊はよくこの攻撃をしのいだが、不幸にしてこのとき操船を誤ったガレオン船ロサリオ号が航行不能となってドレイクに拿捕された。スペイン艦隊の花形戦闘艦であった。さらに不運なのはサン・サルバドール号が火薬庫の爆発事故を起こして航行不能に陥ったことである。スペイン艦隊随一の火薬庫を持つ船であった。こうしてスペイン艦隊は戦闘艦2隻を失ったのである。

ドーヴァー海峡の流れは昼間は西から東へと向かう。西風に吹かれ、潮の流れに乗って東進するスペイン艦隊を見たイギリスは、ひとまず危機を脱して安堵した。しかし刻々と航進するスペイン艦隊の次の標的となるのはワイト島である。風に乗ってそのまま西側のニードル海峡から攻め込むか、あるいは東へ回り込んで侵入して来るか。いずれにしてもワイト島を占拠されるとポーツマスからサウサンプトンに近く、ロンドンへは目睫の間である。急遽、警備が強化され、沖合を延々と通過していく巨大な艦隊の針路をイングランド兵はもとより一般市民も固唾をのんで見守った。メディナ・シドニア公にはフェリペ2世からワイト島を攻撃してはならない、まっすぐマーゲイト岬を目指すべしと厳命が下っているのをイギリスは知る由もなかった。イギリス艦隊ハワード提督麾下、ドレイク、ホーキンズ、フロビッシャーの率いるイギリス艦隊と若干の砲撃戦を交えたがさしたる戦果も被害もなく、ワイト島に上陸のそぶりも見せずにスペイン艦隊はそのまま航進を続け、8月7日にカレー沖に全艦船が密集隊形を取って整然と停泊したのだった。

180度回頭して、追尾してくるイギリス艦隊と対峙する形でカレー沖に停泊したのは、パルマ総督の率いる精鋭部隊6800名の到着を待ってこれをイングランド本土へ渡すためであった。しかるに約束の部隊が到着しない。メディナ・シドニア公が焦燥にかられて待つうち、夜半に至ってイギリス艦隊に不穏な動きが察知された。まぎれもなく火船攻撃の兆候である。数隻の小舟に可燃物を詰め

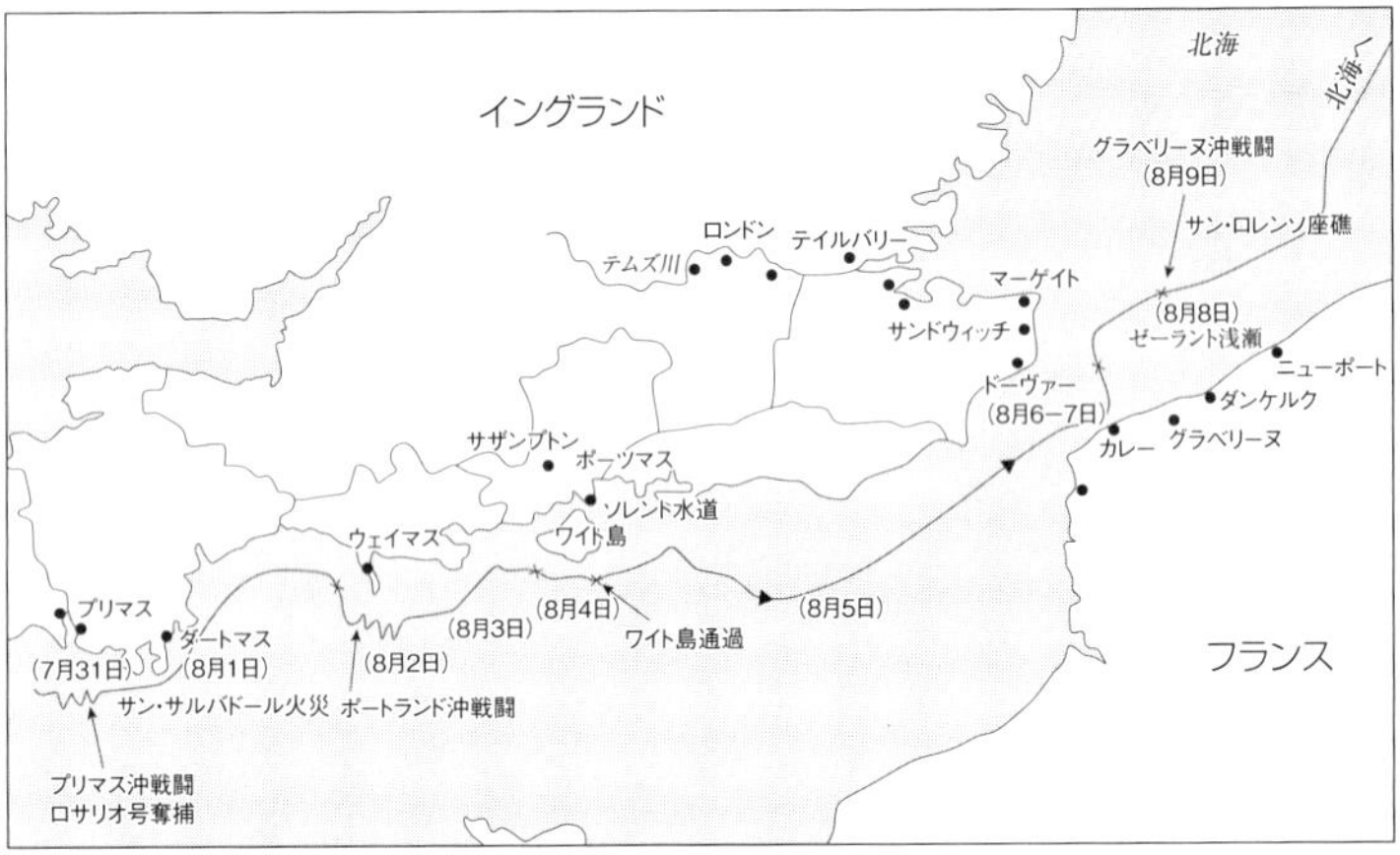

スペイン艦隊の航路図

込み、潮の流れと風に乗せて敵艦隊へ放つのである。強力戦闘艦を最前列に配し、内部に小艦や輸送船を囲む形で停泊しているスペイン艦隊にこれがまともにぶつかれば深刻な打撃を与える。動きの鈍重な輸送船団や密集している木造帆船には、これが常識的な攻撃方法であった。メディナ・シドニア公もこれを予想して対策は取っていたが8艘の火船をかわしきれず、恐慌を来したスペイン艦船は錨索を切断して四散した。炎上した船はなかったがカレー沖海底には３００個あまりの錨が放置されたのである。この時、闇夜に方角を誤ったガレアサ船サン・ロレンソ号が浅瀬に座礁して戦闘力を失った。実質の被害はこの1隻にとどまったものの、サン・ロレンソ号はガレアサ艦隊の旗艦であった。最強の戦闘艦の損失はメディナ・シドニア公にとって少なからぬ痛手であった。

　パルマ公の出撃を得られぬままカレー沖を離れたスペイン艦隊は、逆風と逆流をついてイギリス艦隊の群がるドーヴァー海峡へ戻ることはできない。停泊地を持たぬまま針路を北海に取り、やむをえずスコットランド北端のオークニー諸島を左舷に折れて後、北緯43度まで南下してそのまま東南東にスペインを目指す航路をとらねばならなかった。およそ3600キロ、早くても1カ月を要する過酷を極める航海であった。食料は尽き水はなく、悪天候の波浪に600トン足らずの帆船は木の葉のように翻弄される。帆は破れ、浸水は止まらず、やがて力尽きて一艘が離れ、また一艘の姿が見えなくなる。九死に一生を得てアイルランド沿岸にたどり着いた乗員を待っていたのは、先住民による掠奪と殺戮の地獄であった。

メディナ・シドニア公の総旗艦サン・マルティン号がサンタンデールへ入港したのがようやく9月23日であった。その後、幾艘かがビスケー沿岸の港に幽霊船のようになってよろめきながら次々と入港してくるのだった。乗員はほとんどが飢餓と病気にかかり、帆綱を引く力もないまま座礁する悲惨な状態であった。帰還した艦船は65隻、生きて戻った兵士と水夫は約1万。戦死と病没・難破を合わせて約2万人が死亡。戦闘で沈んだ船は6艘。あとはすべて嵐で座礁してアイルランド沿岸に砕け散ったか、あるいは行方不明のまま歴史に埋もれたままである。

（岩根圀和）

18 東インド会社
――世界商業の始まり

イギリスとオランダ

1623年、インドネシアのアンボン島でオランダ商館の人びとがイギリス商館の人びとを駆逐した。このアンボン事件では日本人も処罰されたが、イギリス東インド会社（1600～1858）もインドに後退した。イギリスとオランダは競合しながら、ケープ経由でアジアに進出していたポルトガルをおさえ、香料、胡椒を買い占めようとしていたオランダ連合東インド会社（V・O・C）とイギリス東インド会社とで鎬をけずっていた。

イギリス東インド会社は1600年に国王エリザベス1世（在位1558～1603）から特許状を下付されて発足したが、アジア各地との交易独占といっても最初からオランダ商人らとの競争の中でだった。それでもイギリス東インド会社は近世ヨーロッパ諸国のアジアとの商業的活動では先駆の役割を果たしていた。会社は19世紀半ばの1858年まで存続したが、18世紀半ばまでは貿易会社、商業会社であった。ところが1757年プラッシーの戦い以後は、植民地支配者、軍事的国家への道を進むこととなった。

胡椒、香料からキャラコへ

17世紀から18世紀までは商業、交易会社であったが、そこでの主な取引商品は胡椒（ペッパー）、香料であった。東インド会社が発足した17世紀はじめごろのヨーロッパでは、もっとも有名な胡椒のほかに、カルダモン、ジンジャー、肉桂、チョウジ、ナツメグ、メースなどが、よく知られていた。なかでも胡椒は大衆向きで、多くの人びとに愛用されていた。ヨーロッパだけではなく、東アフリカのケニアあたりでも知られていた。スワヒリ語では胡椒のことを「ピリピリ、マンガ」というが、それは白いとうがらしという意味であった。それでも17世紀100年の間には胡椒、香料のヨーロッパへの輸入にも変化がみられた。たとえばオランダの場合でいえば、1620年ころには胡椒と香料が輸入品中の75％を占めていた。ところがそれは1670年には41％となり、1700年には23％に低下した。

17世紀イギリス東インド会社はそのようなオランダ会社に雁行して、やはり胡椒、香料輸入を中心に取引していた。オリバー・クロムウェルの改組もあったし、新旧両東インド会社の角逐もみられた。そうした中でのアジア貿易であった。17世紀も末になると、アジアからの輸入品は胡椒、香料に代わってアジア織物、なかでもインド産木綿織物（キャラコ）が優勢となりつつあった。そうした中で、イギリス東インド会社は、キャラコをヨーロッパに大量搬入した先駆者であり、中心者でもあった。「インドキャラコのために大きくて未開拓なヨーロッパ市場を開いたのは、イギリス東インド会社であった」ともいわれていた。じっさい先述したアンボン事件からもわかるように、インドネシア胡椒、香料の取引では押されがちのイギリス会社であった。早くも17世紀はじめに、インド北西部の木綿産地グジャラート地方の貿易拠点スラトから本国に送られた商業報告書にはこうあった。「様々な種類のキャラコその他の染色織物が英国の家庭用として適当なほか、綿モスリンがアフリカ向けによい」と。

木綿はインド原産でのちに中国などアジア各国に伝わっていった。アフリカでも新大陸の現地人やクリオーリョの間でも、木綿は知られていた。ほとんど世界のいたるところに木綿は波及していた。しかし意外にも、ヨーロッパ、なかでも西ヨーロッパ（泰西の地）にだけは入って来ていなかった。それだけにキャラコや木綿の東インド会社による輸入は、その意義が大きく、産業革命との関連を考えれば、世界の工業化とも関わりをもつものであった。

茶の輸入と中国貿易

18世紀になると、そのような木綿、キャラコ、絹などの他に茶が重要な輸入品となった。ヨーロッパから銀（ブリオン）を持ち出してヨーロッパにはない品物を輸入するという東インド会社の貿易パターンは、基本的には変わらなかった。茶は17世紀後半にはじめてイギリスに輸入されたものだが、18世紀にはキャラコなどと共にイギリスへの代表的輸入品となった。アメリカ独立戦争に際しての「ボストン茶会事件」が東インド会社が将来した茶をめぐるものであったのを思うと、18世紀東インド会社と茶とは密接な関係をもっていたのがわかる。イギリスは最近まで世界でもずばぬけて多く紅茶を飲む国として知られている。はじめはやはりオランダ東インド会社がヨーロッパに運んだ茶の一部をイギリスが買い入れていた。直接の輸入は１６７０年代以後のことで、その輸入量も大したこと

表1　18世紀イギリス東インド会社の茶輸入量

年代	量（ポンド）	成長率（％）	価格（ポンド）
1721－30	8,879,862	—	611,441
1731－40	11,663,998	31	607,469
1741－50	20,214,498	73	1,052,373
1751－60	37,350,002	85	1,692,698

はなかった。ところが18世紀になると茶の輸入は本格化する。とはいっても１７０１年から１７０６年までの年平均輸入量は、約３万５０００ポンドほどであった。それが表１でもみられるように、１７２０年代、30年代と増加し、18世紀後半の茶普及時代、大衆消費時代を迎えることになる。１７４４年に出たあるパンフレットは、当時の砂糖消費量からイギリスの茶消費量を算定しようとしたものだが、それによると80万ハンドレッドウェイト（18ハンドレッドウェイト≒50・８キログラム）の砂糖消費があったから、年平均２００万ポンドの茶が飲まれたという計算になる。この数字は表１の１７４０年代の数字と一致している。

さらに18世紀後半には茶の輸入は一段と増加し、19世紀の大量茶消費時代を迎える。しかもイギリスへの茶の輸入には高い関税がかけられていた。それで茶輸入がブームとなる中で、他のヨーロッパ諸国からの密輸入を招くことになった。１７２６年から１７８４年まで約60年間のイギリス東インド会社による輸入茶に対する関税は、ほぼ原価の１００％ほどであった。密輸が増えるのが当然だった。この関税は１７８４年の帰正法によって大幅に引き下げられる。茶関税は一挙に１１９％から12・５％に下げられた。

ところでこのようにイギリスに大量の茶が流入したのは、東インド会社が中国の広東から定期的に中国茶を搬入するようになったからである。このころ中国からは茶が絹よりも多く輸入されるようになった。その後18世紀後半には茶が中国貿易の80％以上と圧倒的なものとさえなった。

さて、インド学の権威である岩本裕は『インド史』（現代選書）で、次のように書いている。「インドは古くから富裕な国であった。ところが、1766～68年の3年間にインドに輸入された商品の額は62万4375ポンドであったのに対して、インドからの輸出は631万1250ポンドに達した。つまり、入ってきた額の10倍の富がもち出されたのである」と。

続いて同書は、「このころのイギリス東インド会社営業部門社員が現地で営んでいた『商業』というのは実は『恐喝』であり『掠奪』であった」とも記している。プラッシーの戦いと1764年10月のバクサールの勝利でイギリス軍人のロバート・クライブはベンガル地方を統括するようになった。イギリスはディーワーニー（徴税権）を獲得した。それまで本国から銀（ブリオン）を持ち出してインド木綿や中国茶を買い入れていた東インド会社は銀を持ち出さなくても済むようになった。つまり事実上征服、支配したベンガル地方などの地税を会社は木綿や茶の買い入れに充てた。このことはつまり東インド会社が商事会社から植民地支配者に衣更えしたことを意味している。

東インド会社は1858年に解散し、インドはイギリス政府の直接支配をうけるが、それは会社自らがもっていた会社軍の反乱（大反乱＝シパーヒーの反乱）を契機としてであった。大反乱は会社が単なる商事会社から植民地支配者に転じはじめてほぼ100年後におこった。この100年の間に、マイソール戦争、シク戦争、マラータ戦争等々のインド征服戦争が行われ、ほぼインド全土が統括された。その大部分が鉄道建設と並行してインド内地への市場拡大につながった。東インド会社250年の歴史はここに幕を閉じた。

（浅田　實）

19 ピューリタン革命から王政復活へ

――回転した革命

ピューリタン革命とは何か

ピューリタン革命とは、どのような出来事を指す言葉なのだろうか。この問いの答えを出すことは、いま、なかなか難しい。通常は、オリバー・クロムウェルが主導した一種の軍事クーデターによってイギリスの体制が転覆したことが、ピューリタン革命として理解されているようだ。すなわち、1649年にチャールズ1世（在位1625～1649）を処刑した後、クロムウェルは成文憲法を持った共和国を樹立した。だが、1658年の彼の死後、カリスマを失った革命政権は機能不全に陥った。そこで、1660年にチャールズ2世（在位1660～1685）が王座に戻ることで、イギリスはふたたび国王を持つ国家としての秩序を取り戻した。

ピューリタン革命と呼ばれる事象の本質は、国王と議会との対立であった。共和国政府の護国卿になったクロムウェルといえども、そもそもは議会の子だったのである。ピューリタン革命という名称は19世紀以降にリベラルな思想を持つ学者たちが作った呼び名である。すなわち、フランス革命などのヨーロッパでの市民革命と同様に、ピュー

オリバー・クロムウェル

リタン革命はイギリスに国民主体の新しい自由社会をもたらし、それが資本主義的な体制の下地になったという考えなのだが、この体制変革の象徴的な存在が１６４０年に開始したいわゆる長期議会である。即位直後からチャールズ1世とイギリスの議会とは抜き差しならない緊張関係に陥り、国王が議会を10年以上にもわたって招集しない異常な空白期が生じたこともあった。しかし、１６４０年になってようやく召集されたこの議会は、国王とその取り巻きたちを厳しく糾弾する修羅場となった。

この長期議会の評価は、二つにはっきりと分かれている。市民革命としてのピューリタン革命という歴史観を抱く研究者たちは、当然の事ながら、長期議会を画期的な転換点として認識する。例えばクリストファー・ヒルは、長期議会の開会を新旧の分水嶺と認識して、１６４０年以降のイギリスでパンフレットや新聞などの発行が爆発的に増大し、民衆たちの政治的な議論が活発になったことに注目している。ただ、興味深いことに、ヒルは、ピューリタン革命という呼び名に満足してはいない。確かに国王の処刑を先導したグループの中心にはピューリタンたちがいたが、革命は宗教的な内紛にとどまらない、広くイギリス全体の経済や社会の近代化を呼び起こしたと考えられるからだ。名のある政治家を賞賛したり貶めたり、口角泡を飛ばして甲論乙駁するパブに集った庶民たちの熱心な政治談義は、映画などでもよく目にする光景であるが、こうしたイギリスらしさを支える伝統も、その源泉は長期議会での国王弾劾にあると、考えることができよう。

ホッブスの『ビヒモス』

このように議会を舞台に繰り広げられた革命のドラマを肯定的に評価する立場に対して、議会が国王処刑へとエスカレートしたことを歴史の汚点と考える立場がある。とりわけ、17世紀の動乱を実際に見聞した知識人の中に、議会が国王を圧倒する政治的な力を持ったことに、強い恐怖を抱くものがいた。その一人が『リヴァイアサン』の著者で知られるホッブスである。1588年に生まれた彼は長期議会からクロムウェルの共和国、そして王政復古と、歴史の激変と動乱をすべて見届けて1679年に没したのだが、死後の1681年に『ビヒモス』という著作が出版された。1651年の『リヴァイアサン』が国家の主権というものについてのいわば理論的な考察だとすれば、『ビヒモス』は国家主権をめぐる現実の闘争を歴史的に叙述した記録である。

作品冒頭の献辞の中でホッブスは、『ビヒモス』が「あの忘れることのできない内戦《シヴィル・ウォー》についての」記録であると述べている。私たちがピューリタン革命として了解している出来事のことを、ホッブスはこのように「内戦」と呼んだり、あるいは「叛乱《レベリオン》」と呼んだりしている。国家の主権は伝統的に国王が世襲で担うべきだと考えるホッブスにとって、主権を脅かす危険な叛乱の試みは、不愉快な内戦に他ならなかった。長老派議員たちに率いられた長期議会の動きについて、ホッブスは怒りを込めて記述する。『ビヒモス』の中でしばしば彼は議会と議員たちの「厚かましさ《インピュデンス》」や「恥知らずな《インピュデント》」振る舞いを強く批判しており、議会が国王の上に立とうとすることへのホッブスの嫌悪感が読み取れる。「人民が至高の権力を持ち、議会は人民である」と僭称する、「恥知らず」な長期議会に対するホッブスの憤りは読むものを圧倒する。

長期議会の厚かましい態度と振る舞いは、国王に対してだけにとどまらなかったとホッブスは続ける。彼の分析によれば、議会はアイルランドとスコットランドも「恣意的に統治」できると自惚れていた。さらに、オリバー・クロムウェルの「途方もない勤勉さと身の毛もよだつ作戦」が功を奏して、アイルランド人たちが「絶滅」させられてしまったと、『ビヒモス』は17世紀イギリスの暗い歴史をそのように記録している。

長期議会を解散させるクロムウェル

二つの「レボリューション」

国王を擁護する立場から長期議会を弾劾する『ビヒモス』は、革命を近代化の端緒と捉える立場から読めば、反動の一言のもとに切って捨てられてしまうかもしれない。現に、『ビヒモス』は『リヴァイアサン』以上の注目と評価を受けることがこれまでなかった。だが、2010年にオックスフォード大学版の新しい定本が出版され、日本でも2014年に翻訳が岩波文庫に収められるなど、近年『ビヒモス』を再評価する動きが進んでいるのは、一体どうしてなのだろうか。

一つの理由として考えられるのは、既述したように、『ビヒモス』がイングランドとアイルランド、そしてスコットランドという三つの王国の闘争を詳細に記録することに多くの紙数を割いているからであろう。議会を強く批判してはばからないホッブスの政治観には今日でも異論があるだろうが、しかし三王国を巻き込んだ長期的な動乱としてピューリタン革命を捉えている点には、先見の明が感じられる。『ビヒモス』再評価は、ピューリタン革命それ自体に対する評価と研究の進展と、決して無関係ではない。本来はそれぞれが独立した三つの王国が、17世紀の動乱によってグレート・ブリテンなる複合的な国家へと編成されていった経緯に注目して、今日では「ピューリタン革命」という呼び名に代わる「三王国戦争」という新たな呼称を提案する研究者も少なくない。たとえばノーマン・デイヴィスはこの新しい呼び名が「スコットランド人好み」でもあるので「最もふさわしい」言い方なのだと主張している。

こうした事情で、「ピューリタン革命」という言葉は今日では死語に近く、デイヴィスのいう「三王国戦争」の他にも「イングランド内戦」という用語が近年ではよく使われる。ピューリタン革命は、革命なのか、それとも内戦なのか。「革命」という語は、長期議会の開会やクロムウェルの蜂起、共和国の樹立といった、いわばスポット的な出来事の転換点としての意義を強調しがちである。それに対して「内戦」という語には、長さや持続性が感じられる。変化は一日にしてなったのではない。興味深いことに、国王から長期議会へ、そして1660年5月の王政回復によって長期議会から国王へと、20年間に主権の在り処が移り回った有様を、『ビヒモス』の最後でホッブスは「レボリューション」と呼んでいる。この場合の「レボリューション」とは、『オックスフォード英語辞典』からも明らかであるが、いわゆる「革命」ではなく、天体などの「回転や転回」を意味している。たしかに、長期議会開会から王政回復までの間に国家の権力はめまぐるしく「回転」し、三王国の全土で多くの血が流された。だから、この回転としての「レボリューション」という語は、革命と内戦という両方の意味を兼ね備えた、適切な呼び名なのかもしれない。20年間の「レボリューション」に攪拌されて、1660年のイギリスは1640年のイギリスとは別の国家へと変貌を遂げたのである。（白鳥義博）

20 奴隷貿易と奴隷貿易廃止

――「人道主義の帝国」前史

奴隷貿易

スペインやポルトガルをはじめ、オランダ、フランスやイギリスなど多くの国ぐにが関与した大西洋奴隷貿易は、16世紀から19世紀まで、じつに4世紀にわたり続けられた。この貿易によって西アフリカから新世界につれてこられた奴隷の総数をめぐっては議論が続いているが、歴史学者のフィリップ・カーティンは、およそ1000万人と推計している。

16世紀、アフリカ人を奴隷として西アフリカから「新世界（カリブ海や南北アメリカ植民地）」に運ぶ大西洋奴隷貿易が本格的に始まった。新世界のスペイン領での労働力不足を補うため、スペイン王室が、「アシエント」という、アフリカ人奴隷を独占的に供給する権利をスペイン人やドイツ人商人に与えたのがきっかけであった。これは、16世紀後半にはポルトガル商人が独占するようになった。

17世紀にイギリスが新世界で植民地を形成し始めた当初、イギリス領植民地では白人年季奉公人がおもな労働力であった。しかしながら、17世紀第4四半期になると、彼らの流入が減少し、これに代わる労働力として黒人奴隷が強く求められるようになった。年季明けの白人年季奉公人が土地を獲得してプランターになれる機会が少なくなっていたため、イギリスから遠く離れた新世界に危険を冒してまで来る魅力が失われたからである。結果として、新世界では奴隷はアフリカ人とその子孫であるという、人種的な制度として成立することになった。イギリス領の場合、この「人種奴隷制」は労働力が白人年季奉公人から黒人へと転換するなかで確立していった。

イギリスは、1672年に王立アフリカ会社がイギリス王室より奴隷貿易の独占権を得て設立された後、この貿易に本格的に参入した。イギリスによる大西洋奴隷貿易は、18世紀にイギリス領のカリブ海植民地において砂糖生産が飛躍的に増大するのに伴って規模が急速に拡大した。フィリップ・カーティンの推計によれば、17世紀の間、イギリス領カリブ海植民地に輸入された奴隷の数は26万3000人程度であったものが、次の1世紀間には140万人以上へと、5倍以上に増えている。この間、イギリスは、貿易相手がヨーロッパから新世界やアジアへと広がり、対外貿易が劇的に増加する「商業革命」を経験した。イギリスによる奴隷貿易の規模は、この時代、ポルトガルやオランダのそれを大きく引き離すようになっていく。池本幸三らによれば、18世紀後半からイギリスが奴隷貿易を廃止する1807年までの間、奴隷貿易の4割から5割はイギリス商人によるものとなっていた。

重商主義の時代、イギリスは西アフリカから奴隷を新世界のプランテーションに運び、プランテーションで生産された換金作物（砂糖やタバコ、綿花など）をイギリスに運び、イギリスの工業製品やインド産の綿布などを西アフリカに運ぶ大西洋システムを確立し、莫大な富を得た。もっとも、カリブ海植民地やアメリカ南部植民地が経済的に大きな恩恵に浴することはなかった。

イギリスでは奴隷貿易に従事する船が出入りする港町として、ロンドン以外にブリストルやリヴァプールが発展していった。商業革命が一段落した後の18世紀後半、イギリスでは産業革命が始まる。

奴隷貿易港であるブリストルやリヴァプールの後背地で木綿産業など産業革命の中心的な工業が発展したのは、奴隷貿易と黒人奴隷の労働が支えた大西洋システムによってもたらされた経済的な利益が、イギリスの工業化に大きく貢献したことを示唆している。

ところで、奴隷貿易船が西アフリカの海岸を出航してから新世界に到着するまで、航路によって多少のばらつきはあるものの、およそ60日を要した。奴隷たちは立つこともできない狭い船倉に詰めこまれ、運ばれた。奴隷貿易廃止運動で用いられたポスターには、奴隷船内部の状況が詳細に描かれ、その悲惨な状況を伝えている。赤痢や天然痘、水疱瘡などの伝染病などにかかる奴隷も少なくなかった。この間、奴隷船上で死亡する奴隷たちは、平均で10％から13％にのぼった。

実は、奴隷船の船員の死亡率もまた奴隷と変わらないほど高かった。船員5人のうち3人は、奴隷貿易に従事して1年以内に死亡する、あるいは、イギリスを出航した船員のうち、イギリスに戻るのはわずか1割に過ぎないといわれたほどである。残り9割には、逃亡する者も含まれているし、当時の航海が危険なのは奴隷貿易に限らなかったとはいえ、奴隷貿易においては積荷の奴隷のみならず、船員の死亡率もきわめて高かったことは疑いようもない事実である。奴隷貿易廃止運動では、中間航路における奴隷および船員の高い死亡率が奴隷貿易の問題点のひとつとしてクローズアップされ、厳しい批判を浴びた。

奴隷貿易廃止運動と奴隷制廃止運動

イギリスは1807年に奴隷貿易を、1833年には奴隷制を廃止した。

奴隷貿易や奴隷制度に対する反対の声は、奴隷貿易の開始直後からあった。しかしながら、奴隷貿易廃止が社会的に大きな関心を集め、政治運動として組織的に展開されるようになるまでには長い時間を要した。

1772年、所有者のもとを逃げ出した奴隷、ジェイムズ・サマセットの身分について争われた裁判で、マンスフィールド卿は、イギリス本国では奴隷という身分に法的根拠がないとの判決を出した。これにより、イギリス本国では奴隷制は認められないと社会が認識するようになった。しかし、この時点ではまだ奴隷貿易や海の向こうの植民地における奴隷制度の是非が問われることにはならなかった。

大西洋をはさんでイギリスとアメリカの間に緊密なネットワークを持っていたクエーカーの一部は、早くから奴隷貿易や奴隷制に反対していた。彼らは、1770年代までには、すでにメンバーに奴隷の所有や奴隷貿易への関与を禁じている。人間の絶対的平等という、彼らの教義と相容れないことや、奴隷制が非人道的であるという理由からであった。

クエーカーたちは1783年、独自の奴隷貿易廃止委員会を組織し、議会への請願活動を行った。1787年5月には、クエーカー以外も交えて奴隷貿易の廃止を目指すロンドン委員会が設立された。ここに、イギリスにおける奴隷貿易廃止運動が本格的に政治運動としてのかたちを見せ始めることになる。ロンドン委員会は、9名のクエーカーと国教会福音派、通称「クラパム派」のトマス・クラークソンやグランヴィル・シャープなどを加えて当初12名で構成されていた。まもなく、クラークソンの盟友で、自身もクラパム派の庶民議員、ウィリアム・ウィルバーフォースやユニテリアンのジョサイア・ウェッジウッドも参加した。この時期、ロンドン以外の多くの都市にも奴隷貿易廃止協会が相次いで設立された。ロンドン委員会は、各都市の協会をネットワーク化し、奴隷貿易廃止に向けて全国的な運動を展開する司令塔としての役割を果たした。

ロンドン委員会が、幅広い層のイギリス人を運動に動員することができた理由のひとつは、奴隷制そのものではなく、奴隷貿易の廃止に的を絞ったことにある。奴隷貿易廃止運動に参加した人びとが、必ずしも奴隷制そのものの即時廃止を求めていたわけではない。この時点で、奴隷制度は少なくともしばらくは容認してもよいと考える人が多かった。

奴隷貿易廃止運動では、トマス・クラークソンやウィリアム・フォックスなど奴隷貿易に反対する論客の出版物をパンフレットや新聞、書物として大量に出版したり、ひざまずく黒人の姿を刻印したメダルを作成して配布、あるいは販売することで、「かわいそうな黒人」のイメージを人びとの間に浸透させるなど、斬新な手法が駆使された。こうした戦略によって、奴隷貿易廃止運動は多くの人びとの関心をひきつけ、議会への請願署名を集めることに成功した。さらに、西インド産砂糖の不買運動という、はじめての「消費者運動」による圧力も用いられた。また、ウィリアム・ウィルバーフォースがロンドン委員会の主要メンバーに名を連ねていたことは、議会でのこの運動の影響力を考えると重要であった。非国教徒は議員になれなかった当時、非国教徒との連携に柔軟なウィルバーフォースが何度も議会でこの問題を取り上げ、非国教徒たちの意向も汲みながら、議会において奴隷貿易廃止法案を成立させるために尽力した。ただし、運動が本格化してまもなくフランス革命が勃発したために政治運動が一時的に沈静化したこともあり、議会で奴隷貿易廃止法案が成立するのは１８

07年になってからである。

この後、奴隷制廃止に向けた運動が引き続き大規模に行われたわけではなく、奴隷制の改善などが試みられた。奴隷制廃止運動が本格的にあらためてスタートするのは、1820年代になってからである。

この運動も当初は奴隷制の即時廃止ではなく、ゆるやかに奴隷制が終焉に向かう方策を探るものであった。このときは、女性たちが独自に即時廃止を訴えて女性たちだけの奴隷制廃止協会をイギリス各地に立ち上げ、積極的に運動を展開した。彼女たちは「道徳的な消費」という消費者の責任を説いて再び大規模な西インド産砂糖のボイコットを呼びかけた。

奴隷制廃止運動は、奴隷制の非人道性もさることながら、関税に守られていない「自由な」東インド産砂糖との比較によって、関税により守られた西インド産砂糖の経済的な不合理も前面に押し出すことで、1833年、ようやく議会での奴隷制廃止法の成立を勝ち取った。奴隷貿易廃止協会の設立から実に半世紀にわたるイギリスの反奴隷制運動のなかで、「自由」を奪う奴隷制は人道的にも経済的にも許容しがたいという考え方がイギリス社会に定着していったのである。

奴隷貿易廃止運動や奴隷制廃止運動の中核にいた人びとは、実は学校教育や監獄改革、動物愛護など、同時期に展開されたイギリス内外の社会改革を目指す他のソーシャル・リフォーム運動にもかかわっていた。アメリカ喪失後、イギリス社会は大きな社会変革を経験する。奴隷貿易や奴隷制度に頼らない植民地の維持もその一環であった。一連の改革、とりわけ、他国に先駆けた奴隷制の廃止は、結果として「人道的な」イギリスというイメージの形成に一役買うことになった。

（並河葉子）

コラム
7

『ピープスの日記』

『ピープスの日記』は、サミュエル・ピープスが1660年から1669年まで書き残した日記である。ピープスはロンドンの仕立て屋の息子として生まれ、やがてイギリス海軍の最高実力者にまで出世し、王政復古後の海軍の再建に手腕を発揮した人物である。後には国会議員および王立協会の会長を務めることになる。日記の開始時に「40ポンド」だった貯金が出世とともに大きく膨れ上がる様子も日記に見て取れる。

独自の暗号で書かれた日記には、彼の「赤裸々な日常生活」が記され、「あまりにも猥雑」とされる部分もある。しかし、その詳細な記述は、当時の社会や文化に関する重要な資料である。王政復古期の世相、ペスト大流行、1665年からの英蘭海戦、ロンドン大火など、その渦中にいた者ならではの記録を伝える。また、王立協会に関する記述も興味深い。それは鳥瞰図的な歴史の記述ではなく、彼が実際に見て感じた出来事の記録である。ここでは、王政復古へ向かう日々の日記の一端を紹介しよう。

1660年。共和政の体制は崩壊状態にあり、3月2日の日記には「主権者は誰になるか、下馬評は盛んである。今では、チャールズか、ジョージ（モンク）か、もう一度リチャード（クロムウェル）か……」と政情の混乱している様子が読み取れる。そうした中、3月6日、海軍提督エドワード・モンターギュから彼の秘書として大陸に亡命中のチャールズ出迎えの艦隊への同行を求められると、3月13日「事態が結局どうなるのか、まったくあいまいである。というのは、議会は国王支持に強く傾いている様子だが、兵隊たちはみな反対だと言っているからである」、3月17日「妻への遺言書に印を押した」、3月19日「わたしの心は、かわいそうな妻を思って、まだたいそう悩んでいる。しかし、今度の仕事は、この苦労に値するものであるだろう」と記している。

3月23日にピープス乗艦。連日の職務に励む彼のもとにロンドンの様子を伝える報告が日々届く。4月21日「多くの教会や看板やテムズ河の商船には、国王の紋章が掲げられている」。4月29日「国王から議会宛ての手紙」が届いたことを知る。5月2日「（昨日）国王の手紙は下院で朗読され……昨日一日中ロンドンでの喜びは大きかった。夜にはかがり火はなおさら数多く、鐘は鳴り、人びとは通りで跪いて国王に乾杯した」。5月3日、このチャールズが復位の条件を提示した「ブレダ宣言」を艦上でピープスが朗読する。5月8日「今日届いた新聞によると……先日国王の宣言を読んだときにしたことの一部始終も出ていた。その一番下には、わたしの名が記されていた」と嬉しげに記す。5月11日、ようやく艦隊は具体的な動きを見せ、オランダへ向かう。5月14日「朝、目を覚まして起きてみると、舷窓からすぐ近くに陸が見えた……それはオランダの海岸だった」。

5月23日、ピープス乗船から2カ月が経過、ついに国王が乗艦し、イギリスへ向けて出航。「ご乗艦の際、国王と王妃と王女の手にキスをした……午後ずっと国王は、ここかしこ、行ったり来たり（国王とはかくもあらんかと考えていたのとは正反対に）歩き回り、たいそう活発に活動しておられた。後甲板で国王はウスターからの脱出の話を始められた。国王が経験された苦労の物語を聞いて、私は涙がでそうになった」。5月25日「想像しうるかぎりの愛と尊敬をもって、ドーヴァー上陸を迎えられた。群衆の数は限りなく……華やかなものだった」。こうしてチャールズはイギリス上陸を果たす。

この功でサニッジ伯爵となったモンターギュ提督は、ピープスへの信頼を強め、彼に海軍書記官の職を用意する。それによりピープスは出世への道を切り開いたのである。


（須田篤也）

21 名誉革命
――議会中心の体制へ

革命は国王と議会の対立から

イギリスは王政復古（1660）後ステュアート家のチャールズ2世（在位1660～1685）が王位に就いた。彼はその前の内乱期にフランスに亡命していたこともあり、カトリックをひそかに信仰していた。イギリスにはイングランド国教会が国教としてあり、国王はその教会の首長であったから、チャールズ2世が自分の信仰を公言することはなかった。ところが彼の次の王と決まっていた弟のヨーク公（のちのジェイムズ2世）は北イタリアのモデナ公国の王女でカトリック教徒のメアリーと再婚し、自身もカトリックであることを隠さなかった。

議会はヨーク公のこの姿勢に反発して、1679年カトリックが王位に就くことを排除する法案（排除法）を議決しようとしたが、チャールズは議会を解散してそれを阻止した。このころのちに二大政党となるホイッグ党とトーリー党の先駆けが生まれてきた。簡単にいえば、ホイッグは進歩的で議会中心主義であり、宗教的にはプロテスタントを堅持しつつ国教会だけでなく、プレスビテリアン（長老派）、バプティストなど非国教徒にも寛容であった。一方トーリーは保守的で国王への忠誠を維持し、国教会を護持し、非国教徒を容認しようとしなかった。排除法はホイッグ党主導の動きである。

チャールズは排除法を廃案にして、ホイッグ党弾圧に乗り出したため、一部のホイッグ党の政治家はオランダへ亡命した。

1685年にチャールズ2世が死去してジェイムズ2世（在位1685～1688）が即位したが、その直後にカトリックの国王に危機感をもった人びとがジェイムズを倒そうと、チャールズの庶子でオランダに亡命中の若いモンマス公を擁して反乱を起こした。しかし、間に合わせのプロテスタント反乱軍はわずかな軍勢で計画性もなく、1カ月で鎮圧され、モンマス公は処刑された。

ジェイムズ2世は国内の反発にもかかわらず、カトリック教徒に一層寛容な政策を実現しようとした。1687年の「信仰自由宣言」はその姿勢を露骨に示すものだった。現代ではまったく当たり前の宣言と思えるが、一国一教のイギリスの基盤を一変させるものだった。そのころ審査法により、公務員など公職に就く者や軍人は国教徒でなければならなかったが、信仰自由宣言はカトリックや非国教徒の者にもその門戸を開放した。地方の要職にカトリックや非国教徒が任用された。国王への忠誠心が強いトーリーの連中ですら、国教をないがしろにする

ジェイムズ2世（ゴドフリー・ネラー作）［ナショナル・ポートレート・ギャラリー蔵］

ジェイムズの姿勢にさすがに反発した。国教会の7人の主教が国王に再考を促す請願書を出して投獄されたことも、国民の王に対する反感を増大させた。

ホイッグの期待はプロテスタントのオランダ総督オレンジ公ウィリアム（オラニエ公ウィレム）に集まった。ウィリアムはオランダからイギリス国民宛に公開書簡を送り、ジェイムズの信仰自由宣言に反対の意向を伝えていたからである。ウィリアムは敬虔なプロテスタント信者で、カトリックの大国フランスのルイ14世に対抗するプロテスタント諸国、アウクスブルク同盟の盟主と自他ともに認めていた。ルイ14世はヨーロッパ覇権を目指していたが、そのオランダ進攻を阻止したのがウィリアムである。ウィリアムはもともとチャールズ1世の娘の子、つまり孫であるから、イギリス王室の血を引くが、王位継承権はなかった。しかし彼はヨーク公（ジェイムズ2世）の先妻の娘メアリーの女婿であった。メアリーは父ヨーク公と違ってプロテスタント信者であり、父のあとの継承権を持っていた。

1688年6月10日にジェイムズ2世の子が誕生したことから事態が急展開した。この子がカトリックの王になるのか、この子はジェイムズ（当時55歳）の実の子か？　危機感が広がり、亡命中のホイッグの政治家たちはオレンジ公ウィリアムにイギリス進攻を要請した。当初ウィリアムは逡巡していたが、投獄されていた7人の主教の釈放日の6月30日に合わせて、イギリス議会の有力者たちがウィリアムに公式に要請の手紙を送ったため、進攻を決断した。そのときの進攻目的は議会開会権を持つジェイムズ2世に議会を開かせることにあり、彼を退位させることは考えていなかった。

これまでの経緯で分かるように、国民の気持ちは反カトリック感情の高まりとともに、ジェイムズ2世から離れていた。国王軍は離脱する者が多く、戦意もなかったから、1万5000のオランダ軍は11月5日イングランド南西部のトーベイに上陸後ごく小規模の戦闘はあったが、12月18日ウィリアムはロンドンに入った。ジェイムズをもともと支持していた人びとはこの動きに傍観する態度を取り、さらに身内の娘たち、メアリーとアン（のちの女王）の支持もなく、ジェイムズはまったく孤立した。このような状況からジェイムズはやむなく12月23日フランスへ出航した。翌年1689年仮議会（国王の逃亡で正式な議会は開けなかったからこう呼ばれる）の庶民院は早々にウィリアム3世（在位1689～1702）、メアリー2世（在位1689～1694）の共同王位を承認したが、トーリー党が多数の貴族院ではウィリアムの即位に反発があり、しばらく時間がかかったものの、2月13日に最終的に承認された。

立憲君主制（議会中心）への転換

議会の承認で王位に就いたウィリアムとメアリーは、即位にあたり議会が作成した「権利宣言」に署名した。この状況からも主体は議会にあることが分かる。権利宣言は、ジェイムズ2世の悪政を指摘し、国王が従うべきことが13項目にわたり列挙してあった。この宣言によって立憲君主制の礎が敷かれたとされる。議会を無視して国王が専断することを禁じ、またカトリック教徒を王位継承から排除することが明記されている。それはのちに「権利章典」として発布された。さらにこの革命を国民総意のものとするため「寛容法」が発令され、非国教徒も信仰の自由が許された。ここにもホイッグの意向が反映されている。といっても、審査法は維持されていたから、非国教徒が公務員になることはできなかった。

ウィリアム3世（ゴドフリー・ネラー作）［スコットランド・ナショナル・ギャラリー蔵］

ウィリアム3世は従来通りの国王の権限（軍事権）を保持して、アウクスブルク戦争（対仏）を遂行し、国費を費やしたが、１６９７年ライスワイク条約でこの戦争が終結して以降、その自由もなくなる。議会は平時に軍隊は必要ないとして常備軍（維持には莫大なお金が必要）を許さず、それを持つには議会の同意が必要になった。以後ホイッグ党とトーリー党の激しい政争の議会政治の時代に入る。

何が「名誉な」革命なのか

この革命をめぐっては現在まで、両極的な意見がある。一つの意見は、ジェイムズ2世が王位を放棄し、そのため空位になり、ウィリアム、メアリーが王位継承したのだから正当であるとする。この説明にはやや無理がある。ジェイムズは王位を捨てるつもりがなかったし、継承順位としては生まれたばかりの息子（ジェイムズ・フランシス・エドワード・ステュアート）がいた。さらにメアリーには継承権があったが、ウィリアムの即位はルール違反だった。

もう一つの意見は、ウィリアムが武力でジェイムズを追い出し、ジェイムズは退位を強制されたのだ、少数の貴族の画策であって、多くの国民は傍観していたが、ジェイムズを退位させる気持ちなどなかったのだとする。

前者の見方はホイッグ史観と呼ばれ、後者はトーリー史観と呼ばれる。革命の経緯からも分かるように、この革命はホイッグ党が中心となって行ったから、ホイッグ史観は革命を評価し、イギリスはこれにより近代的な議会制民主主義へと政治が変わるとする。トーリー史観ではウィリアムたちの王位継承は正当とはいえないし、体制が革命後も昔と大きく変わったわけではないとする。当時のトーリー党のサー・エドワード・シーモアは「多くの国民は国王が退出させられたことに驚いた」と書いている。まさか、ウィリアムの上陸がジェイムズの退位につながるとは考えていなかったというわけである。実際、革命後も新王に対する忠誠を誓うことを拒否する宣誓拒否者がいたし、ジャコバイトといわれるジェイムズを支持する人びとは彼の死後もしばしばステュアート家の復活を求めて反乱を起こした。

この革命はまもなく「名誉革命」と呼ばれるようになる。イギリス人の脳裏には、チャールズ1世の処刑を頂点とする血なまぐさい清教徒革命（1640～1660）の内乱が強く残像としてあったから、この無血革命を名誉革命と呼ぶのは自然だというわけである。しかし、トーリー史観からすれば、国王を追放した革命は「名誉」とは呼べないだろう。

（塩谷清人）

コラム 8

博物学の黄金時代

博物学とは、動物、植物、鉱物などを含む多様で広範囲な自然物を対象とする学問で、元来、洋の東西を問わず、薬用を目的とする本草学として始まった。古代ギリシャ・ローマ時代にはアリストテレス、テオフラストス、デイオスコリデスなどの博物学者の輩出によって、現在の自然科学に相当しそうな萌芽が生まれた。しかし、その後「中世の暗黒時代」における停滞により、博物学が真に開花と黄金時代を迎えるのはルネサンスを経た「大航海時代」以降のことであった。

15世紀からの、いわゆる地理上の発見が相次いだ時代を通して、ヨーロッパ諸国は盛んに探検航海を繰り返し、アジアやアメリカ大陸などとの新しい航路を発見しつつ、熾烈な植民地獲得競争を続けていた。そして、スペインの無敵艦隊を撃退（1588）し、世界貿易や植民活動の主導権争いにも勝利して空前の繁栄を手にしたのがイギリスであった。この間、植民地政策や帝国主義も拡大し、海外からもたらされる夥しい数の珍奇な物産や博物資料は専門家のみならず、一般蒐集家の関心をも強く惹きつけた。こうして蓄積された膨大な収集品はやがて研究者らによって分類・整理され、17世紀以降、様々な博物館を創設する基礎となり、諸学会を生み出す出発点ともなった。

博物学が隆盛となった18世紀、現在の世界最大規模を誇る大英博物館（1753）が創設され、キュー王立植物園も設立（1759）された。ちなみに、同植物園は博物館や研究所などの施設も備え、今日世界的な植物研究の拠点となっている。産業の急激な発展期であった19世紀には、世界最初の科学と美術工芸に関するサウス・ケンジントン博物館（現ヴィクトリア・アンド・アルバート美術館）が誕生（1857）した。また、当時黄金時代を迎えていた地質学をはじめとする科学の進歩を反映して、大英博物館の自然科学部門は自然史博物館へと分離、発展していった。この頃、一方で学術団体の設立も盛んであった。イギリスを代表する世界最古の学会である王立協会の設立（１６６０）をはじめ、18世紀以降にはリンネ協会（１７８８）ほか、博物学関連の学会が次々に結成されていった。

そして博物学が最盛期を迎えた19世紀、産業革命がもたらしたゆとりとヴィクトリア朝の啓蒙主義を背景に、一般大衆にまで及ぶ社会のあらゆる層に博物学と博物趣味の一大ブームが巻き起こった。博物学関連の本や雑誌は驚異的な売れ行きを示し、男性も女性もこぞって珍奇な動植物や貝、海藻、蝶、昆虫、化石などの採集や標本作りに熱狂した。また、採集したものを学術的に精密にスケッチしたり、観察や実験によって研究することも巷に溢れるアマチュア研究者の間で大流行した。こうした「万人が博物学者」のような時代に生き、時代の大きな影響を受けてキノコ（菌類）の学術的研究に没頭していたアマチュア研究者の一人が「ピーターラビット」の絵本作家として知られる若き日のビアトリクス・ポターであった。彼女は、伯父で著名な科学者でもあるロスコー卿の勧めで１８９７年にリンネ協会へ学術論文『ハラタケの胞子の発芽について』を提出したが、優れた論文であったにもかかわらず、公正な扱いをされなかった。１世紀後の１９９７年、リンネ協会は女性差別があったことを正式に認め公的に謝罪したが、リンネ協会が女性会員を正式に認めたのは王立協会と同様ようやく20世紀になってからであった。

（倉崎祥子）

ビアトリクス・ポターが描いたキノコのスケッチ

22 七年戦争
──イギリス帝国の形成

ヘゲモニー国家とは何か

18世紀のヨーロッパでは、オランダの経済・軍事力が衰退の傾向を示し、かわってフランスとイギリスが台頭した。近代世界システムの中核諸国のなかで、17世紀オランダはいわゆる「ヘゲモニー国家」の地位を確立し、生産、商業、金融のすべての側面において絶対的優位を誇っていた。

しかし、オランダの生活水準が上昇するにつれ、毛織物業など、生産過程での競争力にかげりがみえはじめると、ヘゲモニー状況、つまり、絶対的超大国としての地位は消滅し、17世紀後半の三度にわたるイギリス・オランダ戦争などをつうじて、軍事的優位も失われた。それでも、アムステルダムを中心とする金融面での優位は遅くまで残ったが、少なくともイギリス、フランス両国は、オランダと対抗できる経済力を蓄えた。このため、18世紀前半においては、世界システム史上、「英仏両国によるオランダのヘゲモニーの後継争い」の様相を示した。

ところで、オランダのオラニエ公ウィレムがイギリス国王ウィリアム3世として迎えられた名誉革命（1688）は、イギリスがオランダとの蜜月関係を確立する一方、ジェイムズ2世の亡命を受け入れたフランスとの関係の決定的な悪化をもたらした。翌1689年、英仏両国が戦端を開く──アウクスブルク同盟戦争または九年戦争——ことになり、ここに、断続的な長期の英仏戦争がはじまる。いわゆる第二次英仏百年戦争、別名、植民地百年戦争である。アウクスブルク同盟戦争は、世紀末になって一応収束した。

しかし、1700年からはスペイン王位継承戦争がはじまり、翌年、これにイギリスが参戦したため、全体の構図が再び、イギリス対フランス・スペインというかたちになった。1713年に、ユトレヒト講話条約が結ばれたものの、1739年には、神聖ローマ皇帝カール6世の没に伴い、マリア・テレジアの皇帝への即位をめぐって、オーストリア王位継承戦争がはじまった。この戦争は、別名を「ジェンキンスの耳の戦い」ともいうように、スペイン領への密貿易を狙った奴隷貿易船のイギリス人船長をめぐる紛争がきっかけになっているように、戦場がいちだんと地球規模に拡大したことが特徴である。この戦争はまた、シュレージェン領有をめぐるプロイセンとオーストリアの対立とも重なり、イギリス・オーストリア・オランダ対フランス・プロイセン・スペインという構図になって、西半球の植民地にまで波及した。1748年、アーヘン（エクス・ラ・シャペル）の講和条約が結ばれ、終結したものの、とくにシュレージェンの帰属を巡って、紛争の火種が残り、1756年からの七年戦争につながった。

世界を舞台とした戦争

七年戦争は、その規模が大きかったことや、戦火が地球規模にひろがったことで、いわば、20世紀の世界大戦を彷彿とさせるものであった。18世紀の戦争は「重商主義戦争」、20世紀の二つの大戦は

「世界大戦」や「総力戦」として位置づけるのが歴史学の常識になっているが、七年戦争には、世界的なひろがりもあり、たんなる支配階級の権力争いを超えた、社会的な影響もあったし、なによりも、以後の世界の歴史的構図を決定する意味があった。その意味で、あえていえば、「最初の世界大戦」でもあったといえる。

北アメリカでの戦闘は、フランス軍が先住民とともに戦ったため、イギリスでは「フレンチ・アンド・インディアン戦争」の名称でよばれることもある。インドでも、フランス東インド会社軍は、1757年のプラッシーの戦いで現地支配者と提携したが、クライヴ指揮下のイギリス東インド会社軍に敗北し、シャンデルナゴル、ポンディシェリの拠点を失い、ベンガルを拠点としたイギリスのインドにおける覇権が確立した。戦争は1763年に終結し、英・仏・スペインの三国間でパリ条約が締結された。

この条約でフランスは、カナダ、ミシシッピ以東のルイジアナおよびフロリダをイギリスに譲った。このため、イギリスは北アメリカ大陸の大半を手中におさめ、いわゆる重商主義帝国（第一帝国、または旧帝国ともよぶ）の形成に成功した、とされる。ただし、イギリスは当初からカナダの領有を目指したわけではなく、パリ条約交渉では、戦争中にイギリスが占領したカリブ海のグアドループ、マルティニク両島か、カナダかのいずれを併合し、いずれを返還するかについて、厳しいやりとりがあった。カリブ海の両島は、当時、最も良質な砂糖植民地であったから、バルバドス、ジャマイカなど、旧来のイギリス領砂糖植民地プランターが、両島の併合に強く抵抗したことが背景となって、「雪しかない、ほんの数エーカー」と酷評されたカナダが選択されることになったため、この選択には、フランス側が欣喜雀躍したといわれる。

しかし、後代からみれば、この条約の結果、イギリスは北アメリカ大陸の主要部分を押さえ、そこを中心に帝国の形成に成功し、大西洋奴隷貿易を前提とするアメリカ開発と対アジア貿易の展開によって、世界で最初の産業革命に成功する。これに対して、フランスは、当面、世界帝国の形成には至らず、戦費の負担もあって、政治・社会体制の改変、つまりフランス革命を必要とすることになった。

戦争がもたらす社会問題

七年戦争は、18世紀としてはイギリスにとって最大のマンパワーの動員を必要とした戦争でもあった。将校は、ジェントルマン階級の次・三男から徴募されていた、「名誉ある職業」であったから問題はなかったが、兵卒は当然なり手がなく、その徴募には深刻な問題があった。海軍ではいったん入隊しても、逃亡する者も多かった。奨励金を目当てに自ら志願する志願兵もあったが、基本的には、プレス・ギャングとよばれた軍当局者による合法的誘拐（その行為をインプレスメントという）によったり、アメリカ流刑や死刑との選択を迫られて入隊を選んだ犯罪者、孤児収容所から売られた者などであった。したがって、逃亡する者も跡を断たず、リクルート問題をさらに厳しくした。

社会的には、戦時は軍のリクルートにより、失業者や犯罪者が減るという皮肉な現象も確認された。しかし、終戦は、その反対を意味したので、除隊した兵士の処遇は深刻な社会問題となった。彼らは、もともと失業者であったり、犯罪者であったり、徒弟修業などの職業訓練も完了していない若者など

ジョージ3世治下の志願兵募集のポスター。「一等水兵には　5ポンド、三等水兵には30シリング（1ポンド半）の報奨金を支給する」とある

であったため、戻るべき社会の位置がなかったのである。七年戦争終結の１７６３年には、20万人が南部のポーツマス軍港で解雇された。オーストリア王位継承戦争でも７万人、アメリカ独立戦争では13万人が解雇されたという。

当局は、この事態にそなえて、カナダ国境（ノヴァ・スコシア）などへの植民を企画したりしたが、それでも戦後イギリス国内の犯罪件数は急増した。

戦争の世界的帰結

このような帰還兵問題は、古代ギリシャや中世の十字軍兵士の場合にも確認されている。イギリスでは、17世紀の末にダニエル・デフォーも警告しているが、戦争の規模が劇的に拡大した七年戦争では、とくに深刻化した。

七年戦争は世界規模の戦争であったために、参戦国はいずれも膨大な財政支出を強いられ、戦後、戦勝国、敗戦国の区別なく、財政難に陥った。フランス王権は財政改革を試みて、三部会の招集に踏み切ったものの、それが革命の引き金となってしまう。スペインもまた、「ブルボン改革」の一部と

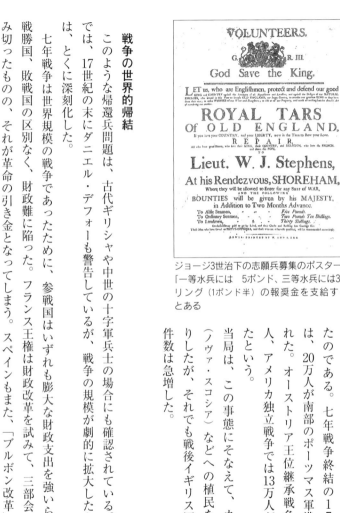

して財政改革を試み、ラテンアメリカの植民地に財政負担を転嫁しようとするが、結局は、フランス革命による混乱もあって、それがラテンアメリカ植民地の独立につながってしまう。戦勝国イギリスは、帝国の形成に成功し、世界商業を掌握して、最初の産業革命に成功する反面、同様に、膨大な国債の元利返済に追われた。このため、タウンゼント諸法などによって、アメリカ植民地に負担転嫁をはかったが、ここでも、アメリカ13植民地の独立という結果――18世紀の英仏抗争のなかで唯一、イギリス側が敗北した戦争――を引き起こす結果になり、ひいては成立したばかりの重商主義帝国（旧帝国）を喪失することになる。

（川北　稔）

23 財政軍事国家の成立
――近世国家の歴史的役割

財政軍事国家とは何か――重商主義戦争遂行のための国家

「財政＝軍事国家」と表記されたこともあり、また、「軍事・財政国家」というのも同じ。日本を含めて近世世界の国家形態として、重税を徴収しながら、そのほとんどを重商主義的な軍事目的に使用する国家をいう。封建国家や近代市民的な夜警国家――私有財産の保護を最大の課題とする――や現代の福祉国家に対して、近世、つまり重商主義時代に特有の国家形態とされる。この形態の国家として最も成功したものがイギリスであったというのが、アメリカの歴史家ジョン・ブルアーらの見解である。

1688年の名誉革命以後、イギリスではかつては「イングランドは国王の荘園」とよばれ、国王の財政と国家のそれが必ずしも明確に分離していなかったが、17世紀末からしだいに議会主権が確立し、いわゆる宮廷費（シウィル・リスト）が、明確に区別されるようになった。また、議会の信用を背景に、財政制度が整備され、国債を引き受ける機関としてイングランド銀行が創設され（1694）、国債や土地抵当証書、のちには株式の流通のために、金融市場も整えられる。イングランド銀行は、民間企業ではあったが、17世紀最大の超巨大企業であった東インド会社、および1711年に創設される南海会社とともに、イギリス政府の発行する国債を引き受け、その証券を流通させるうえで大きな役割を果たした。この一連の動向を「財政革命」(The Financial Revolution)という。

財政革命の結果、イギリス政府は比較的容易に巨額の国債を発行できるようになり、対仏戦争につぎつぎと連勝する背景となった。当時、常備軍はいずれの国でもそれほど大規模ではなかったので、海戦となると、多くの船舶や艦船を急遽かり集める必要があったが、議会の信任を得て返済のための担保となる租税が示されているイギリス国債は、最大の資金余剰国であったオランダの資金をも吸収した。ユダヤ系を中心とするオランダ人のイギリス国債への投資額は、イギリス人をダミーとしていることが多く、正確にはつかめないものの、数十%には達した。経済繁栄の頂点をすぎ、製造業での競争力を失いかけたオランダは、金融に活路を見出すようになっており、名誉革命後のイギリス・オランダ両国の友好関係――イギリス王となったウィリアム3世はオランダ人――が、豊富なオランダ資金をイギリスに惹きつけることになった。他方、オランダ資金は、政治的対立の激しくなったフランスには、まったく流れなかった。18世紀の英仏抗争がイギリスの勝利に終わる大きな理由がここにある。

財政革命がもたらした社会の亀裂

しかし、このようなかたちの財政革命は、国内にある種の亀裂を生む。課税は平等ではなかったし、一連の国家活動によって得られる利益にも集団によって大差があったからである。関税や人頭税のように古くから存在した租税もあるが、17世紀末以来、明確になってきた重要な税としては、地主に課

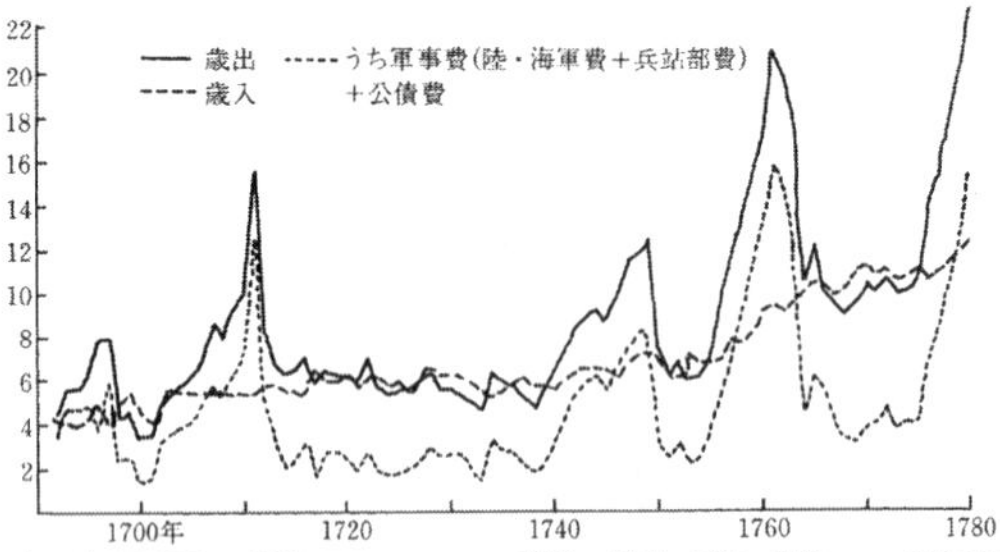

戦争	(1692)1697	1702	1713		1739　1748		1756　1763		1775(1782)
平均歳入	4.0	4.5	5.4	5.9	6.4	7.2	8.6	10.6	12.0
平均歳出	6.3	3.9	7.8	5.8	8.8	7.5	15.8	10.2	19.4
（軍事費）	4.6	1.8	5.4	2.2	5.6	3.5	11.2	4.1	12.0
（国債費）*	0.5	1.4	1.6	2.6	2.3	2.9	3.5	4.8	5.6
歳出中の軍事費比	73%	46%	69%	38%	64%	47%	71%	40%	62%
期末の国債累積額	14.5	12.6	34.7	46.5	75.8	72.5	132.7	127.1	214.7

図1　戦時と平時におけるイギリスの政府財政（単位10万ポンド）
主要出所：B. R. Mitchell, ed., *Abstract of British Historical Statistics*, 1962, pp.389-91などより計算。
＊「国債費」とは国債利子および元金償還費のこと。

された地租と内国消費税があり、関税は貿易商人が、内国消費税は生産者（いわゆる産業資本家）が、直接納税義務を負っていた。その多くは、さまざまな経路で庶民に転嫁されたものの、表面的には、それぞれが、この時代の政治体制――地主支配体制――を支えた地主ジェントルマンとその同盟者と見なされた貿易商およびようやく台頭しはじめた製造業者などが、第一義的に納税義務を負ったことが、GDPとの比較で世界で最も重かったとされるイギリスで、税に対する不満が爆発しにくかった理由であろう。とはいえ、財政革命の負担も成果も、ともに平等であったわけではない。たとえば、いわゆるピューリタン革命を機に臨時に課されはじめた地租は、世紀末から「定型化」されたが、遠隔地の中小地主に重く査定されており、このため、彼らは反政権派――このころ固まりはじめた二大政党制のうち、戦争と戦争の原因となる重商主義的保護政策に反対し、自由貿易を唱えたトーリー

――に傾き、大地主貴族の多くは、戦争と重商主義の推進を唱えたホイッグ支持にまわった。しかし、時代はまさに、重税を課してでも対仏戦争を遂行し、帝国＝植民地体制を確立する気運にあったため、戦費をくい、国債の発行を進める戦争に断固反対する「トーリー」派の意見は通りにくく、18世紀前半のうちにいったん消滅した。これに対して、大地主は、政界にもシティにもコネをもっていたため、自ら国債を購入して利益を得ることもできたし、貿易省商人は、軍需物資の納入でも、植民地拡大による貿易機会の拡大によっても巨利を得たため、ホイッグ政権を強く支持した。18世紀中葉までのイギリスが、「ホイッグ優越（Whig Supremacy）」の時代となったのはこのためである。

したがって、「財政革命」には、地主社会を両極分解させ、中小地主を没落させる社会的作用があったことになる。

ちなみに、今日の保守党につながるトーリー党は、1760年に即位したジョージ3世が、反国王的なホイッグ政権に対抗して、ビュートら「王の友（King's Friends）」なる側近グループを結成させたことで、ようやく細々と再建された。ホイッグ党は、フランス革命への対応を巡って分裂し、その混乱のなかから自由党が成立する。

証券に基礎をおくジェントルマンの出現

ところで、こうして18世紀には大量の国債が発行されたため、これを買い取った人びとのなかには、これを前提に有閑階級、つまり「ジェントルマン」に成り上がる者もあった。土地のような不動産ではなく、動産を主な基礎とした新型のジェントルマンとしては、すでに貿易商（マーチャント・ジェントルマン）が17世紀中葉から台頭していて、政権を支えていたが、遅れて発生したこの証券を基礎とする「ストック・ジェントルマン」は、簡単には社会的承認を得られなかった。というのは、イギリスに限ったことではないが、ヨーロッパでは伝統的に商業以上に、金融業への嫌悪感が強かったからである。したがって当初は、彼らは「成金（Moneyed Man）」などとして批判されたが、19世紀以降になると、むしろシティで活躍するこの種の人びとこそが、ジェントルマンの典型とされるようになる。20世紀になると、イギリス経済の中核は、地主でもなく、工場経営者でもなく、まさにシティよって担われるようになったため、ジェントルマン的な価値観も、本来の地主よりは、シティにこそ根付いているとされた。本来のジェントルマン的な価値観は、反産業的という点では、シティと通底するが、それはまた、農村的で、反都市的でもあったので、「旧き良きイギリス」の概念は、ここでかなり変質したものとも思われる。

第二次世界大戦後のイギリスは、いわゆる「イギリス病」として知られた経済停滞に悩まされるが、サッチャーによるシティ改革（「ビッグ・バン」）などでシティの金融活動が活発になり、「陽はまた昇った」という主張さえ聞かれるようになった。

それより以前、すでに18世紀末には、「旧き腐敗（Old Corruption）」への批判が高まった。すなわち、ふくれあがり続ける財政赤字への不満と、制限的な選挙制度のあり方や官僚制度の腐敗への批判とが重なって、改革を余儀なくされたのである。小ピット政権が最初の「所得税」を導入するのも、フランス革命・ナポレオン戦争による負担とこうした背景からである。なお、所得税は、地租や人頭税、炉端税などの伝統的な租税とは異なり、資産ではなく収入――ストックではなく、今日でも把握の困難なフロー――にかかる税であるため、徴税技術上、きわめて難しい税であった。

ともあれ、世紀の変わり目以降は、産業革命の影響が政策にも反映され、自由貿易を求める動きが活発になった。地主やプランターを保護していた穀物法や砂糖関税、東インド会社の独占や黒人奴隷制などは廃止されていき、航海法さえ廃止された（1849）。重商主義的な財政軍事国家の役割はほぼ終わったのである。

（川北　稔）

24 イングランドとスコットランドの議会合同

――現代までくすぶり続ける政治課題

１７０７年、イングランドとスコットランド両国の議会が合同し、新たなグレート・ブリテン連合王国（通称ではイギリス）が誕生した。イングランドは中世以来のスコットランドとの統合願望をついに果たしたのである。イングランドは、１５３６年にウェールズ合同法を制定し、ウェールズ併合を実現させた。次のステップとしてイングランドはスコットランドとの統合をしきりに視野に入れていた。１６０３年3月、エリザベス女王が死去したあと、スコットランド王ジェイムズ6世がイングランド王位を兼ねてジェイムズ1世として即位し、いわゆる「同君連合」が成ったことが、１７０７年の議会合同への道を開いた。

同君連合によってイングランドとスコットランドは同じ君主をいただくことになったが、両国はそれぞれ別の議会をもっていたので、政治的な統合とはいえず、両国は相変わらず独立王国のままであった。ジェイムズ1世はスコットランドとの統合を強く願望したが、果たせずに終わった。

合同が実現するまでには、政治的、経済的問題のほかに王位継承問題などが関わり、長い道のりがあった。両国がそれぞれ複雑で、困難な事情をかかえていたことが合同をこじらせた。スコットランド側では、１６９４年のグレンコー大虐殺事件、１６９９年のダリエン計画失敗が合同に影響を与え

1707年、イングランドとスコットランドとの「合同法」に署名するアン女王

利益を期待し、合同がスコットランドの最良の選択であると考える人びと（ローランド人を中心に少数）は集結し、合同条約の締結を強行する動きをみせた。交渉が始まったのは１７０６年4月からである。スコットランドの交渉者はイングランド側に受け入れられる人が選ばれた。交渉の内容が公表されると、議会の外では合同をめぐる激しい議論が起こり、賛成派と反対派のあいだでパンフレット合戦が繰り広げられた。長老派教会の聖職者たちは合同後の教会の未来に不安を表明した。投票による決定権をもたない一般人はエディンバラ、グラスゴー、ダンフリースほかの都市で決起集会を開き、気勢を上げた。貿易上の権利が対等になることは歓迎されたが、グラスゴーの商人たちが合同に反対だったのは注目される。

合同条約法案は１７０７年1月16日にスコットランド議会を１１０対67で通過し、１７０７年５月１日に発効した。この数字をみると、法案通過時点で反対者が相当多くいたことがはっきりする。法案の発効によって、条文内容どおり、イングランドの議会とスコットランドの議会はともに廃止され、新たに一つの議会としてグレート・ブリテンの議会が誕生した。議員の数は、庶民院（下院）ではイングランドとウェールズ選出の議員513名にスコットランドからわずか45名が加わった。構成比率からみると、スコットランドの議員数が少ないのが明らかである。貴族院（上院）においても約130名のうちスコットランドからは16名のみが選出され席を得た。議事手続きも従来のイングランド議会のものを踏襲した。対等な合同とはいえず、実質的には吸収合併であったことは否めない。関税と通貨は統合され、モルト税の軽減やダリエン事件の損失補償など優遇措置も講じられた。スコットランド側の強い要求が功を奏し、スコットランドの裁判制度、法体系は変更されなかった。長老派教会の独立的な地位も保証され、長老派教会と深く関わる教育の施策も自由に任された。

合同が実現するにあたってはイングランド側もさまざまな画策を弄したようである。イングランド政府のパンフレット作者ダニエル・デフォーが合同推進のためにスコットランドに入り、奔走した事実が伝えられている。スコットランド側代表として交渉にあたった人物が賄賂を受け取ったことも調査によって確認されている。スコットランドのシーフィールド伯は合同を「ひとつの古い歌の終わり」と言い表し、ロバート・バーンズは「われわれはイングランドの金のために売り買いされた」と歌った。合同は高邁な政治理念からではなく、国と国との現実的な利害関係から生まれた政治的所産といえる。

合同のあとイングランドの勢いが強まり、スコットランドは劣位に置かれるようになる。有力な貴族や支配階級がイングランドへ移り、スコットランドの行政を統括する政治家がいなくなった。啓蒙運動で盛り返そうとしたが、有能な人材はイングランドへ流出した。英語が圧倒的な支配力で広まり、英語文化が普及していった。スコットランドの人びとのアイデンティティが次第に揺らぐようになっていく。

１７０７年のイングランドとスコットランド両国の議会合同は21世紀の現代にまで尾を引く重要な政治課題である。２０１５年9月にスコットランドで行われたスコットランド独立の可否を問う国民投票は、およそ２００年以上前の議会合同によってもたらされた歴史的結果を現時点で再検証する機会であった。投票の結果、スコットランドは今後もイギリスの一地域にとどまることに決まったものの、この政治課題はいつ再燃しないとも限らない、根深い問題性をはらんでいる。イギリスだけにとどまらず、世界中が投票の成り行きを見守ったゆえんである。

（木村正俊）

25 重商主義帝国とは何か
――産業革命以前の帝国

イギリスの近世・近代史は、帝国の歴史そのものである。つまり、それは、ときにいわれるような日本にも似た島国であったわけでは毛頭ない。中世のそれでさえ、今日のフランスの多くの地域を含めたアンジュヴァン帝国（プランタジネット王朝の帝国）であったという意見も普通に囁かれている。しかし、他方では、イギリスの正式国名に「帝国」の文字はないし、その支配者は「皇帝」ではなく、一貫して「国王」を名乗っている。あくまでイギリスは「王国」の体裁を維持したのである。よく知られた例外が、1877年につくられたインド帝国であるのは、いささか奇妙な感じさえする。つまり、イギリスが「一貫して帝国であった」というのは、実態の問題であって、形式のことではない。

しかも、イギリス帝国とは、イングランドの帝国なのか、ブリテンの帝国なのかという点も、じつは明確ではない。つまり、ウェールズやスコットランドは、帝国の「本国の一部」なのか、いわば植民地のようなものだったのかという、歴史観の問題である。

実態としてのイギリスが、近世以後、一貫して帝国構造をもっていたことは間違いない。とはいえ、帝国構造の歴史的役割には時代によって大きな違いがあった。近世、つまり、大まかなところ16〜18世紀の帝国は、一般に重商主義帝国とよばれている。あるいは、のちの帝国主義時代の帝国に対して、

「第一帝国」ないし「旧帝国」とよぶこともある。重商主義（マーカンティリズム）とは、航海法などによって、自国民の貿易や海運を保護することで、経済的利益を図る考え方や政策のことである。『国富論』を著して自由貿易政策を主張したアダム・スミスが、それまでの保護主義政策を、「マーカンタイル・システム」とよんで激しく批判したことから名付けられた。

かつては、1776年にアメリカ13植民地が独立し、産業革命が本格化して以後のイギリスは、自由貿易を国の方針とするようになったため、帝国の拡大は望まなくなった（「小英国主義」）といわれた。しかし、それはまったくの間違いであり、産業革命で圧倒的な競争力をもつようになったため、自由貿易が最も国益にかなうようになったというべきである。実際に19世紀初頭のイギリスは、ラテンアメリカ諸国の独立に暗黙の了解を与え、経済進出を強力にすすめた。19世紀の第3四半期までのこのような、政治的・軍事的支配を含まない、表面上、自由貿易のみの関係で影響力を及ぼすかたちは、「自由貿易帝国」ないし「非公式帝国」とよぶ。19世紀末以後は、ドイツやアメリカ、日本なども対外進出をはじめるため、レーニンのいわゆる「帝国主義」の時代に突入し、イギリスもインド帝国などを形成する。第一次世界大戦後は、公式の帝国支配は少なくなり、イギリス帝国は、表面的には各構成地域が平等な「コモンウェルス」に転換されていく。

重商主義帝国の展開

エリザベス時代から北アメリカの植民を試みていたイギリスでは、1607年に最初の植民地（ジェイムズタウン）の設定に成功した。17世紀前半には、また、カリブ海のバルバドス島などに砂糖

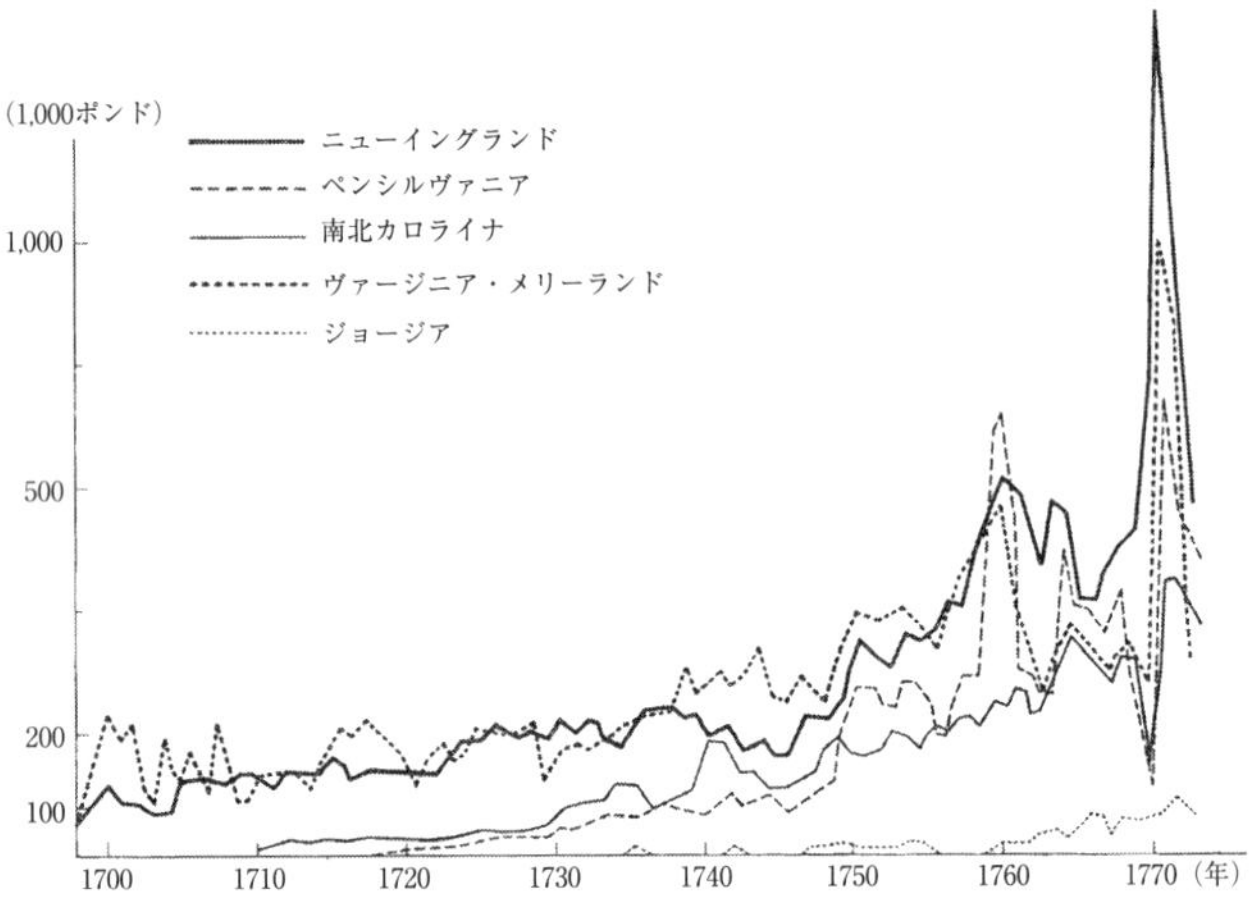

図1　主なアメリカ植民地への輸出
出所：The Inspector-General 統計から筆者作成。

キビが導入されはじめていた。当初、労働力は、白人の年季奉公人――有期の強制労働者――をあてた。クロムウェル時代には、「バルバドスする」(政敵を植民地送りにする)という隠語さえつくられたほどである。しかし、帝国がいっきょに拡大の様相をみせたのは、1651年に「クロムウェル航海法」が施行された頃で、同時に、カリブ海では、砂糖キビのプランテーションが広がり、アフリカ人奴隷も大量に導入されはじめた(「砂糖革命」)。他方、13植民地でも南部のヴァージニアとメリーランドには、煙草プランテーションが展開され、同様に、当初の白人年季奉公人からアフリカ人奴隷への転換がみられた。1732年には、ジョージア植民地が成立し、いわゆるイギリス領北米の13植民地が成立した。

　砂糖と煙草に加え、1600年に認可された東インド会社も、17世紀中葉に組織改革が進み、茶と綿織物の輸入が劇的に拡大した。これらの珍奇な商品は、同じ頃に生まれたコーヒーハウスでドッキングし、砂糖入り紅茶を中心とする、近世イギリスに特有の生活文化を生み出した（「生活革命」）。

ほかに、公式の帝国植民地ではなかったが、エルベ川以東のバルト海地域からも造船資材としての木材などがもたらされ、イギリスは貿易のかたちをとって、膨大な「幻の耕地」（K・ポメランツ）ともいえるものをもつことになった。奴隷貿易をはじめ、貿易がもたらす利益も、むろん、膨大なものとなり、貿易商や不在化したプランターたちが、社会的・政治的に発言権を増した（「商業革命」）。伝統的な地主ジェントルマンとこうした植民地ジェントルマン、商人ジェントルマンたちが、重商主義時代の支配体制を形成したのである。対フランス戦争を推し進め、帝国の拡大を図ったホイッグ政権は、彼らに支持され、イギリスは典型的な「財政軍事国家」となった。

なお海外に植民地をもたず、ヨーロッパ内に交易範囲が限られていた16世紀、エリザベス1世時代のイギリスでも、学説上、「初期産業革命」とよばれるほどの経済発展があった。しかし、人口増加に伴う食糧需要と毛織物原料用の羊と動力源としての馬を飼うための牧草の生産が競合した。このため、土地・食糧・羊毛などが高騰して行き詰まり、「17世紀の危機」に至った。この経緯と比較すると、重商主義帝国の決定的な意味は、まさにその「幻の耕地」としての役割、つまり、原材料、食糧、エネルギーなどの資源を確保し、16世紀には作用した成長の天井を突破させる役割を果たした点にある。

重商主義帝国の崩壊と転換

1776年、13植民地は独立宣言を発して、本国イギリスと戦争状態に入った。独立の原因については、さまざまな議論がなされてきたが、本国イギリスが七年戦争による財政危機から脱出するため、植民地にさまざまな課税を行ったことが決定的なきっかけとなった。なかでも印紙に対する課税と、茶に対する課税は強い反発をよび、前者は「印紙法一揆」を、後者はイギリス商品のボイコット運動を経て「ボストン茶会」事件につながり、直接、独立戦争の引き金となった。

しかし、13植民地の独立を検討するにあたっては、反対に、他の植民地がなぜ独立しなかったのか、を考察する必要もある。当時の西半球には、イギリス領の植民地はカリブ海を中心に30以上あったとされているから、過半数の植民地は独立しなかったのである。13植民地のうち北部は特別の輸出品をもたなかったのに対して、ヴァージニアなどの南部は煙草——のちには綿花——という、利益の多い、重要な資源を生産した。さらにカリブ海域は、砂糖生産地であった。しかし、同じ世界商品でありながら、イギリス領産の砂糖は国際競争力がまったくなく、本国産の穀物と同様に、高い関税障壁で保護されていた。一方、煙草も航海法の規定で、とりあえず本国への輸出を義務づけられていたが、圧倒的な国際競争力があったので、ヴァージニアなどのプランターたちは、本国の経済政策や軍事面での保護を必要としなかった。つねに奴隷の反乱を恐れ、本国軍の支援を必要としていた砂糖植民地のプランターたちとは、状況がまったくちがったのである。

13植民地の独立戦争には、フランスも植民地側に立って参戦した。したがって、この独立戦争には、アウクスブルク同盟戦争の勃発した1689年から、ナポレオン戦争の決着した1815年に至るまでのすべての英仏戦争と共通の、英仏両国による近代世界システムの覇権争いという性格が認められる。しかも、この戦争は、この間でイギリスが敗北した唯一の戦争であり、その結果、成立したばかりの重商主義帝国は、たちまち崩壊の道をたどった。しかし、一時的な混乱は別にして、英米間の貿易関係はまもなく回復したし、1812～1814年のイギリス・アメリカ戦争のあとでさえ、貿易はすぐに回復し、イギリス産業革命に合衆国南部の綿花が大量に供給されることになり、「公式帝国」のかたちをとらなくても、「幻の耕地」ではありうることを実証した。それこそ、「自由貿易帝国」のかたちであり、世界システムの作用なのである。

（川北　稔）

26 産業革命
――世界で最初の工業国家の誕生

社会革命としての産業革命

産業革命という言葉を、はじめて本格的に用いたのは、A・トインビーという19世紀イギリスの社会政策学者であったとも、ロンドンで活動したマルクスの友人、エンゲルスであったともいわれている。いずれにせよそれは、19世紀イギリス社会に生じた不平等や失業、貧困といった社会問題の原因を説明するために構成された歴史用語であった。トインビーは、革命家ではなく、ロンドンにできてしまった巨大スラム、イーストエンドの「改良」にとりくんでいた人物である。彼らにとって、19世紀イギリスでみられた社会問題の根源には、牧歌的で、村落共同体による助け合いがふつうにみられた「旧きよきイギリス」の社会が、都市化や工場制度の成立で、資本家と賃金労働者という雇用関係に変化していってしまったという事実があった。地主と小作人、親方と職人のウェットな関係は、冷たい時間給の関係に取り替えられたというのである。この限りで、農村における囲い込みも、都市における工場の成立と同じく、産業革命の一部とみなされていた。このように、産業革命を社会問題の起源と考え、福祉政策の必要を説く初期の産業革命論は、「悲観説」ないし「古典学説」とされている。これらの学説では、工場や炭坑における労働条件の過酷さ、とくに低賃金で使われた女性や子供の労働の悲惨さが強調された。この意味で産業革命は、労働者に選挙権を求めたチャーティスト運動のような労働運動や、社会主義運動の起源ともなった、とみなされた。

しかし、第一次世界大戦後になると、産業革命による工業化がもたらした経済の繁栄ぶりを高く評価する傾向が強まり、産業革命は肯定的にとらえられるようになる。また、こうなると、本来、18世紀末のイギリスに起こった歴史的事件であった産業革命が、どこにでも何度でも生じる事象を示す一般名詞となり、「中世の産業革命」とか、「第二次産業革命」とか、「日本の産業革命」などという造語も派生した。しかし、この時点ではなお、産業革命は一国の出来事とみなされていて、グローバルな展開は重視されていなかった。

一国史観の産業革命論

イギリスで世界で最初の産業革命が起こった原因として、初期に重視されたのは、発明や技術革新である。アークライト型水力紡績機やミュール紡績機、ジェイムズ・ワットが改良した蒸気機関、本来は炭坑の排水用であったこの蒸気機関の、工場、鉄道などへの転用などであった。しかし、「発明」は、とくにこの時代に集中したわけでもなく、むしろ発明を必要とし、活用する環境の方が重要なので、いまではそれほどには重視されていない。

工場制度の展開には、労働力の確保が不可欠であったので、その出所もしばしば問題にされ、当初は、囲い込みで農村共同体が破壊され、農民たちが半ば強制的に都市労働者とされたという見方が、トインビーやハモンド夫妻の悲観説の中心にあった。しかし、のちには、囲い込みで農村の人口が減少した事実はないことが証明された。労働者の多くは貧しいアイルランドからきたこと、全体としての人口増加が都市労働者を生み出したとし、人口増加そのものが、工場ができて雇用機会か増えことの結果かもしれないとされた。「楽観説」の立場である。

第二次世界大戦後、この立場から、地球上の諸国を、産業革命（「工業化」とよぶ方が一般的となる）を経験したかどうかで、「先進国」と「後進国」に区分する（「南北問題」）のが一般的となった。

イギリス産業革命の原因としては、ほかに資本が豊富であったことや経営の技術がすぐれていたこと、などもあげられたが、産業革命初期の工場づくりにはそれほど大きな資本は要しておらず、どちらも重要とは思われない。

世界システム上の産業革命

イギリスでは、16世紀にすでに「初期産業革命」として知られる経済の活性化がみられ、人口も激しく増加したことが分かっている。しかし、毛織物工業が中心であった当時は、こうなると羊毛の生産を増やす必要から、耕地を牧場化する第一次囲い込みが進展してしまい、深刻な食糧騰貴をもたらした。しかも、人やモノの移動と運搬は、ほとんど馬に頼っていたし、船舶を含めて建築資材は基本的に木材であった。鉄もしだいに使われるようになったが、製鉄には膨大な量の木材を燃料とする必要があり、「森林の枯渇」現象が生じた。つまり、あらゆる経済活動が、結局は、地表の植物性生産物に依存していたため、経済が活発化すると、土地への圧力が一気に高まり、頓挫したのである。一国内に限られていた「初期産業革命」は、こうして挫折した。

こうなると、問題の解決策は、原材料や食糧を外国ないし植民地に頼るしかなかった。17世紀後半以後のイギリスは貿易を劇的に拡大してこのネックを解消した。重商主義帝国を拡大し、砂糖や茶、木材を大量に輸入したのである（「商業革命」）。18世紀後半に産業革命が本格化すると、膨大な量の綿花——綿織物自体、「商業革命」によってイギリスにもたらされ、その消費が定着した——が、はじめはカリブ海域から、ついでインドや北アメリカなどから輸入された。この砂糖や綿花の生産のため、数千万人のアフリカ人が奴隷として南北アメリカなどに移された。産業革命の世界的背景をみると、大西洋奴隷貿易と近代奴隷制という、かつて強調されたイギリス国内の労働者の犠牲とは違う、アフ

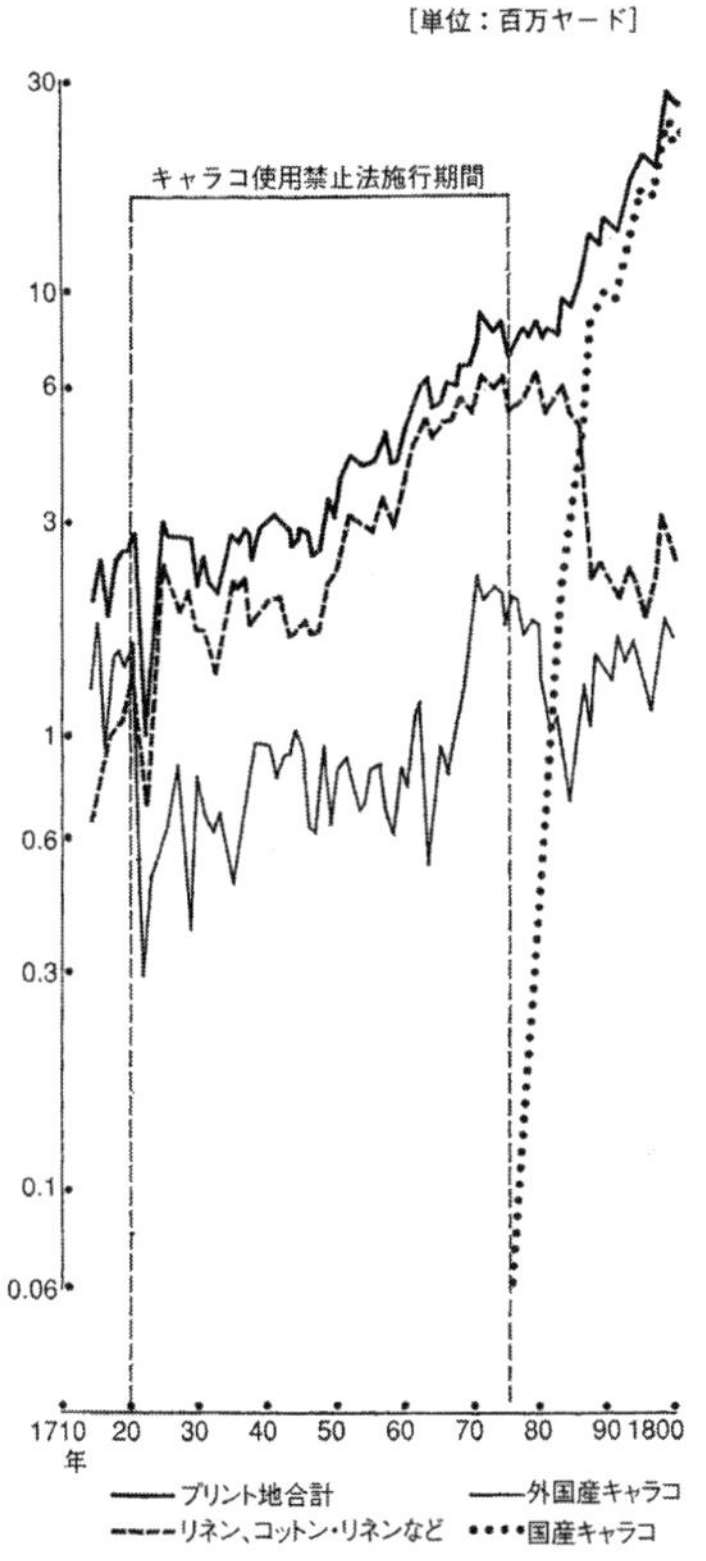

図1　綿織物の輸入代替
綿織物は、イギリスでは、禁止法にもかかわらず、東インド会社の輸入によってその需要が拡大し、国内生産を刺激した。この図から需要の継続的な成長が読みとれる。
出所：Ph. Deane & W. A. Cole, *British Economic Growth 1689-1959*, 2nd ed.,1967, p.54.

リカ人やアジア人の犠牲がみえてくる。

ともあれ、「商業革命」以後、とくに18世紀末以後のイギリスは、食糧や原材料、建築資材などをおおかた海外に頼って、はじめて工業化できたのである。歴史のこのような見方は世界システム論として知られている。「初期産業革命」が失敗したのに、18世紀の産業革命が成功したのは、貿易のかたちで国外に得られた、広大な「幻の耕地」とそこで働かされた奴隷などの労働者のおかげだったのである。

生活革命としての産業革命

産業革命は、イギリスの労働者の生活環境を一変させた。17世紀末、イギリス人の4人のうち3人は農村に住む、おもに農民であった。19世紀中葉には、逆に、4人中3人は都市住民となった。自らパンを焼き、ホームスパンを織り、共有地で薪をとり、家畜を飼った自給的な農民の生活は、暖をとるための石炭からして商品として買う生活になった。共同体で処理された出産や葬儀も、すべて金銭で買い取るものになった。囲い込みが原因であったかどうかはともかく、トインビーが最初に指摘した社会がまさに誕生したのである。

「万物の商品化」といわれるこの傾向は、現代に至るまでつづいていて、いまや私たちは、子供の保育や夕食の準備作業をさえ、保育園やコンビニで「買い取る」ようになっている。専業主婦の家庭内の仕事は生産ではないが、モノやサービスが買うものになると、その供給は統計的に「生産」に数えられる。産業革命は、この意味でも、経済成長と深いかかわりをもっていた。産業革命とは、「持続的成長」への「離陸」のことだと主張した者もいた（W・W・ロストウ）。じっさい、産業革命はながく「生産」の革命とみられてきた。しかし、その背景には消費の革命、つまり、生活の革命があった。しかも、この生活の革命は、イギリス人のみのことではなく、アジアやアフリカ、ラテンアメリカなど、世界中の人びとの生活の大転換を含んでいたのである。

（川北　稔）

コラム 9

鉄道の発祥と産業革命

産業革命（工業化社会）は蒸気動力による機械化によってもたらされた大量生産の時代の到来であったといえよう。大量生産された工業製品は、多数の消費者に商品として大量販売されなければ利潤を生むことができない。大量生産を行うためには必要な原材料、また動力に必要な燃料を安価に大量に調達してこなければならない。必然的に原材料や燃料の調達から生産販売に至るまで大量のモノの移動が発生し、これを滞りなく輸送する手段が不可欠となるのである。

輸送を行う交通手段は通路と運搬具によって成り立つ。産業革命によって大量の物資を安全低廉高速に輸送する交通手段が、つまりそのような通路と運搬具が社会に求められた。産業革命の初期においては未だ人力畜力による荷車を使用した陸運あるいは帆船による水運が用いられた。この過程で陸運の通路改良手段として銑鉄（鋳鉄）のレールと車輪を用いて摩擦を減じ運搬を容易にする鉄道が生まれる。動力は畜力の鉄道馬車の登場であった。未だ蒸気機関が巨大な重量物であり据付装置でしか使用に耐えられなかったためである。この時点で鉄道システムは近代的な動力を持たない通路のみの不完全な交通機関であった。水に浮かぶ船には大きな蒸気機関を搭載することが可能で、19世紀初頭には蒸気船が実用化されたのに対して、小型で高性能な蒸気機関車の実用化は30年

鋳鉄製の魚腹エッジレール。クロムフォード・アンド・ハイ・ピーク鉄道で1830年代に使われたもの

余も遅れたのである。水運には蒸気船を活用するにしても、陸運が旧態依然では必然的に輸送の隘路となってしまう。近代的な交通機関による一貫した大量輸送システムが求められる中で、蒸気機関車は実用化された。ようやく運搬具が近代化されたのである。しかし銑鉄（鋳鉄）のレールという通路では、小型化されたとはいえ重量物の蒸気機関に耐えられなかった。錬鉄さらに鋼鉄（鋼）が発明されたことでレールという通路が重量物に耐えうる性能に向上し、蒸気機関車によって高速でかつ大量に乗客貨物を積載した車輌が牽引される列車が走行できるようになったのである。ここに通路と運搬具がともに近代化された交通機関として鉄道システムは完成する。

必要は発明の母なりという言葉通り、交通機関にそれまでにない資本主義的な大量生産体制を支える輸送の機能を求めることがなければ、通路と運搬具の不断の改良努力によって鉄道システムを作り上げるということにはならなかったであろう。さらに鉄道の改良や技術革新は、産業革命で必要不可欠な工場機械の原材料製造である製鉄業や鉄鋼業と不可分な関係にあった。工業化によって鉄製品の需要が伸び、またその鉄が改良されることでさらに多くの鉄製品を生み出す。鉄道とはその鉄による製品そのものでもあり、自らもまた産業革命（工業化）を推進する存在であったのである。

このように鉄道の発祥と発展には産業革命という大量生産を行う社会の到来が密接に関係している。イギリスの歴史において鉄道が発祥したのはイギリスの中心、首都のロンドンではない。産業革命の起こったイングランド中部である。蒸気機関車が馬と併用で実用化されたストックトン・ダーリントン鉄道は元々鉱山鉄道であったし、最初の営業目的の鉄道会社リヴァプール・マンチェスター鉄道もまた産業革命の中心地と港湾を結ぶ路線であったのだ。

（風呂本武典）

27 偉大なる宰相ウォルポール

――政権批判に苦しんだ初めての首相

大盗賊になぞらえられた宰相

『トム・ジョーンズ』などで有名なヘンリー・フィールディングという小説家がいる。イギリス小説の父と呼ばれるこの18世紀を代表する文人に、『偉大なるジョナサン・ワイルド氏の生涯』という作品がある。題名通り、これは18世紀ロンドンに悪名を轟かせた大泥棒ワイルドについての物語なのだが、この犯罪文学にはもう一つ別の、政治諷刺としての読み方がある。それは、「偉大なる」大盗賊ワイルドを、同時代のイギリスに君臨した宰相ロバート・ウォルポールに置き換えて読むのだ。ウォルポールにとって、フィールディングのごとき諷刺家たちは宿敵だった。１７３０年代に劇作家であったフィールディングは、戯曲でウォルポールを盛んに批判したが、度重なる政府批判に業を煮やした当局の弾圧によって、劇作家としての道を閉ざされてしまった。そこで彼は小説家の道に進んだのであるが、その時ウォルポールの権勢の火もほとんど風前の灯火となっていた。

ウォルポールの台頭

ロバート・ウォルポールは１６７６年イングランド・ノーフォークの地方地主の家庭に生まれた。

父親はホイッグ党の議員であった。名門パブリック・スクール、イートン校からオックスフォード大学のキングズ・コレッジに進むという典型的なエリートコースを進み、青年ウォルポールはやがては聖職者になることを考えていた。しかし、父親の後継者になることを求められて、弱冠25歳で彼はホイッグ党の庶民院（下院）議員としてデビューする。

ウォルポールが政治家として頭角を現してゆく時代のイギリスは、国王が君臨はするものの統治は閣僚らプロの政治家に任せるという、今日まで続くイギリス固有の政治システムが確立された時期にあたっている。1714年にアン女王（在位1707～1714）が亡くなり、代わって王位についたのは、ハノーヴァー家のジョージ1世（在位1714～1727）である。ドイツから来た新しい王は英語を解さず、イギリスの国政にも深く関わろうとしなかったので、国王の代理として議会で様々な政策を討論する大臣たちの役割と意味がこれまで以上に重くなった。

ロバート・ウォルポール

ウォルポールの属していたホイッグ党は、ハノーヴァー家筋の王位継承を強く主張し、名誉革命で追放されたジェイムズ王の復活を願う党員を多く有していたトーリー党と対立していた。1715年、ジェイムズ国王の復権を狙って起こったいわゆるジャコバイトの反乱が鎮圧されて失敗に終わると、ジョージ国王の下でホイッグ党が政治の実権を握る体制が固まり、ウォルポールも第一大蔵卿という重要な役職を得る。これは国王の代理に政治を執り行う内閣の枢軸として、戦費の管理など財政を一手に握る役職だ。

政敵との政争に敗れて一度失脚したウォルポールであったが、1720年に起こった南海泡沫事件の処理で再び頭角を現して、第一大蔵卿の座を取り戻した。南海泡沫事件とは、一種の国策会社の株価が大暴落をして、金融界が大混乱に陥った出来事を指している。イギリス政治を支えた貴族やジェントルマン階級の投資家に大きな損害が出たのであるが、ウォルポールは公的資金の適切な投入によって金融市場を健全化させることに成功した。

1721年4月の再就任から1742年2月の辞任まで、ウォルポールは20年以上にもわたって第一大蔵卿として国政を差配し続けた。それは、王室だけではなくて議会および議員たちとの確かな信頼関係を築けたからである。洋の東西を問わず、出世する政治家というものは政敵を追い落として味方を増やすために、きれいなカネだけではなく汚いカネの流通や配分に長けている。予算や機密費などを司る国庫の金庫番であった第一大蔵卿ウォルポールは、政治資金の捻出にさほど苦労しなかったのであろう。国庫を財布代わりに使うなら、戦争のように多大な国費の投入が必要なことを迂闊に始めるわけにはいかない。皮肉なことに、ウォルポールの腐敗まみれの金権政治が、「パックス・ウォルポーリアーナ（ウォルポールの平和）」と呼ばれる長くつづいた平和な世の中を、イギリスにもたらしたのである。

ウォルポールの落日

ウォルポールの力は、イギリスが海外の戦争に巻き込まれてゆくにつれて、減じていった。1739年に発生した海外植民地を巡るスペインとの戦争、さらに、1740年のオーストリアでの王位継承の戦争。政権末期の国際情勢の変化は、ウォルポールとって打撃となる。1730年代前半に試みた茶やコーヒーへの課税も、政権の不人気を決定づけた政策であった。というのも、コーヒー・ハウスと呼ばれる公共の場所で、喫茶の傍らさまざまな情報を交換したり、議論を戦わせたりすることは、市民たちの生活の一部だったからである。

劇場の観衆たち

さらに、劇場などの当時のメディアにおける政権批判も、ウォルポールにとっては悩みの種であった。1730年代後半になると、劇場でのウォルポールへの攻撃は激しさを増した。イギリスにおける表現の自由の問題に造詣が深い海保眞夫は、興味深いエピソードを紹介している。1737年3月31日付のある週刊誌の記事によれば、ロンドンのニュー・ヘイマーケット劇場で観劇中のウォルポールは、第一大蔵卿の新税導入の試みを揶揄するセリフを役者が発したことに腹を立てて、その場で劇作家に暴力をふるったというのだ。度重なる政権批判に業を煮やしたウォルポールは、1737年に演劇検閲令という新法の導入を試みる。芝居の脚本の事前検閲を義務付ける法律なのだが、この悪法は近代のイギリスにも残り続けて、廃止されたのは1968年のことである。新法導入の必要性を議会で力説するとき、ウォルポールはロンドンの劇場の支配人から受け取ったと称する、未上演の笑劇の脚本を議場で読み上げたそうだ。それがあまりに露骨な政治諷刺であったために、議員たちは検閲の必要性に納得したというのだが、上演もされなければ出版もされなかったこの作品が果たして実在したのか、したとすればその作者は一体誰なのか（フィールディングという説もある）、いまだに謎のまま残されていると、海保は言う。

首相とは何か

1741年の総選挙で与党が大幅に議席を減らしたこともあって、翌年の2月にウォルポールは第一大蔵卿の座を退く決断をした。毀誉褒貶の激しいこの政治家がイギリス政治に残したものとは何であろうか。それは、第一大蔵卿が首相になるという慣例であろう。国王から政治の実践を任される内閣の取りまとめ役として、様々な利害関係の調整に当たるいわゆる幹事役にあたったのが首相なのであるが、ウォルポールの時代は一番の権力者である第一大蔵卿の彼がもっとも適任であることから、ウォルポールがその役を引き受けていた。これがいわば形骸化して、第一大蔵卿が首相を務めるという慣例が、今日まで綿々と続いてきたのである。

『オックスフォード英語辞典』によれば、英語で首相を表すプライム・ミニスターということばは、もともとは意味通りに「第一位の閣僚」を意味していたのだが、それが1730年代に入ると「専制的な権力者」であった「憎むべき」ウォルポールについて「非公式的」に使われる「侮蔑的」な表現になった。つまり、「第一の閣僚」という時の「第一」とは、崇高な表現を卑小な批判対象に与えて、讃えるようでいて実は貶めるという、イギリス人が得意とする諷刺の表現なのだ。

もしウォルポールがもっと小物の政治家で、第一大蔵卿の座にあったとしても首相にはならなかったとしたら、内閣というイギリスが誇る伝統的な制度は、いまとは違う別のかたちになっていたはずである。そうしたら、立憲君主制度をイギリスに学んだ日本にも、今日とは違う政治のシステムができていたかもしれない。「首相」の皮肉な語源と同じように、フィールディングのような18世紀の諷刺家たちは「偉大」ということばをやはり皮肉な意味で用いて権力者をしばしば攻撃したが、ウォルポールがあれほどの権勢を誇ることのなかった別の世界を想像してみると、激しい政権批判に晒された初めての「プライム・ミニスター」であったウォルポールの、本当の意味での偉大さが理解できるだろう。

（白鳥義博）

第Ⅳ部 近代

28 アメリカ独立戦争
——代表されずして課税なし

アメリカ史ではアメリカ独立戦争はしばしばアメリカ独立革命ないしアメリカ革命と呼ばれる。それはこの歴史的出来事が、イギリス本国の支配に対決してアメリカ植民地人が独立を勝ち得た戦争というだけでなく、明らかに市民革命の性格を備えていたからである。

イギリスの植民地支配と植民地の抵抗

アメリカ・インディアンの居住地アメリカへのイギリス人の入植は17世紀初めに始まり、以後1世紀の間に東部はイギリス人の入植地になった。本国政府は各入植地に軍人などによる役所を設けて植民地化を進め、1732年までに13邦の植民地が成立し、総督や知事を置き邦会も備えた。一方、カナダから入って南下したフランス人との勢力争いが深刻化し、ついにフレンチ・アンド・インディアン戦争（ヨーロッパでは七年戦争）となり、その結果1763年パリ条約でミシシッピ川以東がイギリス領になった。

この戦争で財政難が深刻化したイギリス政府は、1764年以降、植民地の防衛費用を植民地にも分担させようと新税を次々に打ち出した。この年制定された植民地法では、砂糖、タバコ、毛皮、綿花など植民地産品を本国のみに輸出させる制度を一層徹底させ、課税徴収もより厳格にした。翌65年の印紙条例がその後の激しい反発の出発点となった。これは植民地で発行される法的文書、新聞、パンフレット、広告文書のすべてに印紙税を課す法律である。本国製品ボイコット運動が燃え上がり、秘密結社「自由の息子たち」は現地当局や印紙販売者を敵にして脅した。「代表されずして課税されることなし」という標語はこのとき生まれた。こうした状況に押されたイギリス・ロッキンガム政府は66年印紙条例を廃止したが、他方で宣言法を公布して本国議会は植民地に対する立法権を保持すると宣言し、手を緩めなかった。

タウンゼンド諸法からボストン茶会事件

財政難にあえぐイギリスは、1767年ピット内閣の蔵相タウンゼンドが主導して、イギリスからアメリカに輸入する茶、紙、ガラスなど多くの生活必需品に課税することを決めた。反発して輸入ボイコット運動が起こったため、本国側は軍隊を各地に展開させ、現地当局を支援してボイコット派と対決させた。70年3月5日、イギリス軍兵士に投石した群衆が撃たれ、5人が死亡し6人が負傷するというボストン虐殺事件も起こった。その後ジョージ3世の信頼厚いノース首相が登場し、茶税を除く多くの税法を廃止して、しばし小康を得た。

しかし破産状態に近い東インド会社の救済が急務となり、1773年5月新たに茶法を制定し、植民地への茶の輸入関税を同社に独占させることにした。ボストン茶会事件はこの茶法への抗議であり、同年12月16日、サミュエル・アダムズが指導し「自由の息子たち」を中心とする一群の若い植民地住

ボストン茶会事件（エドワード・グーチ作、1775年）
［出所：Antony Wild, *The East India Company: Trade and Conquest from 1600*, Lyons Press, 2000.］

民が、インディアンに変装して、ボストン港に停泊する東インド会社の3隻の茶船を襲い、３４２個の茶箱を海中に投げ捨てた。これに対し本国政府・議会は、ボストン港湾法ほか一連の抑圧法を発布し、ボストン港の閉鎖を決め、市参事会を国王指名の委員に変えさせた。現地ではこれらを「耐えがたき法」と呼び激しく反発した。マサチューセッツ総督のゲイジは、現地の容易ならぬ状況を本国に報告したが、ノース内閣は政策を変えようとしなかった。植民地ではボストンへの連帯の機運が高まり、各地で民兵隊（ミリシャ）も組織され、１７７４年9月フィラデルフィアで植民地の代表を集めた大陸会議を開催することになった。

大陸会議から独立戦争へ

第一次大陸会議は9月5日から10月26日まで開かれ、ジョージアを除く12邦からアダムズ、パトリック・ヘンリー、ワシントンらの活動家を含む56人の代表が参集した。なかにはギャロウェイのような国王と本国議会に望みを抱く穏健・保守派もいた。彼はのちに反独立派となった。会議は10月17日「宣言および決議」を採択した。そのなかでイギリスから移住した植民地人は本国人と同等の自由と権利をもっており、植民地人の同意なしにその権限が制限されることはないと繰り返し主張し、本国政府の一方的な課税権を否定した。さらに本国製品の不買を強化して輸入禁止を宣言し、他方「耐えがたき法」が撤廃されなければ本国への輸出を一切止めるとさえ決議した。大陸会議はしだいに植民地議会の性格をもち始め、次の第二次大陸会議を1775年5月10日に開くと決めた。本国議会でもいくつかの和解案が議論されたが、軍隊を増派して鎮圧せよとの声が大きかった。

第二次会議は前回不参加のジョージアも参加し、13邦の代表すべてが参集し植民地代表議会の性格が鮮明になった。すでに4月19日にレキシントンとコンコードで、本国軍と民兵隊との軍事衝突から戦争が勃発しており、軍隊の整備が急務だった。大陸会議では6月14日に本国軍に対抗する植民地軍（大陸軍）の編制を決め、翌日ワシントンが総指揮官に任命された。ボストンに近いバンカーヒルはハウ将軍率いる本国軍が機先を制して押さえた。一方、代表のなかには本国との和解を主張するものもあり、7月には忠実な臣下から国王へあてた「オリーブの枝請願」（和解の請願）が採択され、国王あてに送ったが、国王は受け取りを拒否した。

植民地の内部にも分裂があり、本国側の陣営についた国王派（ロイヤリスト）ないしトーリーの勢力は南部を中心に10万名あまりに上り、愛国派（ペイトリオット）、ホイッグないしアメリカ人と呼ばれ圧倒的多数を占めた独立派と激しく火花を散らした。独立派も地区の民兵隊は比較的容易に集められたが、中央軍である大陸軍の募兵は容易ではなかった。ようやく体制を整えたワシントン率いる大陸軍は、翌年3月にはボストン地区の本国軍に総攻撃を加え、ハウの軍を敗走させた。

アメリカ独立宣言

1776年1月、トマス・ペインがアメリカは本国と手を切り独立すべきだと明快に説いた冊子

『コモン・センス』を発行し、アメリカの世論を大きく動かした。植民地にあったイギリスの統治機構はほぼ解体され、アメリカ人による自治機構ができつつあった。大陸会議は1776年4月以降アメリカ独立の方向に進み、5月には植民地は適切な政府をもつべきとする決議を採択し、13邦で武装決起することの意義と必要性を宣言した。

大陸会議は7月4日、ジェファソンが中心となって執筆したアメリカ独立宣言を発表した。ちなみにジェファソンはアメリカの民主的独立に貢献した民主主義者であるが、大所領を父から相続したヴァージニアの大地主であり、150人もの奴隷を使役する資産家でもあった。他方、起草者の一人フランクリンは庶民の出で印刷工から身を起こした。独立宣言は名誉革命を正当づけたジョン・ロックの思想を継承しており、すべての人間は平等であり天賦の人権をもっている。人権には生命、自由および幸福の追求が含まれ、政府はその人権を確保するために組織されるものだが、現在のイギリス国王政府はアメリカ人の人権を認めていない。よって大陸会議に結集する植民地代表は、人民の名においで13邦がイギリス国王への忠誠から一切解除され、独立国となることを宣言する、と述べていた。

混とんとした戦況、コーンウォリス将軍の降伏――戦争終結

独立宣言前後の戦況は混とんとしていた。ボストン地区を奪い返した大陸軍は余勢をかってカナダ侵攻を企て、ケベックへ突き進んだが、吹雪のなかで敗退した。他方、勢力挽回したハウ将軍率いるイギリスの大軍はワシントン軍をけ散らし、ニューヨークを占領した。ところがモントリオールから南進していたバーゴイン率いるイギリス軍は、サラトガでゲイツ率いるアメリカ軍に敗れ降伏するに

至った。フランスは米仏同盟を結びアメリカ軍を積極的に支援しており、スペイン、オランダもアメリカ支援に動いていた。形勢の悪化にあわてたノース政府は、大陸会議との和解工作に乗り出し、78年には植民地政策を1763年以前の状態に戻す和平提案を行った。だが時すでに遅く、独立に舵を切っていたアメリカ側はこれを拒否した。

イギリス軍は1778年以降、戦略の重点を独立派が弱体で国王派が多い南部に移し、80年5月にはチャールストンでアメリカ軍を降伏させ、さらに周辺の地域を制圧した。しかしイギリス軍の勝利はここまでだった。南部でもアメリカ大陸軍の編制が進んでおり、また各地にパルティザンが生まれ、神出鬼没のゲリラ戦法で奮戦した。1780～81年にはコーンウォリス率いるイギリス軍主力が艦隊も駆使してヴァージニアに侵攻したが、ワシントン軍と米仏連合軍の反撃を受け、ヨークタウンで包囲され、フランス艦隊に海路を封鎖されて孤立した。万事休したコーンウォリスは1781年10月19日、ついにアメリカ大陸軍に降伏し、ここに独立戦争は幕を閉じた。また大陸会議は諸邦の連合体（合衆国）のあり方を定めた連合規約を同年3月1日に成立させた。

イギリスとの和平交渉の結果、1783年9月3日にパリ条約が締結され、アメリカ独立が承認された。一方、国王側についた植民地住民はアメリカを追われ、多くは五大湖より北のイギリス植民地に移った。イギリス政府は当初、アメリカ軍の捕虜を反逆罪で裁くと主張していたが、双方に多数の捕虜があり、イギリス議会も82年に戦争捕虜扱いに変更し、双方とも捕虜を釈放した。イギリスでは同83年12月、ジョージ3世の指名で24歳のピット（小）が首相に就任し、しばしの安定期に移行した。

（古賀秀男）

29 フランス革命・ナポレオン戦争
――最初の「総力戦」とそのインパクト

アメリカ独立戦争で敗北したイギリスでは、第一次ピット内閣（1783～1801）のもと、過去の戦争による膨大な財政赤字を解消し、国家財政を再建すべく、減債基金の導入やフランスとの通商条約（イーデン条約）の締結、官僚制や海軍の改革をはじめとする行財政改革が行われた。そのため、1789年に勃発したフランス革命には、イギリス政府は当初静観の姿勢をみせた。しかし革命が急進化し、フランス王ルイ16世（在位1774～1792）が処刑されると、イギリスの世論はしだいに反革命へと傾斜してゆく。さらにフランス軍がオーストリア領ネーデルラント、とりわけスヘルデ川流域に進出し、イギリスの安全保障が大きく脅かされた結果、1793年2月にイギリスはフランスに宣戦布告するに至った。1802年のアミアンの和約による1年余りの休戦をはさんで、1815年まで続く対仏戦争の時代が始まったのである。

フランス革命戦争（1793～1802）

イギリスはオーストリアやプロイセン、スペインなどと第一次対仏大同盟を結成し、国王ジョージ3世（在位1760～1820）の次男ヨーク公を司令官とする遠征軍をフランドルに派遣する一方で、フランス領西インド諸島の攻略を進めた。しかし、1795年にはプロイセンとスペインが同盟から離脱し、オランダがフランスに占領され、イギリス遠征軍は大陸から撤退した。重要な砂糖植民地であるグアドループ島やマルティニク島の占領には一時成功したが、最終的にはフランスに奪回された。1796年にはイタリア方面軍司令官に任命されたナポレオン・ボナパルトが戦勝を重ね、1797年10月のカンポ・フォルミオ条約でオーストリアと休戦し、フランスは多くの領土を獲得した。第一次対仏大同盟は崩壊し、イギリスは単独で戦争を続けることとなった。わずかにイギリスは、オランダ領であったケープタウンとセイロンの占領に成功したにとどまった。

このような状況にたいして、海上ではイギリスの優勢が続いた。「栄光の6月1日」(1794)、サン・ビセンテ(1797)、カンパーダウン(1797)などの海戦において、イギリス海軍はフランス、スペイン、オランダの各艦隊を次々と撃破したのである。ところが、1797年4月と6月にスピットヘッド沖とノア沖に停泊中のイギリス艦隊で大規模な水兵の反乱が起こった。水兵の劣悪な労働条件や給与が反乱の背景にあるものの、「木の城壁」と呼ばれ、イギリス本国の防衛の要であった海軍における反乱は、政府を震撼させた。

翌1798年には、イギリスのインド支配を脅かすべく、ナポレオンによるエジプト遠征がはじまった。だが、同年8月のナイルの戦い(アブキール湾の戦い)において、フランス艦隊はネルソン率いるイギリス艦隊に大敗し、ナポレオンはエジプトに孤立した(1801年には、アバークロンビ率いるイギリス軍が、フランスのエジプト残党軍を撃破)。これを契機にして、イギリス、オーストリア、ロシア、オスマン帝国による第二次対仏大同盟が結成され、フランスは危機に陥った。その後エジプトを脱出したナポレオンはフランスの政権を握り、１８００年６月のマレンゴの戦いでオーストリアを撃破、翌年には同国を講和に追い込んだ。第二次対仏大同盟は崩壊し、イギリスはふたたび孤立したものの、１８０２年３月にはアミアンの和約が締結され、10年近く続いた英仏間の戦争はひとまずは終結した。

ナポレオン戦争（１８０３～１８１５）

１８０３年５月、英仏間の対立の悪化から、イギリスはアミアンの和約を破棄し、戦争が早くも再開した。１８０４年にフランス皇帝に即位したナポレオンはイギリス侵攻を計画、大軍を集結したため、翌１８０５年にはイギリスを中心に第三次対仏大同盟が結成された。同年10月のトラファルガル沖海戦では、イギリス艦隊は司令官ネルソンの戦死とひきかえにフランス・スペイン連合艦隊を撃破し、フランスのイギリス侵攻作戦は失敗したが、ナポレオンはウルムとアウステルリッツでオーストリアに大勝した。これにより、第三次対仏大同盟は解体した。その後もナポレオンの快進撃は続き、イエナとアウエルシュタット（１８０６）ではプロイセンに、アイラウとフリートラント（１８０７）ではロシアに勝利を収め、中央ヨーロッパにおける優位を築いたのである。さらにナポレオンは、イギリスを経済的に屈服させるために、１８０６年のベルリン勅令と１８０７年のミラノ勅令により大陸封鎖を進めた。ナポレオンがスペインを占領し、ヴァグラムの戦いで勝利を収めた１８０９年ごろが、彼の帝国の最盛期であった。

フランスによる大陸封鎖に対抗して、イギリスも逆に海上封鎖を続けたが、戦局は不利なままだった。１８０８年にはイギリスの勝利にもかかわらず、敗北したフランス軍が武器と戦利品とともに帰国を許されるというシントラ協定が締結され、世論を激高させた。1809年に実施されたスヘルデ川河口のワルヘレン島への遠征は、惨憺たる失敗に終わる。メルヴィル事件（1805〜1806）やヨーク公事件（1809）のような閣僚や軍司令官のスキャンダルもあいつぎ、政府の指導層への国民の幻滅も広まっていた。

1812年、大陸封鎖を破ったロシアにたいして、ナポレオンが遠征を敢行したことが、戦争の最大の転機となった。ナポレオンの大陸軍は壊滅し、翌1813年には第六次対仏大同盟が結成され、フランスは敗色を濃くしてゆく。同じころ、スペインに派遣されていたウェリントン麾下のイギリス軍は、タラベラ（1809）、サラマンカ（1812）、ビトリア（1813）など半島戦争の戦いでフランス軍を撃破していた。1813年10月のライプツィヒの戦いでナポレオンが敗れたのち同盟軍がフランスに侵攻すると、ウェリントンもスペインからフランスに進出、1814年4月にはナポレオンは退位し、エルバ島に流された。もっとも、翌1815年3月にはナポレオンがパリに帰還してふたたび権力を掌握したため、同年6月のワーテルローの戦いで彼が敗北し、セント・ヘレナ島に配流されることで、ようやく戦争は終結した。

戦争のインパクト

フランス革命・ナポレオン戦争は、名誉革命以降の第二次英仏百年戦争（1689〜1815）のなかで最も長期化した戦争で、戦場もヨーロッパだけでなく世界各地に広がり、一種の総力戦の様相を呈していた。戦争の再開により国債の発行残高が膨らみ、国家破産の危機に瀕したため、1797〜

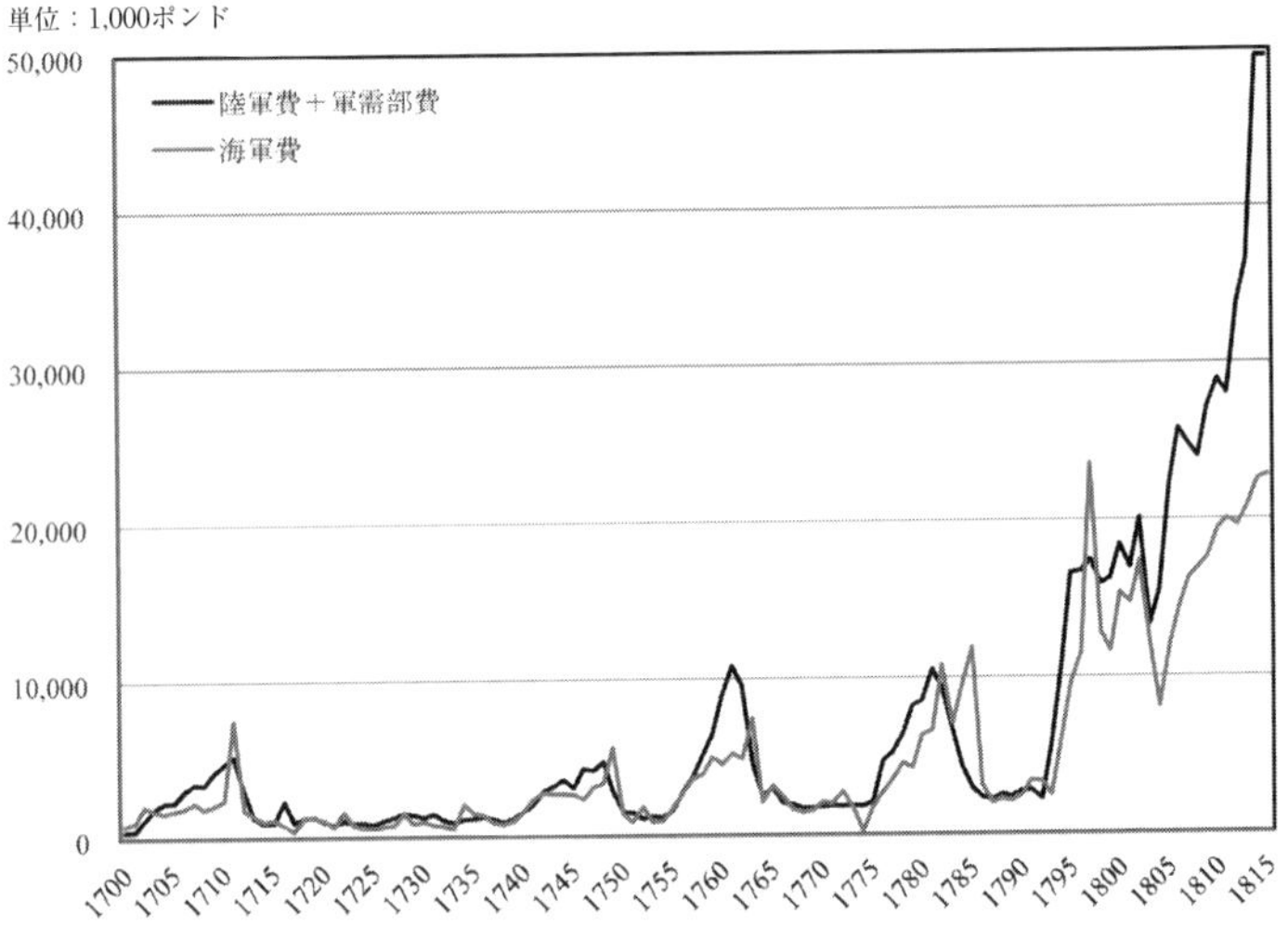

図1　軍事費の推移（1700～1815年）

出所：B. R. Mitchell, *British historical statistics,* Cambridge: Cambridge University Press, 1988, pp. 578-80, 587より作成。

1821年のあいだ、議会はイングランド銀行による紙幣の金兌換の一時的停止を認め、さらに1799～1816年にはイギリス史上初となる所得税が導入された。こうして戦争の遂行と大陸の同盟国への支援が可能となったとはいえ、フランス革命・ナポレオン戦争時代における戦費は、過去のどの戦争をも上回る16億5790万ポンドという未曽有の規模に達し、国民一人あたりの税負担も過去最高となったのである。

イギリス本国を防衛するうえで、正規の陸軍や海軍、既存の民間防衛力である民兵だけでは不十分だった。とくにフランスによるイギリス侵略の危機が深刻化した1798～1805年には、イングランドだけではなく、スコットランドやウェールズでも義勇軍部隊が編制され、1804年にはその人数は約50万にも達した。1801年に開始された国勢調査は、大規模な軍事動員を目的とした政府による国力把握の観点からも理解されねばならないだろう。

フランス革命・ナポレオン戦争時代のイギリスでは、フランス革命の影響を受けた急進的な政治運動が活発化し、戦争に反対する人びとも多かった。その一方で、平等の理念と民主政への危惧、あるいは国王処刑とジャコバン派による恐怖政治というフランス革命の経緯から、イギリスの君主制や議会制度、イングランド国教会を擁護する動きも強まった。いわば体制支持派と改革派とのあいだの政治的・イデオロギー的二極化が進展し、後者はしばしば取り締まりや弾圧の対象となった。その後ナポレオンが皇帝に即位し、戦争支持者が多数を占めたものの、戦争の長期化と空前の戦費による財政＝軍事国家の肥大化は、「旧き腐敗」と呼ばれる国家に寄生する既得権益への批判や不満を強めてゆく。ナポレオン戦争後イギリスは、従来の体制の改革を余儀なくされたのである。

（中村武司）

コラム 10

フランス革命の衝撃とパンフレット戦争

１７８９年7月14日のバスチーユ監獄襲撃のニュースがロンドンの新聞で一斉に報じられたのは4日後の7月18日であった。大部分のイギリス人はこの事件が自国に重大な影響を及ぼすとは考えなかったし、ましてや世界の歴史を変えるほどの大事件になるとは予想しなかった。ピット首相もフランスの民主化が多少進むとすればむしろ望ましいことであるぐらいにしか考えていなかった。しかし事実は、数年後にはイギリスを巻き込み全ヨーロッパに荒れ狂う革命戦争へと発展したのである。しかもイギリス国内では既にもう一つの戦争が始まっていた。それはフランス革命をめぐる論争、「パンフレット戦争」と呼ばれる戦争である。武力ではなく冊子や書物によって戦われる言論・思想の戦争である。バスチーユの報道と共に一部の鋭敏な知識人たちは事態の重大さを嗅ぎ取って真剣に思索し、それを文書の形で次々と公表し始めたのだった。この１７９０年代のイギリスにおける革命論争は、そのようなパンフレット戦争の内でも最も有名なものの一つである。

そもそもの発端はディセンター（非国教派）の牧師リチャード・プライスの『祖国愛について』（１７８９年11月）というパンフレットの出版である。元々この冊子は、たまたまフランス革命勃発数カ月後の１７８９年11月に、名誉革命（１６８８～１６８９）１００周年を祝っておこなわれた説教を公刊したものなのだが、フランス革命支持の意見を公表したイギリス最初の文書となったのである。たちまち版を重ね、多くの賛否両論が出る。

なかでもプライスを激しく批判し、保守主義の古典的名著とされるようになったのがエドマンド・バークの『フランス革命の省察』（１７９０年11月1日）であった。１７９０年末のわずか2

カ月間だけで7版も重ねたほどの売れ行きであった。プライスの『祖国愛について』への反論として書かれており、フランス革命はイギリス革命を模範としてそれを前進させたものとするプライスの捉え方の誤りを指摘し、両革命の本質的違いを述べて、フランス革命の急激な改革は混乱をもたらすのみであると非難し、伝統と経験を重んじるイギリス式の漸進的改革を讃えている。イギリスのみならず全ヨーロッパの保守・反動派に大いに歓迎されることになった。パンフレット戦争の口火を切ったのがプライスならば、それを全面戦争に拡大したのがバークといえる。

革命支持派からのおびただしいバークへの反論が出たが、その中で最も早く出されたのがメアリー・ウルストンクラフトの『人間の権利の擁護』（1790年11月）であり、バークの出版からわずか1カ月弱のことである。その2年後に出した『女性の権利の擁護』はフランス革命における人権の概念を、女性の権利平等にまで拡大したもので女権論の先駆として不滅の地位を与えられている。

バーク批判の第2弾はバーミンガムで活躍するジョゼフ・プリーストリーの文書である。プリーストリーは一般には酸素を発見した化学者として知られるが、実は神学者、哲学者、政治理論家、教育者などとして活躍した驚くほど多方面な才能の持ち主であった。彼が論争に加わるのはプライスの『祖国愛について』に感動して執筆した『エドマンド・バークへの手紙』（1791年1月）によってであった。プライスは1791年に亡くなり、その後プライスに代わって急進派ディセンターの中心となるのはプリーストリーであった。しかし同年7月14日の反革命派によるバーミンガム暴動により、プリーストリーは自宅や化学実験室の焼き討ちに合い、命からがらロンドンに逃れ、しばらくロンドンに近いミドルセックス州ハックニーにあるディセンター系の学校や教会で教師と聖職者の仕事に携わっていたが1793年に結局アメリカに移住を余儀なくされる。

プリーストリーの冊子に続いて出されたのがトマス・ペインの『人間の権利』（第一部1791年2月、第二部1792年2月）である。そのあまりの人気と急進的な内容に脅威を覚えたピット政権は、92年2月、第二部出版後革命の事態が急展開し、8月王制停止、9月共和制宣言へと突き進む中、12月本人不在のままの裁判で扇動罪有罪の判決を下し、ついに1792年末、発禁処分に成功する。以後ペインは永久にイギリスに戻ることはなかった。1793年1月にはルイ16世が処刑され、2月フランスがイギリス、オランダに宣戦布告してフランス革命期最大の転機を迎える。

ウィリアム・ゴドウィンが『政治的正義』（1793年2月）を発表しバーク批判の論争に加わったのはこの頃であった。改革派に対する政府の弾圧が勢いを増し、ペインが亡命した今や、ゴドウィンは英国急進派が頼ることのできる唯一のイデオローグとして君臨したのである。後に転向することになるがフランス革命の熱烈な支持者であったロマン派の詩人ワーズワスとコウルリッジも、ゴドウィンに深く傾倒した時期があったのである。

しかしながら、1793年のゴドウィンによる『政治的正義』の刊行を最後として本格的な革命論争は事実上途絶えてしまったといえる。その背景には93年から始まった対仏戦争の拡大・長期化と、フランスにおけるジャコバン党独裁による恐怖政治という現実を目の当たりにして、イギリス国民のフランス革命への支持が次第に失われていったからである。同時に、ピット政権による急進派に対する弾圧も反逆罪・煽動罪関係法案の立法化や政府による露骨なスパイ活動などにより、次第に強化徹底されていき、しかも保守・反動派による政府寄りの新聞・雑誌を利用したプロパガンダが改革派・急進派の言論活動を圧倒していったからである。

（渡辺福實）

30 ジョージ3世と摂政時代
――保守と改革　近代の幕開け

時代の展望

ハノーヴァー王朝第3代にあたるジョージ3世は、同王朝で初めてのイギリス生まれの国王であり、その治世は60年（1760～1820）におよぶが、晩年は病気のため執政不能となり、皇太子ジョージ（4世）が摂政の位についた。したがって治世は3世の親政期（1760～1810）と摂政期（1811～1820）に分けられる。この60年は歴史が近代へと動き出す大きな変動期に当たっていた。即位時のイギリスはアメリカ、インドの植民地も巻き込んだ対フランス七年戦争の渦中にあり、次いでアメリカ植民地の独立革命戦争、それが終わるとフランス革命が激発し、ナポレオンの台頭と戦争へとつづいた。一方国内では木綿工業を中心に産業革命が始まり、工業社会へ移行し始め、経済の自由化もすすんだ。ここに政治・社会変革の機運が高まり、議会改革を求める急進的改革運動や食料暴動、労働運動が起こった。ジョージ3世は改革を迫られる新しい状況に対して現状維持に固執し、ホイッグではなく保守のトーリーに頼ろうとした。また代わった摂政も、皇太子時代にはホイッグと結び父に反発していたが、摂政に就くとトーリーと組んだ。

ジョージ3世は即位の翌年（23歳）、ドイツの大公国より16歳のシャーロットを王妃に迎え、生涯にわたり他の女性に心を惑わすこともなく、男子7人を含む15人の子宝に恵まれた。国王は愛国心強く、信仰厚く保守的で堅実であり、その生活ぶりの地味さから「田舎紳士」と揶揄された。だがしばしば深刻な病魔に襲われ、発作時には数週間から数カ月間政務を執れなかった。国王の持病は、近年の研究ではポルフィリン代謝異常症（激しい腹痛、異常な興奮と止まらぬおしゃべり、精神錯乱）とみられている。即位50年を過ぎた１８１０年10月、５回目の病魔に見舞われ、回復不能と判断された。翌年2月摂政法案が成立し、皇太子が摂政の位についた。

ビュート伯と「ウィルクスと自由」

ジョージ3世は父が皇太子のまま１７５１年に急死したため、その後継の皇太子に叙され、祖父ジョージ2世の後を継いで即位した。３世は母親とねんごろだったスコットランド貴族ビュートを政治の師と仰いでおり、アメリカ植民地での戦争を指導していたニューカースル内閣の大臣ピット（大）が辞任した後、１７６２年ビュートを首班に任じ、フランス側の和平申し出に対応させた。

この和平の動きを秘密外交だとして反発の声をあげたのがロンドン・シティの改革派議員ジョン・ウィルクスである。ウィルクスは「出版の自由はイギリス人の生得の権利」を標榜し、『ノース・ブリトン』誌を発刊してビュート批判を展開した。１７６３年ビュートが辞任し主な攻撃対象を失ったが、国王が議会開会式の演説で和平交渉について言及したため、その最終45号で批判の矢を国王演説に向けた。彼は文書誹毀罪で告訴されたが、証拠不十分で釈放された。この釈放にシティの市民らが歓喜の行動を起こし、不法文書として雑誌を焼却する執行吏に「ウィルクスと自由」と叫んで妨害し

1760年代の若きジョージ3世［ナショナル・ポートレート・ギャラリー蔵］

た。これがウィルクス派民衆運動の始まりである。いったんフランスに逃れたウィルクスは1768年の総選挙に向けて帰国し、ミドルセックス区（現ロンドン市）の選挙でウィルクス派が派手な選挙運動を展開して当選、歓喜する群衆の運動は高揚し、その規制に軍隊も出動した。彼は収監されたが、獄中からシティ区で議員に選出されては除名されるという珍事が3回も繰り返し起こった。彼は刑期を終えた後シティ上級議員からロンドン市長、庶民院議員となり、その後は保守化した。

王室婚姻法

ジョージ3世は成人した2人の弟の女性関係、結婚問題で悩まされた。上の弟グロスター公は、国王の元家庭教師の未亡人で3人の子持ち9歳年長の女性とひそかに結婚し、1772年に彼女が妊娠したため兄国王に告白はしたが、彼女と別れることを拒み、王室から追放された。しかしその後さらに子供が生まれ、国王は子供たちを王族に受け入れる形で和解した。末弟カンバーランド公は品格が劣り、国王の政治を妨害し、愛人を次々につくり、1771年に親族の評判がよくない未亡人とひそかに結婚した。国王はこの末弟とはついに和解せず、公爵は外国で暮らすことが多かった。

この問題にかんがみ国王は１７７２年、息子たちの将来のことも考慮し、信頼していた首相ノースに要請して王室婚姻法を議会で成立させた。同法では王族の結婚には国王の同意が必要とされ、25歳以上の王族で同意が得られていない場合は、その意向を枢密院に申告し、向こう1年以内に議会がそれを了承した場合にのみ婚姻は認められる、と定めていた。同法はやがて放蕩が目立った皇太子をはじめ国王の子供たちを大きく拘束し、20世紀に入りシムプソン夫人との結婚問題で退位したエドワード8世（１９３６年）もその拘束を受け、２０１３年になってようやく廃止された。

アメリカ独立革命とフランス革命

ビュート退任の後国王が嫌うホイッグのグレンヴィル、ロッキンガムが内閣を組織したが、前者がアメリカ植民地の公文書に印紙税を課す印紙条例を公布して激しい反発を受け、ロッキンガムが慌ててそれを廃止するなど、アメリカ植民地との軋轢が深刻化した。これを契機に植民地では独立の機運が高まり、やがて独立戦争に発展し、アメリカは独立した。なおアダム・スミスが『国富論』を刊行したのはアメリカ独立宣言と同じ１７７６年である。

国王は１７８３年12月、24歳のピット（小）を首相に指名し、議会から強権化を批判されたが、翌年解散後の総選挙でピット派トーリーが大勝して政権は安定した。ピットはインド植民地政策で成果を上げたが、やがてフランスで革命が激発、93年には革命政権がイギリスに宣戦したため、多難な戦時体制に突入した。一方、国内には革命を支持するペインや急進派の活動もあり、またアイルランドでは、フランス革命軍の支援を得て独立革命を目指す企ても起こった。やがてナポレオンが１７９９

年に政権を掌握しヨーロッパの大部分を制圧したため、戦局は風雲急を告げた。1805年にトラファルガル沖海戦でネルソン率いるイギリス海軍が、フランス、スペインの連合艦隊を撃破したものの、翌年首相ピットが死去し、陸上では苦戦がつづいていた。

摂政時代

摂政の位についた皇太子ジョージは48歳、居館カールトン・ハウスを飾りあげ、放蕩と華麗な生活に酔いしれ、摂政時代は華美で享楽的な雰囲気に満ちていた。従妹になる公式の妻キャロラインを嫌い、公的な場から排除し別居生活をつづけ、自らは愛人と暮らした。ロマン派の若き詩人バイロン(『チャイルド・ハロルドの巡礼』ほか)、シェリーや女流作家ジェーン・オースティン(『高慢と偏見』ほか)はこの時期に活躍した。摂政はトーリーのパーシヴァル内閣をそのまま引き継いで政務を動かし、宮殿で派手な就任祝賀会を催した。

一方、産業革命が進行し工場制が定着し始めていたが、新型機械の導入に労働者側が反発し、機械を打ち壊すラダイト運動が起こった。打ち壊しは靴下編み業地域から繊維工業地域一帯に広がり、武装蜂起のうわさも飛び交い、社会を不安に陥れた。政府は1万2000もの軍隊を紛争地域に駐屯させ、首謀者を極刑に処した。ほぼ同時期の1812年5月にパーシヴァル首相が庶民院のロビーで殺害される事件も起こった。大陸の戦争はナポレオンのモスクワ遠征の失敗とウェリントンらの活躍により、1814年4月に終わり、摂政は列国の首脳、将軍らをロンドンに招き、大規模な戦勝祝賀会を催した。その後再起したナポレオンは1815年6月ワーテルローの戦いで敗れ、捕らわれてセント・ヘレナ島に流された。

戦後の不況と改革運動

終戦とともに特需は過ぎ去り、失業者は急増、運よく復員できた元兵士には仕事がなく、多数の国民が生きる支えを失っていた。こうした状況にあって福音派の支持者も増えたが、政治社会改革を訴える急進派も不満を抱く民衆、労働者をとらえた。ハントら改革派は1819年8月16日、マンチェスターのセント・ピーターズ・フィールズで議会改革を要求する6万人規模の大集会を開催した。当局は大勢の義勇騎馬隊と騎兵隊を動員し、集会の解散を命じ、無防備の群衆を蹴散らし斬りつけ、15人が死亡し、600人以上が負傷した。この事件は「ピータールーの虐殺」として語り継がれている。政府はすばやく六つの抑圧法を制定し民衆運動を厳しく弾圧した。

1820年1月に国王が逝去しジョージ4世が即位すると、イタリアで暮らしていたキャロライン王妃が帰国し、市民の大歓迎を受けた。しかし4世は王妃と認めず、彼女を排除するための法案が貴族院に提出された。法案は廃案となったものの、彼女は翌年7月の国王戴冠式から排除され、その後まもなく死去した。キャロライン妃が生んだ世継ぎのシャーロット妃は、結婚後1817年に死産した直後に亡くなっており、4世もその後再婚せず新しい愛人と暮らして1830年に逝去した。

パーシヴァル首相の後継者リヴァプールは4世即位後の1827年まで、15年間も政権を維持し、戦中戦後の多事多難な時代を保守の立場から支えた。

（古賀秀男）

31 アイルランド併合・連合王国成立
――グローバル帝国主義の助走

ブリテン島が大合同を仕上げるこの併合法案の批准がイギリスとアイルランド両議会を通過した（1800）が、それは翌年1月発効で大英帝国とアイルランドを統一王国にするものだった。イギリスのウィリアム・ピット首相の下でアイルランド総督チャールズ・コーンウォリス（カトリックに同情的）とロバート・カースルレイ子爵（1798年反乱では弾圧強硬派）の協約により、併合は次のことを定めた。すなわち、アイルランドはイギリス貴族院（上院）では4名のイギリス国教会主教と28名の貴族代表、イギリス庶民院（下院）では100名の議員によって代表させると。元は両国は別々の財政と債務を保有し、アイルランドは将来の支出の17分の2を負担するとされていた。両国の財務省は1817年に統合され、イギリスとアイルランド両国の税制は徐々に一致するようにされた。アイルランドに輸入される製品の保護関税は減額して1824年まで維持された。

直接のきっかけは1798年の反乱で、これはアイルランドの不安が帝国に深刻な脅威になるために直接統治を必要とされたのである。この反乱の主力である「統一アイルランド人団」（以下「統一団」とする）は、ベルファストでは長老派中産階級を中心に、ダブリンではプロテスタントとカトリックほぼ同数の人びとによって組織された（1791）。このイデオロギーはアメリカ独立戦争（1776）

とフランス革命（１７８９）に刺激され、イギリス革新派のホイッグ党もしくは連邦主義、それにアイルランド愛国主義を加えた急進主義だった。１７９４年頃までは主たる目的は男性普通選挙権者の議会改革とアイルランド問題へのイギリスの干渉の排除にあり、公然たる分離独立や共和制の主張は抑えられていた。１７８２年のグラタン議会が立法的独立を得ても、ポイニングズ法（１４９４）のようなアイルランド議会をイギリス議会の従属的な補助機関にする法律は生きていたので、完全独立要求は両国関係の絶えざる不安だった。１７９８年反乱に至るまでに、１７７８〜１７７９年に地方で民兵が、フランス革命の影響の秩序破壊や騒乱の鎮圧に、正規軍の補助部隊として動員された。将校は都市や郡部の中産階級あるいは貴族や地主から選ばれ、正規軍は対アメリカ独立戦争にイギリス軍として派遣された。「統一団」は最初限られた対象者しか考えなかったが、より大きな組織への脱皮を考えたとき、この民兵義勇軍をまず考慮した。

１７９８年反乱はカトリックの政治参加要求と北部のプロテスタント長老派に強かった合理主義的改革要求の結合として、ピット首相以下のイギリス支配層に衝撃を与え、カトリックへの譲歩と妥協を引き出した。１７９８年2月には「統一団」会員は28万を数えたというが、１７９３年火薬所持禁止法、１７９８年3月の大部分の指導者逮捕などの度重なる弾圧にもかかわらず、残った指導部は反乱を実行した。これに対しプロテスタント富裕層中心のアイルランド議会は反革命思想弾圧の戒厳令をしく。反乱はアントリム、ダウン、ウェクスフォードなどに限られ、中心は長老派の農民で、理論武装もなく戒厳令への反発に駆られたに過ぎなかった。反乱プログラムにフランスからの援助があったのも不思議ではない。指導者の中心の弁護士ウルフ・トーン（１７６３〜１７９８）は弾圧激化の中アメリカに亡命し、次いでフランスに戻り、革命政府のアイルランド援助を取り付けた。オッシュ将軍の遠征軍に合流しようと先に出帆したトーンは結局合流に失敗し、捕えられ、死刑執行を待つ獄中で自殺した。

併合法批准

アイルランドの批准手続き問題に戻るが、その反対者はホイッグ党や共和思想に危険を感じた財界の利害、特にダブリンのそれ、を含むだけでなく、アイルランド下院の雄弁家ジョン・フォスターのような著名な以前からの政府支持者も含まれていた。この最後の部類の人たちはアイルランドの愛国的感情と、さらにはロンドンからの直接支配はかえってプロテスタントの優位を揺るがすという不安に晒されていた。また政治意識の強いカトリックは一般的には併合を支持したが、併合は完全なカトリック解放を早めるという政府の主張を信じたからに過ぎない。アイルランド議会ではグラタンに率いられたものはローマ・カトリックに譲歩する用意はあったし、政府支持者はプロテスタント教会とイギリスの親密さが自分たちの特権の維持に役立つと信じた。またフランス革命の不安は保守的なカトリック教徒に、アイルランド議会よりイギリス議会に秩序維持を求めさせた。これらの賛成派に対し反対派の中核は弁護士・オレンジ党（攻撃的国教徒）・アイルランド国教会という従来とは逆の構図になった。

１７９９年1月24日アイルランド下院はアイルランド総督への請願書から併合への委託を削除することを１１１対１０６で決めた。次いで改選後の１８００年1月、議会が再開され併合法案第一読解の採決に至ると、併合賛成派は1票差の多数に変わった。この期間にコーンウォリスとカースルレイは有力な反対論者を解任し、地位や将来の利益を約束して有力な支持者を誘った。次いで5月26日決定採決では60票の大差で政府案が通り、舞台はウェストミンスターに移る。7月2日国王裁可、アイルランド議会廃止（8月2日）、翌年1月1日併合法発効と続く。以上の経過でわかるように併合の利害は非常に複雑な組み合わせのゲームで、推進派の多数派工作は買収に支えられたという汚点を残した。

併合は結局のところ、アイルランドを統一しイギリスの一部にすることには失敗した。1800年以後も併合は分離・独立したアイルランド行政府を不要にしたのではないかとの声が間歇的に上がった。事実としてアイルランドの具体的な行政については（1800年の人口はイングランド・スコットランド・ウェールズの4分の1）、アイルランドの政治的不満・宗教紛争・経済的後進性などのせいもあって、日常の統治はアイルランド総督とイギリス大蔵副大臣の監督下でダブリン城で行われていた。プロテスタント系の反対者はかなり早く併合に同意した。また政治的に動員されたカトリック選挙民が1820年代に登場したことは、アイルランドが連合王国内に留まり続けることが唯一の安全を表していると彼らに信じさせた。先の二重政府の不徹底は、こうして一方でプロテスタント地主の「法と秩序と財産を保護」しつつ、他方ではカトリックの政治参加を認める方向を取らざるを得なかった。

カトリック教徒の不運

ジョージ3世（在位1760～1820）の公然たる反カトリック主義がピット首相にカトリック解放を放棄させたときに、彼らの熱はしぼんでしまった。併合について明白な立法的独立を伴った繁栄と1824年の関税廃止に続く不況との対照的落差は人びとの認識を変えた。カトリックに選挙権を与え、財政が合同されても、アイルランドは世界一豊かな国の投資のおこぼれにあずかることはなかった。この落差の更なる追い討ちの原因は、1845年から始まるジャガイモ飢饉の人口減による社会構造の変化である。1801年の人口は400万から500万の間という数字が1812年には700万、1841年には800万を超えたが、飢饉によって100万人の死亡、100万人の移民で、600万をきった。ただでさえ小作人の多い土地に貧窮層がひしめいていたのが、飢饉で今度は極端な人口減となり、より大きな社会問題を引き起こした。以上の失敗にもかかわらず、1840年代にダニエル・オコンネルは、カトリック解放を合法的な大集会の力で獲得する新しい方法を作り出した。ただその中心の併合法撤回要求がともすればカトリックだけに傾いて、先の「統一アイルランド人団」のようなプロテスタント長老派をも巻き込んだ運動にならなかったのは、オコンネルの限界の一つといえる。残念ながら彼の大集会運動はクロンターフの集会解禁（1843）以後急速に衰える。1850年と1860年代には未だ不完全ではあったもののアイルランドのより一層の連合王国統合への深化を見ることとなったとはいえ、それがイギリス・アイルランド関係の誰にも受容可能な枠組みを提供するのは未だ先のことになる。ただしこの運動の継続が次のフェニアンの反乱（1867）、チャールズ・ステュアート・パーネルの戦闘的議会闘争、イースター蜂起（1916）へと続くのは確かである。また次々に出されるイギリス政府の対アイルランド政策がどれも対症療法的で、当面の手当てを済ませても、既に次の問題が発生しているという後手後手のものであるのは歴史の大きな教訓である。

（風呂本武敏）

オコンネルの大集会（タラにおける）、1843年
［出所：R. F. Foster ed., *The Oxford Illustrated History of Ireland*, OUP, 1989.］

32 ヴィクトリア時代
——イギリスの黄金時代

ヴィクトリア時代とは、文字通りにはヴィクトリア女王が即位した1837年から逝去した1901年までの時期をいう。この時期はイギリスが世界の一等国として世界史をリードしたこの国の黄金時代であった。

ヴィクトリア時代はまず何よりも18世紀後半以来の産業革命の進展に伴う工業化によって特色づけられる。工業化とは持続的経済成長の過程で、この時期のイギリス経済は年2～4%の比率で終始右肩上がりの成長を遂げ、農業中心の社会から工業中心の社会へと転換した。それに応じて都市化も進み1851年には都市人口が農村人口を凌駕した。旅客を輸送する営業鉄道は、1830年にマンチェスターとリヴァプールの間に開通すると以後急速に路線を伸ばし、1850～1860年代には1万キロを超え、首都ロンドンを中心に全国の主要都市を結び付けた。またこの工業化社会では資本主義の生産様式が漸次社会全体に拡大したことの結果としてそれを担うブルジョワ階級（資本家・工場主・事業主・商人・銀行家など）と彼らに雇用される労働者階級が形成され、従来からの地主階級と並んで「社会の三大階級」（マルクス『資本論』第52章　諸階級）を構成し、この三者の関係がこの時期のイギリス史の動向を大きく決定づけた。地主階級は大土地所有者の貴族とジェントリ（爵位のない地主）から成り、T・B・ヴェブレンの『有閑階級の理論』のいう典型的な有閑階級であった。彼らは王制の下でこの国を統治してきた伝統的な政治階級で、1830年ごろまでは上下両院の議会をほぼ完全に掌握し、行政・軍事・司法・宗教（国教会）・医学をそれぞれに司る文武の上級官僚・法廷弁護士（裁判官）・聖職者・内科医に助けられてこの国を支配してきた。地主階級とこれらの人びとはジェントルマンとみなされ、総じてパブリック・スクールからオックスフォード・ケンブリッジ両大学にいたるエリート教育制度によって育成された。彼らジェントルマンこそがこの国の上流階級であった。これに対しブルジョワ階級は借地農・自営農・事務弁護士・技術者・医薬業者・下級官吏・事務員などとともに中流階級に属した。そして労働者階級は一部の最下層中流階級とともに下層階級（大衆）を構成した。

ヴィクトリア時代のもう一つの特色は帝国である。この時期のイギリスはインド亜大陸・カナダ・オーストラリア・ニュージーランド・ケープ植民地をはじめ世界中に植民地をもつ帝国的存在で、1880〜1890年代にはさらにアフリカにエジプト・スーダン・ローデシア等の植民地を加えた。イギリスはこの帝国をバックに世界第一の商船隊と海軍をもち、広大な世界市場を開拓・利用することができた。ヴィクトリア時代の持続的経済成長と世界一等国の地位は少なからずこの帝国の存在によって実現された。

ヴィクトリア時代の歴史は、初期、中期、末期の三期に分けて考えられる。初期（1830〜1850）は「改革の時代」ともいわれ、18世紀産業革命以来の工業化のひずみが激しい階級闘争となって噴出した。中流階級はこの時期に大規模な改革運動を展開し、大きくその勢力を伸ばした。まず32年に第一次選挙法改正を実現させ、下院議員の選挙権（政治への参加権）を獲得した。それまでの議会は地主階級のトーリー、ホイッグの二政党によって運営されてきたが、以後この両政党は中流階級の利害をも映し出す保守党、自由党の二政党へと転身した。また中流階級は自らの主要な経済的利害をも実現した。46年に前世紀来の最後の重商主義規制であった穀物法（穀物輸入関税）の廃止を、そして49年に航海法（帝国間の海運規制）の廃止を勝ち取った。こうして自由貿易がイギリスの国策となった。

いっぽうこの時期の労働者階級は工業化のひずみを一身に受けて概して惨めな状態に置かれていた。とりわけ都市域の状況は劣悪で、賃金は安く、労働時間は1日13～14時間におよび、生活水準も低かった。それゆえ彼らもまたその境遇を改善すべく政治への参加権（下院議員の男子普通選挙権）を求めてチャーチスト運動に立ち上がった。この運動は30年代後半から10年以上にわたって展開されたが、最後は景気の好転に呑み込まれて結局失敗に終わった。

ヴィクトリア時代の中期（1850～1874）は初期の階級対立がおさまり安定した協調の時代で「繁栄の時代」といわれる。この時期になると中流階級の子弟はパブリック・スクールに学ぶようになり、上流階級を目指す彼らのジェントルマン指向が強まった。それに対応して大学教育における宗教差別の撤廃（それまでオックスフォード・ケンブリッジ両大学は非国教徒には閉ざされていた）、公務員採用における公開競争試験制度の導入など、エリートへの門戸を広げる改革が行われた。議会政治の面ではこの時期は、下院で自由党が保守党に対し終始絶対多数を保持した自由党優越の時代であった。50年代後半から60年代前半には首相パーマストンが絶大な海軍力を背景に自由貿易政策を世界中に押し広め、その後継首相グラッドストンは自由党の絶頂期とされるその第一次内閣（1868～1874）において、イギリス義務教育制の始点となる初等教育法の制定、アイルランド国教会廃止などの自由主義的な政策を遂行した。自由主義は本来すぐれて中流階級の哲学・生活態度であったが、この時期にイギリス社会の支配的な文化となった。59年に出版されたジョン・ステュアート・ミルの『自由論』とサミュエル・スマイルズの『自助論』はその一つの表れといってよい。

この時期には労働者階級の生活水準もそれなりに向上し、激しい政治運動はその跡を絶った。疾病・死亡・不慮の災害などに備えて友愛協会と呼ばれる貯蓄・互助組織が普及し、豊かな上層部の熟練労働者層のあいだには高い組合費と共済機能を誇る労働組合が生まれた。自助・節約の生活態度が彼らのあいだにも広がり、それに応えて68年に都市労働者階級上層部の男性戸主にたいし下院議員の選挙権が与えられた（第二次選挙法改正）。これはイギリスの歴史における民主主義への具体的な第一歩であった。

グラッドストン（左）とディズレーリ（右）

ヴィクトリア時代の末期（1874〜1901）は帝国主義の時代として総括される。この時期になるとそれまでイギリスを追って工業化を進めてきた西洋諸列強が世界市場に乗り出し植民地の獲得、勢力圏の拡大を目指して競い合った。とりわけ内戦（南北戦争1861〜1865）終結後のアメリカ合衆国、ヨーロッパでは普仏戦争（1870〜1871）に勝利して成立したドイツ帝国の躍進が目覚ましかった。その結果世紀末から世紀転換期になると国際面でイギリスは、鉄鋼・石炭等の経済生産力でこの両国に追い抜かれ、海軍力も陰り始めて世界一等国の地位を失ってしまう。だが国内の経済成長は相変わらず続いた。74年保守党党首ディズレーリは帝国の統合をスローガンに総選挙を闘い、自由党に大勝して帝国主義の時代を切り開いた。彼は帝国全体の要であるインドの保全に努め、75年スエズ運河株を買収、77年にはヴィクトリア女王をインド女帝に推戴した。一方グラッドストンの自由主義は次第に世論の支持を失い、86年にアイルランド自治問題の解決に失敗して自由党は分裂、90年代から世紀転換期には多数党の保守党が帝国主義政策を推進した。

ヴィクトリア時代の末期には経済・社会のありようも大きく変わった。国内に溢れた富が海外の鉄道建設や外債に投資されて資本主義は金融・サーヴィス的性格を帯び、ブルジョワ階級上層部の金融資本家層の力が強まった。また輸送手段（蒸気船）や冷凍保存技術の発達に伴いアメリカ合衆国や植民地から安価な穀物や食料品が大量に輸入されるようになってイギリスの国内農業は衰退した。地主階級は株式と公債の利子配当収入で自己の資産を補うようになり、こうして台頭した銀行家等の上層ブルジョワ階級と伝統的政治階級である地主階級の融合が進み、ここに新しい資産家の上流支配階級が誕生した。

この時期には労働者階級の大衆化も進んだ。84年には男子戸主選挙権が農村部にも拡大された（第三次選挙法改正）。90年代には義務教育制も普及し、ミュージック・ホールが大衆娯楽の殿堂となり、世紀末には数十万の発行部数を誇る安価な日刊紙（『デイリー・メール』）も現れた。だが社会全体としてはジェントルマンがエリートで彼らを尊敬する価値意識がなお色濃く残存し、初等の義務教育（大衆教育）からエリート教育への道は開かれず、女性差別もなくならなかった。労働大衆を直接議会に代弁する労働党の誕生も女性参政権も20世紀に持ち越された。

（村岡健次）

33 アヘン戦争
——名誉か？　商売か？

アヘン戦争とは、国際商業・外交上の緊張・対立、ならびに清朝内政が背景となった英中戦争（1840〜1842）を指す。「アヘン戦争（The Opium War）」という言葉は、イギリスでは、1839年4月の『ノーザン・スター』と『ザ・タイムズ』で使用され、徐々に一般化したと思われる。

1757年以降、清朝は、開港場を広州に限定し、そこでの商品取引を独占する特権商人（公行）を配置した広東システムを確立した。この管理体制下で、イギリス東インド会社はインド産アヘンの持ち込みも禁じられ（1796、1800）、その中国貿易活動をかなり制約されることとなった。これ以降、マカオや広州周辺に集まった欧米系私貿易商人が、アヘン（ベンガル、マルワ、トルコ）密輸入の担い手として、巨万の富を得て急成長をした。

東インド会社の貿易活動停止（1834）と同時に、イギリス政府（ホイッグ党のメルバーン内閣）は、対中国貿易の拡大を目指し、中国に初めて派遣する外交官（主席貿易監督官）としてネイピアを任命した。この時、外相パーマストンは、中国との戦争を回避する「消極的」な外交姿勢をとっていた。しかし、1834年7月にマカオに着いたネイピアは、公行の仲介を拒否した高圧的な態度で広州当局への直接交渉を試みた結果、中国側との戦闘を引き起こした（ネイピア事件）。同月下旬、彼は、軍隊を広州から撤退させた後、マカオにて病死した。後任の外交官は、ネイピアとは正反対に、本国外務省の意向に沿った「沈黙政策」を貫き、市場開放を求める私貿易商人たちを大いに失望させるのであった。

広州周辺の緊張が急速に高まったのが、1839年3月、欽差大臣の林則徐によるアヘン追放政策であった。彼の行動は、アヘンの没収、密輸放棄に関する誓約書の提出（密輸者への死刑規定）、商館封鎖、私商人のデントの身柄引き渡し等、主席貿易監督官のエリオットを含む現地イギリス人にとって過酷なものであった。林則徐は、ヴィクトリア女王に宛てて、君主としての管理責任を訴えた書簡を送るほどであった。その後、エリオットは、約6週間の監禁状態から解放されたイギリス人たちとマカオに退去した。しかし、九竜での村民殺害事件の報復として、林はマカオを武力で封鎖したのである。そして10月、ついにメルバーン内閣は広州への海軍派遣を閣議で決定し、1840年6月より、「砲艦政策」を展開していった。パーマストンの指示は、「揚子江と大運河の交差地点（＝鎮江）を占拠せよ」であった。

東インド会社軍も加わったイギリス軍は、最新装備・兵器を備えた戦力によって中国遠征軍を圧倒し、最初に珠江入口を制圧後、北上して寧波沖の舟山島を占領、再び南下して広州海戦で勝利して、川鼻仮協定（1841年1月）を締結した。しかし、清朝中央の主戦論の復活に対して、イギリス軍は再び広州に進攻し、民衆武装集団の抗英闘争（三元里事件）に苦しんだものの、廈門、寧波、そして当初からの目的であった鎮江を占領した。これにより、ついに清朝政府は降伏し、1842年8月、イギリスとの南京条約を締結することになった。

こうしたアヘン戦争の起源に関して、ここで無視できない点は、アヘン貿易の拡大を説明する経済史文脈であろう。17世紀末以来、清朝は海関とその指定仲介商人を通じて、沿海部の海上交易全体をゆるやかに管理し、沿海秩序の維持に努めてきた。対外交易と内国交易は広州と厦門で連結する形で拡大し、遠隔地交易はおもに福建人と広東人によって担われた。この広東システムを動揺させていったのが、18世紀後半以降の対欧米貿易の発展による広州貿易の活発化と、福建人の海上交易拡大や海賊勢力の台頭等であった。具体的にいえば、広東システムから排除されてきた欧米系私貿易商人と、彼らと結びついた福建・広東沿海民とのアヘン密貿易であった。前者が密輸入したアヘンは、後者が掌握する沿海ルートを通じて、華中・華北沿海各地に運ばれていた。それは中国の主要な（密）輸入商品となり、私貿易商人たちの富の源泉となっていた。それはイギリス向けの茶の購入手段でもあった。林則徐のアヘン排除策は、活発な密貿易によって弱体化した沿海管理・支配体制を立て直そうとする清朝の政策の一環なのである。

最新の中国史研究では、清朝政治をイギリスとの戦争へ方向づけた新興の士大夫集団、とりわけ黄爵滋と彼の人的ネットワーク、そして彼らの改革思想に着目する非経済学的研究が提出されている。鴻臚寺卿（外相に相当）の黄爵滋は、地方官僚の腐敗を問題視していたが、ネイピア事件を機に、非合法活動を続ける外国人の傲岸な態度と、それに媚びる広州官僚・商人の堕落ぶりを告発するに至った。その上奏文が、すべてのアヘン密貿易商人への「重典（死刑）」条項を含んだ「敬陳六事疏」（1835）であったが、過激すぎるゆえ、道光帝に拒否された。しかし、黄はあきらめず、アヘンの密輸商人のみならず、吸煙者までも死罪とするという提案を上訴し、ついに清朝中央に受け入れられた（183

8)。その意味で、林則徐は、黄爵滋らのアヘン厳禁策の忠実な執行人であった。彼らの厳罰政策の過酷さがイギリスの侵攻を誘発し、アヘン戦争の根源だとみなす議論も、十分に説得力がある。

こうした議論と呼応するイギリス史研究として、イギリス政府が中国への軍隊派遣を決断した最大の理由が、広州で生命の危機に陥った自国民の「名誉」を守るためであったという非経済学的説明も提出されている。これには、メルバーンやパーマストンらが、自由貿易を強く望む商業団体の圧力に屈して開戦に踏み切ったわけではなく、「国益」という実業界とはまったく別次元の論理で行動したという含意がある。これに対し、ジャーディン・マセソン商会創業者であるジャーディンの役割を評価する研究がある。彼は、広州から帰国後（1839）、外相パーマストンに接近して中国での戦争計画を進言した。開戦の最終決定はパーマストンが握っていたが、彼にジャーディンが与えた影響は小さくなかったとされる。

他方、世界システム論の立場から、世界経済の中核部による外部地域の組み込みと不可分の関係であった「国家」の帝国主義的行動のメカニズムに注目して、中国の周辺化過程を説明し、アヘン戦争の必然性を説いた研究がある。この場合、イギリスの植民地支配下にあったインドが担う「半周辺」的な二つの役割、すなわちアヘンの管理生産と商品化によって財政収入に結びつけ、中国茶獲得の資金を提供したことと、植民地国家が独自の軍隊を準備したことが強調されている。

では、中国との戦争は、イギリスの国内社会でどのように理解されていたのだろうか。誰よりもそれを熱烈に支持したのが、中国市場の開放と自由貿易を訴える貿易商人たちであった。特にロンドン東インド・中国協会は、国内とアジア各地の商業団体を通して集められた商業的・戦略上で有益な情報を、パーマストンへ提供していた。その一方で、アヘン戦争に激しく反対したのが、国内労働運動の一大勢力となっていたチャーチストたちであった。少なくともその指導者たちは、慈善団体や伝道協会とは別の視角から世界各地の被抑圧者への国際的連帯感情を抱き、イギリス商人のアヘン密貿易や中国人への武力弾圧を徹底的に批判した。彼らは、この戦争がイギリス上流・中級階級のみに有益であり、労働者階級の境遇改善には何ら結びつかないことを十分認識していた。チャーチストたちが林則徐を称賛した背景には、1868年薬事法の制定以前のイギリスでは、アヘン（おもにトルコ産）は万能薬として自由に販売・利用され、特にそれを日常的に服用する工場労働者や下層民への身体的・精神的危険性がすでに認知されていたからだと考えられる。中国だけをアヘン蔓延社会とみなすのは、歴史的に完全な間違いである。チャーチストにとって、清朝政府のアヘン厳禁策は、自国政府よりも遥かに民衆側に立っているように思えたのではないだろうか。

南京条約では、広州・福州・厦門・寧波・上海の開港、香港島の割譲、賠償金、公行制度の廃止、さらに翌年の五港通商章程や虎門寨追加条約では、領事裁判権、最恵国待遇条款、関税など、中国にとっては屈辱的な協定が結ばれた。イギリスでは、それは商業的・技術的進歩の大勝利として報じられたが、舟山島を強く望む少数派の意見もあった。割譲直後に赴任した財務担当官（ロバート・M・マーチン）は、巨大商業集中地になる可能性はなく、アヘン収入に依存するしかない香港の植民地的価値の低さ（不毛な岩の塊）に驚いた。香港が、広州に代わる「ゲートウェイ」機能を発揮し出すのは、アロー戦争（1856〜1857）以後のことであった。

（川村朋貴）

34 インド帝国創建
――現代インドへの道

日本が明治維新を迎えたころ、インドも大反乱に続く政治的社会的変革を経験していた。１８５８年インドでは伝統を誇っていた東インド会社が解散された。植民地支配の下でだったが、インドはようやくこれから２００年インド民衆の国ともいうべき道を歩みはじめる。１９４７年インド独立の暁までに二つの世界大戦という試練に耐えねばならなかったが、ある意味では時代の魁《さきがけ》ともいうべきマハートマ・ガンディーを輩出するなど世界史的偉業を達成したインドだった。今日のインド研究が教えているところでは、かつての「カースト社会」を脱出しつつあるインドは、「成長力をもつ開放的な多様性社会」へと新たな歩みをはじめてさえいる。そのような現代世界の雄姿を読みとるためにも、その原型ともいうべき「インド帝国」が創建された時代を顧みることは重要だと思う。

インド大反乱と軍隊

１８５７年ムガル帝国の首都デリーに近いメーラトで、東インド会社の傭兵（シパーヒー）が反乱をおこした。この地方のインド人兵士（東インド会社軍）ほぼ全員が反乱に加わり、イギリス人指揮者たちを殺害してデリーに進軍した。東インド会社ベンガル管区軍の84％が反乱に立上がった。シパーヒーだけではなくマラーター同盟諸王家の末裔などもこれに参加した。「反乱」がおこった原因はいくつかあるが、プラッシーの戦いの後東インド会社が領土的支配をはじめて100年、この間会社はシパーヒーを使って軍事的に支配領域を拡大し、19世紀半ばのこのころには、インドのほぼ全域の征服が完了していた。最後に会社が併合したアワド王国はシパーヒーたちの出身地で、しかも会社がシパーヒーたちの文化的伝統を無視したことも、彼らが反乱に立上がった大きな原因であった。

もともとシパーヒーはインド社会では高カーストの人が多かった。イギリス人将校の下で、自分たちは将校になれなくても、相対的に高い報酬と年金がもらえるというので傭兵になった人も多かった。「インド大反乱」は1万人以上のインド軍兵を死亡させた。戦死者は将校157名、兵士2600名だったが、病死した人も多かった。イギリスはその鎮圧に苦しんだ。

「大反乱」の後インドはイギリス政府の直轄支配の下におかれた。官僚と英印軍という二つの柱を基底にして統治に当たった。まず兵制については、何よりも再び反乱が起きないよう改革が試みられた。それまで北部インド出身の高カーストの人や上流ムスリムが多く傭兵になっていたが、これらの人たちを退けて、従順で剛勇なことで知られる「尚武の民」(マーシャル・レイス)を任用した。ネパールのグルカ兵とともに「大反乱」の鎮圧に当たった人たちであった。

インド軍の数は平時ではほぼ13万から15万人といわれ、それほど大規模ではない。20世紀になるまでは、将校はイギリス人、兵士はインド人とほぼ決まっていた。インド人はまた空軍に配属されることもなかった。

19世紀後半はヴィクトリア女王の大英帝国が全盛時代で華やかであったが、そのような帝国の軍事外交を支えたものこそインド軍であり、インドは大英帝国の安価な兵隊貯蔵庫であった。それだけにインド傭兵には「海外派兵」という任務が待ちかまえていた。大英帝国の権益と通商ルートの安全を守らねばならなかった。シンガポールへ、ビルマへ、中国とのアヘン戦争へ、アフガン戦争へと進出せねばならなかった。特に１８８０年代半ばまでは、「大反乱」後の治安の維持と体制の再建が重視される中での派兵であった。それでもインド軍はイギリス帝国拡張の先兵として更に活動を続け、「義和団の乱」の鎮圧、エジプト、エチオピア、スーダンへの進出を果たしたのだった。

それらの軍事費はもとより、大反乱鎮圧の経費もすべてインド政府の予算（「本国費」）でまかなわれていた。第18章に記したようにインドはもともと富裕だった。なのにインド軍の海外派兵や高級官僚への給与支払い等も「本国費」で負担せねばならなかった。「富の流出」といわれる現実が、それであった。つまりインド国内から上がる税金でそれら諸経費をまかなえという。このため富裕だったインド（政庁）は絶えず対英負債に悩まねばならなかった。「富の流出」こそ植民地インド恐喝の元凶だったということができた。

法と秩序の維持

インド大反乱によって東インド会社の支配は終わり、インドはイギリスの公式植民地となった。大反乱はインド民族運動のはじまりと考えてよいが、それが結局は失敗に終わったことからインドの民族主義者たちはその後武装闘争を主流とはしなくなった。インド国内には大小５６０もの藩王国（ネイティブステイト）があったが、大反乱以前にはなされていた藩王国の取りつぶしは、その後は行われなくなった。インド国内ではむしろ、反乱をおこさせないようにとの配慮が優先とされた。間接統治の形をとり、外から西洋流の「法と秩序」とを守らせるようにした。ヒンドゥー教やイスラームにも非介入の方針をとった。

植民地としてのインド帝国の成立は1858年のインド統治改善法にはじまる。これでインドは公式帝国となり、インド担当大臣がインド省をおいて本国政府の責任者となった。現地には5年任期のインド総督と参事会がおかれ、インド政庁を統括して各州知事を任命するなどした。よく知られているように1877年にヴィクトリア女王がインド皇帝を兼任した。それとともに総督は副王となった。皇帝、副王の下にインドには、インド高等文官が駐在した。キャリア組はイギリス人、ノン・キャリア組はインド人であった。

「インドは帝国の他の地域では提供できない社会的上昇を志向するイギリス人家族の実入りのいい就職先であった」とは、P・J・マーシャル教授の記述であるが、大反乱以前の本国の中上流家庭には「東インド会社一家」というべき人たちがいた。しかし大反乱が起きる前に、インド高等文官I・C・S（Indian Civil Servant：インド高等文官）の公開試験が実施され、その後は独立の時（1947年）まで存続した。それでも誰が高等文官になるかは世間の注目の的であった。当時は本国の公務員採用が推薦制であった。そのような時代に公開試験によって高等文官を決めることは画期的、革命的なことであった。1855年に最初の公開試験が実施された。イギリスの支配階級の人びとは、インドの統治者であるインド高等文官にジェントルマンの資格を要求した。実際公開試験制度当初10年間の高等文官試験合格者のうち78％の人はジェントルマンを自称する青年であった。ともあれ1870年に本国の上級公務員の採用が公開試験でされるようになると、インド高等文官試験に対する批判はなくなった。

後のインド独立に際して重要な役割を果たすインド国民会議派は1885年に発足した。この時ムンバイ（ボンベイ）に72名の代表が集まった。彼らの要求は選挙で選ばれた代表のインド人が立法参事会や行政に参加することであったが、インド人でも高等文官になれるようにとの要求もあった。西欧教育をうけた中産階級が国民会議の担い手であった。19世紀末総督になったカーゾン卿は有能だったが、彼が出した「ベンガル分割令」は国民会議派つぶしを意図したものとして激しい反発を招いた。とはいっても国民会議派の運動は、支配者であるイギリス政府やインド政庁に対する決議や請願の形をとって、大英帝国の枠内で要求を通す議会主義的方法でなされた。会議派のスワデーシー（国産品愛用）、スワラージ（自治）のスローガンの下で、イギリス製品ボイコット運動を展開して、「分割令」を廃棄させた。

非暴力運動で知られるマハートマ・ガンディーが南アフリカから帰国し不服従運動を本格的に展開するのは第一次世界大戦がはじまった1915年以後のことだったが彼はそれまで国民会議派等エリートのものであった反英運動に大衆を参加させた。西欧近代の模倣をやめる。肉体的欲望の開放や資源の消費をやめる。ヒンドゥー教、仏教、ジャイナ教の中に真の文明を見出す。チャルカーをシンボルにこの運動は、1947年の独立インドに生き続けていた。「塩」の行進（1930）や「インドから出て行け（クィット・インディア）」運動（1942）を伴いながら、1947年の独立まで生き続けた。「クィット・インディア」の際には、ガンディーばかりでなく国民会議派のJ・ネルー（初代インド首相）らまでもが、逮捕された。インド帝国の創建はきびしい試練の中で着実になされてきた。（浅田　實）

コラム 11

イギリスが育んだスポーツ

歴史的出発点

今日愛されている多くの競技スポーツの歴史的出発点は、19世紀後半のイギリスである。古来イギリスの農村社会で民衆の娯楽として行われていた様々な活動が、近代になって審判制度や統一ルールを伴い整備され、全国を統括するクラブが組織され、やがてイギリスから世界に広がっていったというものが多い。サッカーやラグビー、クリケット、ゴルフなどがその典型例であることはよく知られている。ほかにも、1877年に「アクアティック・フットボール」として考案されたものが1885年に水球（ウォーター・ポロ）として発展し、1880年代にイギリスの上流階級が食後の室内遊びとしていたものからは卓球が創られた。ポロはイギリス領インドで行われていたものをイギリス人兵士が1859年にポロクラブを設立して組織化し、1869年に本国に持ち帰ったことから普及した。ボクシングは野蛮さの見せ物や賭け事の対象となりながらも1865年に第9代クインズベリー公爵が保証する形でグローブの着用やつかみ合いの禁止などのルールが成立し、現在ではむしろ品行方正さを伴う大衆スポーツとなった。

スポーツの概念史

しかし、「スポーツの起源」を歴史的に定義するのは実のところ難しい。スポーツはこの世に社会が生まれた時から存在し、部族社会の中の各種儀礼や祝祭に由来するといった主張や、中世の騎士的訓練が軍事的な実践や目的を失った時にスポーツは生まれたといった主張もある。社会学者ノベルト・エリアスは、地域ごとのローカルな「娯楽」の中から「スポーツ」が分化していく流れと、人びととスポーツの関係の変化を「文明の過程」として位置付けた。歴史家アレン・グットマンはグラムシのヘゲモニー論を用いて近代スポーツ伝播の諸形態を示し、文化帝国主義の言説を解釈した。

そもそも「スポーツ（sport）」という語は、「気晴らしをする、遊ぶ」の意を持つラテン語の「デスポルテ（deportare）」が中世フランス語の「デスポール（desport）」になったことに由来し、それが14世紀に中世英語の「ディスポート（disport）」として借用され、その後16世紀から17世紀にかけてsportに変形したものだとされる。産業革命後のスポーツの発展については、この時期に鉄道が発達し速度への関心が研ぎ澄まされたことも大きく影響している。一瞬を争う競技記録の更新は多くの観客に高揚感を与え、勝者の獲得賞金に人びとは陶酔した。競馬に代表されるような「賭け事」に対するイギリス人の古来熱狂ぶりは、sportという語に「賭ける（bet）」や「賭け事（wager）」の意味があることからもうかがえる。また、印刷技術の発展に伴い、勝敗の帰趨は例えば1793年にロンドンで創刊された雑誌『スポーティング・マガジン』や1822年に創刊された新聞『ベルズ・ライフ・イン・ロンドン』などを通じて伝えられるニュースとなった。スポーツが多くの観客を伴いメディアを通じて明確に商業化されていく様は、sportに「見せる（display）」や「展示する（exhibit）」の意味があることからもわかる。

スポーツの精神史

スポーツにおける「フェア・プレー精神」がパブリック・スクールの教育と結びつき、イギリス帝国を支えるリーダー育成を象徴するものとなったことは、イギリス通ならずともよく知られている。ここから教育的機能を重視するスポーツ観である「アスレティシズム」の考え方が生まれ、また「筋肉的キリスト教」の流行にも影響を与えた。

『Y.M.C.A. でのビジネスマン・クラス』（ジョージ・ウェズリー・ベローズ作、1916年、ブルックリン美術館蔵）。アメリカの画家ベローズは、ボクシングやポロなど躍動感あるスポーツの画を残し、自身も画家になる前にスポーツ選手を志したこともある

「筋肉的キリスト教」とは、英国紳士らしい男らしさは肉体に宿るとし、強靱な筋肉への礼賛と共にスポーツを推奨したものだ。その実践として1884年にロンドンに設立されたのが、今や全世界に広がっているYMCAである。この「筋肉的キリスト教」の影響で、もともとはイギリスの小説家フィールディングの作品『トム・ジョーンズ』（1749）の主人公トムが有する乗馬技術を指していた「スポーツマンシップ」という語が現代の意味に変わった。「アマチュアリズム」も、1750年のジョッキークラブ設立以降近代スポーツの発展を支えた全国統括組織としてのクラブによって醸成され、パブリック・スクールでも重要視された。これは、スポーツを利益目的とせず職業の手段ともしない、あくまで余暇を楽しむ上流階級のスポーツを説明したものだった。「アマチュアリズム」が含んでいたこうした階級的排他性やプロフェッショナリズムへの対抗心の意味合いは今日ではすでに廃れたが、スポーツを愛する人びとを支える道徳として、「フェア・プレー精神」などとともに根付いているといえる。

スポーツをめぐるあれもこれも――それはまさにイギリスの歴史とともにある。

（久保陽子）

35 ボーア戦争
――「光栄ある孤立」を破棄する大事件

第一次ボーア戦争（1880～1881）

南アフリカに17世紀後半頃から入植していたオランダ人は、後に入植してきたイギリス人に次第に追い立てられ、19世紀になって、余儀なく家財道具一式を積み込んだ幌馬車で、新天地を求めて北方の内陸大移動を行った。「グレート・トレック」と呼ばれたこの大移動で、先住のアフリカ人を無慈悲にも駆逐して、1852年にトランスヴァール共和国、次いで1854年にオレンジ自由国を建国する。ところが、1877年になり、トランスヴァール共和国の財政悪化と国土防衛の不備、これでは南アフリカと白人全体の危機を招くことになり、イギリスは共和国の併合を宣言する。なんとも身勝手な口実である。

ボーア軍の指揮官ポール・クリューガー［出所：Field Marchal Lord Carver, *The National Army Museum Book of the Boar War*, Pan Books, 1999.］

これに対してポール・クリューガーを指揮官とするボーア人（「アフリカナー」と自称する）が激しく抵抗し、1880年12月、イギリスに対して宣戦布告する。「第一次ボーア戦争」の勃発である。「ボーア」とは、オランダ語

「ブール」の英語読みであり、「農夫・農民」という意味である。したがって、ボーア戦争は、ブール戦争、アングロ・ボーア戦争、南アフリカ戦争ともいわれている。

開戦当初からボーア人陣営が予想外の戦力を発揮し、イギリスを敵視するドイツからの最新兵器の貸与や援助などを受け、翌81年2月の「マジュパ・ヒルの戦い」でイギリス軍の息の根を止めてしまう。同年3月、両軍の停戦協定の締結、4月にはトランスヴァールの首都プレトリアで講和会議が開かれ、イギリスは、巧妙にも宗主権の確保を前提に、トランスヴァール共和国の独立を再確認することになった。

その後のイギリスの南アフリカ争奪戦

1886年、豊富な金の鉱脈がボーア人の二つの共和国に発見された。これは財政的に脆弱だったトランスヴァール共和国にとって大きな政策転換のチャンスとなったが、如何せん、開発するための資金を外国に仰がねばならなかった。一獲千金を夢見るイギリス人を始め外国人の鉱山技師や山師たちが大挙して入国する。89年に創設された「南アフリカ会社」が中核となり鉱山独占を目論むイギリスは「ドイツの侵略からトランスヴァールを護るために」という口実のもとで、1000ポンドと2万人の人員を投入した。これに対して、トランスヴァール大統領クリューガーは鉱山採掘の独占、反英・居留外国人冷遇政策を強力に推し進める。おりしも、イギリス国内で高まったジンゴイズム（好戦的愛国主義）を追い風にアフリカやアジアにおいてイギリス帝国の版図の拡大に成功したこともあり、南アフリカ行政長官ジェームソンは、イギリス領南アフリカ連邦創設を構想して、南アフリカ高等弁務官セシル・ローズと結託して、98年12月末にクリューガーに不満を持つ居留外国人と連動して軍隊を侵入させる「ジェームソン侵入事件」を引き起こすが、翌年1月2日、白旗を掲げて降伏し全員が捕虜となった。この失敗に終わった武装クーデターは内外世論の批判を招き、ローズは辞任に追い込まれる。

その後、イギリスは、ボーアの2カ国に居留しているイギリス人にボーア人と同等な諸権利、具体的には、鉱山関連利害の撤廃、居留外国人への参政権付与、イギリスの宗主権の確認などを共和国政府に要求する最後通告を表明した。こうしたイギリス側の強権的な動きに危機感を抱いたクリューガー大統領は譲歩に譲歩を重ねるが、ついに99年10月、オレンジ自由国と軍事同盟を締結し、宣戦布告した。

第二次ボーア戦争（1899〜1902）

こうして戦闘が始まった。「第二次ボーア戦争」である。今度は正規軍同士の熾烈な戦闘であった。短期間に決着が付くとの楽観的予想が広まったためか、イギリス側は「クリスマスにはプレトリアの占領」と考えていた。緒戦は先制攻撃を仕掛けたボーア軍側が優勢だった。前回の雪辱戦をと構えていたイギリス軍1万5000人に対して「イギリス軍の侵略断固阻止」のスローガンのもとに結集した4万人のボーア軍。レディスニス、キンバリー、マフィキングなどがボーア

ベーデン=パウエル大佐［出所：Lord Carver, 前掲書］

軍に包囲された。イギリス側の兵站は十分でなかった。例えば、イギリス軍前線司令部のあるマフィキングにおいては、ベーデン＝パウエル大佐指揮のもと、兵員不足のために即席の義勇兵の募集と軍事訓練の開始、伝令として民間人の投入、医療看護、その他の後方勤務に関する指導の開始、兵器と医療品確保、約3カ月分の食料の備蓄など、臨戦体制を整えたのだった。しかし、クロンジェ将軍麾下の約７７００人のボーア軍にマフィキングの町は完全に包囲され、激しい砲撃にさらされた。これに対するするイギリス軍将兵は、１２００人余り、支給された銃弾は1人当たり６００発。これでは戦闘にならなかった。それでも緒戦段階で包囲軍に対して七波にわたる突破作戦を敢行するが、１６３人の死者を出した。この作戦はあまりにも犠牲が甚大だった。そこであえて籠城作戦に切り替えた。

キッチナー将軍（中段左側）とスタッフたち
［出所：Lord Carver, 前掲書］

１９００年早々、またもや屈辱的な敗北をなんとか回避すべくイギリス軍総司令部は、ヴィクトリア女王の命令で、ロバーツ陸軍元帥を総司令官として、キッチナー少将を参謀長とする18万人の増援部隊を投入する。3月にはオレンジ自由国の首都ブルームスフォンテン、次いで、6月にはトランスヴァール共和国の首都プレトリアを陥落させた。司令部のあるマフィキングの町は5月17日に解放した。実に２１７日に及ぶ長期の籠城戦だった。この日はヴィクトリア女王81歳の誕生日の1週間前だった。

　マフィキング解放の吉報がイギリス本土に伝えられ、各地で解放の祝賀イベントが繰り広げられた。艱難辛苦の果てに勝利をもたらしたベーデン＝パウエルは「マフィキングの英雄」とか「ボーア戦争の英雄」などと称されるようになり、マフィキングの地域限定ではあったが、彼の顔写真付きの記念切手も発行されるようになった。解放の10日後、少将昇任の内示とヴィクトリア女王から直に祝電をうける。余談であるが、彼は、このマフィキング被包囲作戦に9歳以上の青少年を主力とする「見習兵団」を編制し、彼らを外部との連絡や伝令、斥候や見張り、郵便物の配達などに従事させたが、この「見習兵団」は一般の兵卒よりも士気や忠誠心が高く、予想外の成果を挙げたのだった。この経験に基づいて、１９０８年に「ボーイスカウト」運動を創設したのである。１９０９年、ベーデン＝パウエルは中将で退役する。

　これで一見落着と思ったのだろうか、10月にソールズベリ首相は総選挙を実施した。この選挙はジンゴイストたちの興奮を煽る威勢のいい「カーキ色選挙」と呼ばれた。それまでのイギリス陸軍の軍服は赤色であり、戦場では目立ったので、狙い撃ちされてしまい、彼らと対峙するボーア人部隊は、もともと「農夫」であり、カーキ色の農業用作業服を身に着けていた。それでイギリス陸軍はカーキ色の軍服を新規採用した。それにしても、この選挙はナショナリズムを煽る総選挙だったが、大勢に顕著な変化は認められなかった。

　二つの首都が陥落されたボーア軍は全面撤退するが、イギリス軍の兵站線の分断、後方霍乱などのために、執拗なゲリラ作戦を展開した。これに対してイギリス軍は、１９００年6月からボーア軍のゲリラ部隊を掃討するために、彼らの農家や農地を徹底的に焼き払う焦土作戦を発動した。さらに各所に強制収容所を設置し、12万人もの無辜のボーア人民間人を収容した。そこの生活環境は最悪で、肺炎やチフスが蔓延し、幼児や赤ん坊の死亡率は70％を超えていたという。こうしたイギリス軍の軍事行動は、1899年に焦土作戦を禁止したハーグ条約に違反する非人間的で野蛮な作戦だと内外から非難されたのだった。

1901年1月、ヴィクトリア女王は、ボーア戦争の決着を見ずして、死去する。

1902年5月、講和か、徹底抗戦か、ボーア陣営の代表団の中で、この二者択一の間で大きく揺れ動いたが、結局、講和を選択した。ヴェレーニキング講和によって、ボーア人の二つの国をイギリスが併合することで、この2年半の戦闘がようやく終結することとなった。

たしかにイギリスは、このアフリカの争奪戦に勝利して版図を拡大することができたが、総勢45万人の兵員と2億3000万ポンドの戦費を費やし、国家予算を破綻させるほどであり、ちなみに1902～1903年の会計年度では4500万ポンドの赤字が見積もられたのだった。

それにしても、世界最強を誇る陸軍が2年半も「農民」からなる部隊の武力抵抗を許してしまうとは、ヴィクトリア朝イギリスの自信や矜持を激しく揺さぶったのだった。しかも宿敵ドイツが1900年の第二次艦隊法の制定による海軍力拡大計画に着手したのとあいまって、軍事面の優位も脅かされ、伝統的な帝国外交戦略である「光栄ある孤立」を放棄せざるをえなくなった。

（川成　洋）

コラム 12

東西を結んだ日英同盟

日英同盟は、有色人種と白人種の間に結ばれた最初の対等な軍事同盟であった。

産業革命後、最盛期（パクス・ブリタニカ）を迎えたイギリスは、他国と軍事同盟を結ばず「光栄ある孤立（splendid isolation）」を保っていたが、19世紀末にはアメリカやドイツ、日本などの勢力が増し、その地位が脅かされるようになった。アジアでは義和団事件（北清事変）以降もロシアが撤兵せず満州に居座ったため、イギリスは中国に持つ権益に対する脅威を感じていた。だがボーア戦争での出費やドイツとの建艦競争から、ロシア牽制のために中国へ艦隊を割く余裕がなく、同盟相手として日本が有力になった。（もともとイギリスは１８９４年の日英通商航海条約でいち早く治外法権を撤廃するなど、極東における日本の軍事力に期待する姿勢を見せていた。）日本海軍と手を結び、ロシアの太平洋艦隊に対し圧倒的な優位を保つ狙いがあったのである。また日本にとっても三国干渉後対露関係は緊迫しつつあり、イギリスとの同盟を探る動きがあった。

首相ソールズベリー侯爵（第三次内閣１８９５〜１９０２）は予てから日本の軍事力を認めていたが、義和団事件で「極東の憲兵」として活躍した日本軍の規律や勇敢さはその評価を一層高めることになった。そして外務大臣ランズダウン侯爵（在任１９００〜１９０５）と駐英公使林董（在任１９００〜１９０６）との間で同盟交渉が進められ、１９０２年にランズダウン侯爵邸において日英同盟が調印されることとなる。イギリス閣僚の中には、同盟適用地域に関してインドも含むべきとの意見もあったが、最初の同盟では中国・朝鮮（大韓帝国）に限られていた。

日英いずれかが他国と交戦状態に至った場合、

同盟国は中立を守り、もし相手側に別の国が参戦した時には、同盟国も参戦することがこの同盟で定められた。実際、１９０４年に始まった日露戦争では、イギリスはフランスの親露的陣営での参戦防止に努めるなど好意的な中立を保った。さらにバルチック艦隊に関する諜報活動やロシア海軍へのサボタージュ工作といった軍事的な援助や、日本の戦争公債を引き受けるなどの経済的な援助を行い、イギリスは日本の勝利に大きく貢献した。もっとも実際のところは、親日的であったバルフォア首相（在任１９０２～１９０５）を含め日本の勝利を予想した政治家は少なく、旅順や日本海海戦での日本勝利の知らせは大きな驚きをもって受け入れられている。

ロシアに立ち向かう日本をイギリスが励ましている（ビゴー『極東における古き英国』）

また国王エドワード7世（在位１９０１～１９１０）もロシア皇帝ニコライ2世（在位１８９４～１９１７）が妻の甥であるにもかかわらず、国益を考え、日本に友好的な立場を取った。１９０２年には伊藤博文にバス勲章を、１９０６年には外相ランズダウン侯爵の上奏を受け、明治天皇（在位１８６７～１９１２）にガーター勲章（イギリスの最高勲章）を東アジアの元首として初めて叙勲している。

日英同盟は１９０５年に改定され、イギリスのインドにおける特殊権益や日本の韓国に対する特殊権益を認め合うことが定められた。さらに、締結国が他国と交戦状態に入った時には、同盟国の参戦が義務付けられ、日英は名実ともに真の同盟国となった。第一次世界大戦中、ドイツのUボートによる潜水艦作戦に多数の戦艦や商船を撃沈され、イギリスが大きな被害を受けると、日本は１９

11年に改定された第三回日英同盟により地中海やインド洋に海軍を派遣し、連合国の輸送船団への護衛や救助に当たった。艦数こそ際立っていなかったが出動率は高く、特に駆逐艦松と榊は約3000人のイギリス人将兵を救助するなど大きな活躍を見せた。その後榊はオーストリアの潜水艦攻撃に遭って多数の死傷者を出したが、その戦没者の墓地としてマルタ島の英国海軍墓地の最も良い場所が提供された。イギリスの感謝の大きさが窺える。

やがてその後、日英の利害関係が対立するようになり、両国の対米関係の変化などもあって、1923年の四カ国条約締結後に日英同盟は破棄されたが、世界の海を支配する大英帝国とアジアの新興国日本との同盟関係は21年間にわたって維持されたのである。

（芦川和也）

日英同盟はイギリス国民にも概ね好意的に受け入れられた（雑誌『パンチ』）

第V部　現代

36 女性参政権
――思想と運動の長い営み

「人民代表法」（1918）の結果

イギリス史上初めて女性の参政権を認めた1918年の「人民代表法」（The Representation of the People Act 1918）は、1832年の第1次選挙法改正以来、4度目の改正法とも位置づけられる。「人民代表法」は、21歳以上のすべての男性に参政権を認めた一方で、女性の参政権資格については条件を課した。30歳以上の女性であることが前提で、そのうえにいくつかの条件が加わった。すなわち、彼女自身が世帯主であるか世帯主の妻であること、彼女自身が土地・家屋など不動産所有者であること、あるいは大学卒業者であること、という条件である。

このような制限のために参政権を得られなかった女性は少なくない。30歳以上という年齢制限は、20世紀に入って熱心に参政権運動に加わった労働者女性の多くを、その恩恵から排除することになりかねなかった。農業労働者や工場労働者の女性の多くが10～20歳代だったからである。他方、女子教育改革の進む当時、「男性並み」の教育を受けた、独立志向や平等志向をもつ若き中産階級女性たちも、実家から独立して「世帯主」となっても、年齢の壁がその志向をすぐさま投票行動に結び付けることを難しくした。また、30歳という区切りは、当時の初婚年齢からすれば、既婚女性を想定したものとも理解できる。英国史ウェブ・サイト（historylearnigsite.co.uk）の主催者で歴史家のクリス・トゥルーマンが指摘するように、保守派の政治家たちは、既婚女性なら、第1次世界大戦前のイギリス社会を騒然とさせた「過激派女性参政権運動家」（Suffragettesサフラジェッツ）のような、ラディカルな行動をとる可能性は低いだろうとみなしていた。女性参政権への付帯条件が撤廃され、成人普通選挙権が付与されるのは、10年後の１９２９年のことだった。

女性参政権をめぐる思想形成

女性参政権を求める思想的系譜の最初に登場するのは、メアリー・ウルストンクラフト（１７５９～１７９７）である。「人間の権利」を称揚するフランス革命の影響を受けたイギリス知識人は多いが、ウルストンクラフトはそれを「女性」に広げて議論を展開したことで知られる。主著『女性の権利の擁護』（１７９２）では、社会や教育が、女性を「男性を喜ばせるだけの存在」にしているとし、女性の「劣性」を生来のものとする、ジャン・ジャック・ルソーら「啓蒙思想家」たちの女性観を批判した。このことは、女性の教育権は認めるものの、政治参加に関しては排除するとした、フランス革命下の憲法制定国民議会での議論に対する、ウルストンクラストの反論でもあった。しかし、彼女のラディカルな男女平等論は、フランス革命の影響を警戒するイギリス内の保守派にとっては都合の悪いものだった。そのため、ウルストンクラフトによる同時代の女性たちへの直接的影響は限定的だったといわれる。

女性参政権運動に思想面で直接影響を与えたのは、ハリエット・テイラー（１８０７～１８５８）とジョン・S・ミル（1806〜1873）である。この2人の論壇への登場は、ウルストンクラフトの『女性の権利の擁護』から70年近く後の、産業革命がほぼ完了した19世紀後半のことである。イギリス繁栄の時代に新たに富裕層として地位を築いた中産階級の人びとのあいだでは、女性を就労させないことがその家の社会的地位の証であるとの考え方が広がっていた。一方では、知的作業や政治参加から女性を遠ざけておくための「科学」が、社会に広まった時代でもあった。骨相学や進化論も、女性の劣位を「証明」するのにしばしば利用された。

このような時代に、アメリカでの女性参政権運動に刺激されたテイラーは、女性参政権という政治的・制度的な改革を通して男女の平等を実現しようとした。テイラーの死後、ミルは、彼女との長い議論の過程で得られた知見を1冊の書物として刊行する。『女性の隷従』（1869）では、夫との関係において、財産権や離婚請求権、親権も持たず、性的自由もない女性の無権利状態を当たり前とはせず、読者に向かって実情を認識させようとする。この頃には、教育権や財産権を求め運動を起こし始めていたフェミニスト（女性解放運動家）の間で、各権利の実現のためには参政権獲得という、より包括的な目的に向かう必要があると認識されていた。ミルは1865年に、イギリス議会史上初めて「女性参政権実現」を公約に下院議員選挙に出馬する。彼の当選に、多くのフェミニストの応援があったことはいうまでもない。これ以降、女性参政権運動が活発化する。

運動の推移

本格的な女性参政権運動組織が誕生したのは、ミルが下院議員となった翌年、1866年のことである。彼が提出した、第2次選挙法改正案に女性を含ませるという修正案は否決されたものの、このとき賛成票を投じた「少数派」議員が予想外に多かったことをきっかけに、「女性参政権全国協会」が発足する。ロンドンでの設立に呼応するように、エディンバラ、マンチェスター、バーミンガムなどにも次々に組織が誕生し、運動の波は全国に広がる。この力に押されるように、その後、国会ではひんぱんに女性参政権法案が討議された。しかし目立った成果のないまま、1884年の第3次選挙法改正以降、「女性参政権全国協会」を中心とした運動は長期の停滞期に入っていく。

「女性参政権協会全国同盟（NUWSS)」によるデモンストレーション

世紀転換期には、運動は主に二つの組織に結集されていく。1897年にミリセント・G・フォーセット（1847〜1929）を指導者として設立された「女性参政権協会全国同盟（NUWSS）」と、1903年にエメリン・パンクハースト（1858〜1928）とその娘たちを中心にマンチェスターで創設された「女性社会政治同盟（WSPU）」である。二つの組織は発足当初、NUWSSが有産階級女性を中心とした無党派の穏健な運動を展開する一方、WSPUは労働者階級との結びつきが強く、結党間もない独立労働党（ILP、後に労働党の母体となった）との連携を特色としていた。WSPUは、1906年の総選挙での自由党勝利を契機にロンドンへ進出し、NUWSSの穏健な運動とは異なる

「実力闘争」を展開していく。

議会では1910年に超党派の調停委員会が設置され、どの政党も受け入れやすい内容の女性参政権法案を毎年提出した。しかし強硬な反女性参政権論者であった首相アスキスのもと、調停委員会の試みは1912年、失敗に終わる。この年、WSPUの「実力闘争」の過激さは頂点に達した。商店や官庁街の窓ガラスの粉砕、郵便ポストなどへの放火、収監された刑務所内でのハンガーストライキの実行などである。WSPUのメンバーは「過激派女性参政権運動家」(サフラジェッツ)として揶揄され、危険視されたが、彼女たちの運動は、(自由党)政府への目に見える形での異議申し立てであり、その運動の執拗さによって、女性参政権付与を強く迫る意図を持っていた。他方、穏健派NUWSSも、地道な運動を重ね、第1次世界大戦直前には、5万3000人以上の会員を擁し500にのぼる加盟団体を持つ、イギリス最大の組織になっていた。いずれの既成政党との連携も打ち切ったWSPUとは対照的に、NUWSSは1912年に労働党との連携という思い切った政策転換をはかる。このように、二大組織が苦闘を続けているさなか、1914年7月に第1次世界大戦が勃発する。

大戦の勃発とともに、「総力戦体制」で臨むイギリス社会にあって、女性参政権運動も休止を余儀なくされる。もっとも、みずからすすんで愛国的戦争協力策をとるフェミニストがいたことも、記憶されるべきだろう。そのため、参政権付与に関して、大戦よりはるか前から粘り強く行われていた運動の成果であるとする見解がある一方で、大戦中のフェミニストを含む女性たちの「銃後」の貢献への報償との見方もある。

(堀内真由美)

37 20世紀の秘密情報機関
——連戦連勝の基となった機関

イギリスの20世紀の開幕は、従来の外交戦略である「光栄ある孤立」から、列強との軍事・外交面での同盟関係の構築へと大転換をせざるをえなくなっていた。まず、1901年のカリブ海地域の覇権をアメリカへ譲渡、日英同盟締結（1902）、英仏協商締結（1904）、英露協商締結（1907）、それに伴い三国協商成立。こうした同盟関係は、イギリスにとって新たな脅威となっている対独包囲網の構築であったのだ。この間、1905年、政府は、これまでの戦略を総覧し、戦時はもとより平時における既存の陸軍情報部（1873年創設、SIM）、海軍情報部（1887年創設、NID）の組織の改善を推進するために、大英帝国国防委員会（CID）を設置した。間もなく両情報部は厳密に監視・検討されることになる。1906年から翌年にかけて、両情報部の統合会議が、現状は不満であるものの、これを抜本的に変更するのは一筋縄ではない、という結論になった。

MI5、MI6の誕生

ところが、思わぬところから反ドイツのスパイ熱が沸き起こった。大衆小説や大衆新聞が民衆の想像力に火をつけることになった。例えば、『デイリーメール』紙のような国粋主義系の新聞はドイツ

ヴァーノン・ケル陸軍中佐（「K」）
［出所：Michael Smith, *The Spying Game*, Politico's Publishing, 2004.］

人の床屋やウェイターは皇帝のスパイだとか、イギリスの安寧はドイツに脅かされているといった与太記事を流し、『ウィークリーニューズ』紙は読者に10ポンドの賞金を与える「スパイ発見」競争まで行った。こうしたメデア主導のスパイ告発熱のために、警察などにスパイ活動と思しき行為に関する垂れこみが止むことがなかったという。政府はこのような荒唐無稽な噂に決着をつけなければならなかった。1909年3月、アスキス首相は、大英帝国国防委員会に付属する強力な小委員会を設置し、「イギリス国内における外国人のスパイ活動の問題」を検討するよう指示した。この委員会は、リチャード・バートン・ホルデン陸軍大臣を議長とし、海軍大臣、内務大臣、陸軍作戦本部長ジョン・スペンサー・ユーアト将軍、外務省と大蔵省は代理人、それに海軍情報部長アレクサンダー・ベゼル提督という顔ぶれであった。彼らの判断はいたって理性的、客観的であり、「国内には疑いもなくドイツのスパイ組織は存在しているだろうが、その規模と目的を特定する専門的な防諜機関がない」と報告した。これを受けて同年10月、国内の防諜のみならず対外情報収集のために、陸軍省（WO）、海軍省、外国駐在スパイ組織の三者を仲介する組織として、ドイツに対抗するための秘密諜報部（SSB）を創設した。これは当初、国内局と海外局に分けられていた。前者の責任者は、言語に天賦の才を持つ弱冠35歳のヴァーノン・ケル陸軍中佐（後に「K」と呼ばれた）、後者の責任者は、仮装の天才だった50歳の海軍退役将校マンスフィールド・カミング大佐（後に「C」

マンスフィールド・カミング大佐（「C」）
［出所：Smith, 前掲書］

と呼ばれた）がそれぞれ就任した。この組織は、創設時から数年の間にそれぞれ数回名称を変えたが、前者はMI5と呼ばれ、内務省に属し、国内の安全保障に責任を持ち、後者は海外秘密情報部（SIS）が正式名であるが、MI6とも呼ばれ、外務省に属し、海外での諜報活動を任務とする。両組織の長官は首相が任命するが、政府組織の制度的拡充や改正などで、現在、両組織は、他の暗号部門の政府通信本部（GCHQ）や国防省情報本部（DIS）とともに、内閣府の「総合インテリジェンス委員会（JIC）」の監督下に置かれている。

第一次世界大戦期の活躍

ケルのMI5の最初の任務は、国内の全ての外国人を記録し、かつ彼らに関して疑わしき事実を記載した膨大な索引カード「外国人登録簿」を作成することだった。第一次世界大戦の1914年8月のイギリスの対独宣戦布告を受けて、ケルは、22人の確定済みのドイツ人スパイ（実際、1人が逮捕直前に逃亡した）と200人の容疑者の厳重監視を指令し、ドイツのスパイを一網打尽に逮捕した。アスキス首相が戦争勃発時にたまたまケルの事務所を訪れ、首相の眼前に広げられていた地図にイギリス国内で活動中のドイツ人スパイの存在が正確に記されているのを見て、この作戦は「大成功だ」と断言したという。

ＭＩ６のカミングも、この新しい任務を大いに意気込んで引き受けた。ＭＩ５は陸軍省に全面的に支援されていたが、すでにイギリス海軍情報部（ＮＩＤ）は第一次世界大戦以前から極めて積極的であり、わずかな資金で海外数カ国にスパイ網を構築していることもあり、この新しい情報機関を蔑ろにしていた。しかし、カミングはあらゆる戦域に軍事情報収集責任者を配置し、自分が統括する司令部に報告させていた。また、イギリスが宣戦布告した翌9月に、彼はロシアの首都ペテログラードに最初のＭＩ６の支部を設置するなど、何とか第一次世界大戦にそれなりの成果を挙げることができた。

第一次世界大戦期中に、ＭＩ５とＭＩ６の合併を視野に入れた構造改革の動きがあった。しかし、この両組織の背後にある陸軍省、海軍省、外務省などの専有領域を侵すことになり、この合併案は沙汰やみとなった。

第二次世界大戦期

第一次世界大戦後のイギリスにとって脅威は、社会主義革命を世界中に巻き起こそうとするソ連の動きであった。１９２７年5月、ＭＩ５とロンドン警視庁の合同捜査隊は、「ボルシェヴィキ・プロット」を嗅ぎ付け、ロンドンにあるフロント組織を急襲し、ソ連の共産主義者の陰謀の正体を暴いたのだった。１９３０年代になって、ソ連に加えてドイツも主要目標になった。両国とも軍備拡張に余念がなかったからである。30年代後半になると、ドイツが解読不可能といわれた「エニグマ」暗号機を使うようになった。１９１９年11月に設立された政府暗号学校（ＧＣ＆ＣＳ）はエニグマを主要目標にして解読に専念した。第二次世界大戦の開戦1年前の38年8月、政府暗号学校をロンドンの北西約72キロにあるブレッチリー・パークに移した。当時「学校」などという名称を使ったのは、イギリスの得意とする「欺瞞作戦」であった。そこで、とうとうエニグマを解読することができ、連合国軍の勝利に貢献した。だがこの解読の成功は、1970年まで政府の極秘情報であった。戦後、政府暗号学校は政府通信本部（GCQH）と改称され、現在はバーミンガムの南約48キロのチェルトナムに移されている。

第二次大戦期のMI5が行った「ダブルクロス（XX）システム」はにわかに信じ難いほど見事な作戦だった。MI5は、アブヴェール（ドイツ国防軍付情報部）がイギリスに送り込んだスパイ全員を逮捕し、「転向せずに死刑」か「転向してイギリス側のスパイになる」かと、恫喝して二者択一を迫った。拘留、ないし処刑以外はすべてスパイとなった。スパイがアブヴェールに送った情報をヒトラーは鵜呑みにし、イギリスには広範囲で有力なドイツのスパイ網があると頑なに信じていた。こうしたヒトラーの反応を、イギリス側は手に取るようにわかっていた。というのも「ナチスよりもナチ的」といわれ、ヒトラーの信頼が厚かった駐独日本大使、大島浩（陸軍中将）が日本の参謀本部に自慢げに送った電報をMI6がカットして徹底的に分析していたからだった。

戦後から現在まで

こうした順風満帆に見えた情報機関であったが、イギリスの朝野を震撼させる前代未聞の事件が起こった。1951年5月、外務省の2人の高官が亡命事件を起こした。それもソ連への亡命であった。

この事件を契機に実に20年もかけて、残り3人が摘発された。全員がケンブリッジ大学の卒業生だったので「ケンブリッジ・ファイブ」「ケンブリッジ・リング」と呼ばれた。彼らはケンブリッジ大学の、トリニティ、キングスといった名門中の名門コレッジの卒業生であり、3人はソ連に亡命し、結局、誰も逮捕されなかった。その中の1人、未来の「MI6の長官」と目されたキム・フィルビーは、ゾルゲと同様に「20世紀の最大のスパイ」といわれている。

サー・フランシス・ウォルシンガム

2003年に開始したイラク戦争を正当化する「フセイン政権は大量破壊兵器を開発している」という当時のブレア首相から出た情報は、実は事実無根であった。しかも国民の反対を押し切ってのイラク戦争参戦だった。ブレアにこの虚偽の情報を信じ込ませたのはMI6であった。2007年ブレアは退陣し、当然MI6の長官も辞任に追い込まれた。その後、MI6の新規のエージェントの募集は、ホームページ上で行うようになった。かつて、エリザベス朝時代の「イギリス情報部の父」と謳われたサー・フランシス・ウォルシンガム（1530？～1590）が始めた、国家に対して絶対に裏切らない貴族クラスの良家の子弟でオックスフォードとケンブリッジ両大学の卒業生に限るという伝統的な新採用システムを破棄して、一般から採用するようになった。これがいい結果を生むかどうかは、しばらく時間がかかるであろう。

（川成　洋）

38 覇権国イギリスの第一次世界大戦
――帝国の総力戦体制

世界戦争の勃発

1914年6月28日、オーストリア大公夫妻が暗殺されたサライェヴォ事件をきっかけに、欧州各国が戦争に向かっていった。翌月28日、オーストリア・ハンガリーがセルビアへ宣戦布告をし、これに対して、ロシアとフランスは総動員令を発し、オーストリアと同盟関係にあるドイツへ宣戦を布告した。8月4日、ドイツが永世中立国のベルギーへ侵攻したのと同時に、イギリス（自由党のアスキス政府）も、欧州勢力均衡の回復のためにドイツへ宣戦布告を行ない、15日午前0時、英独間の5本の電信線を切断した。ドイツ側も、すぐさまイギリスの対太平洋線と対インド洋線への攻撃で報復した。日英同盟を存続させていた日本も、東アジアでのイギリス権益の保護を大義名分として、漁夫の利を得るべく参戦した。

こうして、ドイツによる休戦条約の調印（1918年11月11日）まで続く第一次世界大戦（以下、大戦と略記）が勃発したのである。この大戦の主要な要因は、特にドイツの封じ込めを目論んだ三国協商（イギリス、フランス、ロシア）と、それに対抗する三国同盟（ドイツ、オーストリア、イタリア）という帝国主義国家間の勢力均衡が、バルカン諸国間対立を機に完全に崩壊したところにあった。その背景には、

フランス戦線の塹壕から出動するイギリス軍歩兵たち

19世紀末以降に急展開した列強同士の植民地分割競争と合従連衡が控えていたことは、よく知られている。
　開戦当初のイギリスでは、「通常通りの業務」方針のもとで戦争は短期で終わると考えられていたが、西部・東部戦線での膠着状態が長引くと、新たに発足したアスキス連立内閣はその方針を転換し、国家が国民生活のあらゆる部分に介入し、可能な限りの人的・物的資源を戦争に動員しようとする総力戦体制を確立していった。1915年7月、国民登録法（16歳から65歳までの全男女の登録）が施行され、そして1916年1月、イギリス史上初の徴兵制（18歳から41歳までの独身男性が対象）が導入されたのは、その象徴であろう。これに反発して展開したのが、良心的兵役拒否運動であった。その一方で、とりわけ軍需産業や運輸業に多かった婦人労働者の大量創出は1918年選挙法改正に結びつき、大戦前から叫ばれていた女性参政権が承認された。この時、男子普通選挙権も認められた。
　大戦勃発とともに、英帝国内の自治領や直轄植民地もただちにそれに巻き込まれ、多大な人的・物的負担を強いられながらも、帝国規模の総力戦体制を支えた。たとえば、オスマン帝国のイスタンブル占領を目指したガリポリ上陸作戦（1915年2月～翌年1月）では、カナダ軍、オーストラリア・ニュージーランド連合軍、さらにインド軍が英仏軍とともに奮闘した。植民地インドは、140万人超のインド人兵士の徴用と海外派遣を要請され、さらにそのための膨大な戦費供出で大きな貢献を果たした。しかし、民族自決のインドへの不適用やオスマン帝国への軍事攻撃は、インドにおける反英感情と民族主義運動をさらに高めることになったのも事実である。

インドから動員された女性兵士たち

大戦の諸要因

前述したように、大戦の原因を帝国列強間の国際政治学に求めるのが一般的であろうが、一方では、少数派ではあるが、内政的要因を重視する見方もある。その事例として、労働運動の高揚とアイルランド自治問題がよく取り上げられる。

戦時経済体制の中枢機関として創設された軍需省は、工・鉱業・農業・酒類販売を含む民間経済活動へ積極的に介入し、軍需産業での労働組合運動・争議を厳しく統制した。この工業生産過程への国家介入に激しく抵抗したのが、南ウェールズの炭鉱労働者やグラスゴーの機械工夫たちであった。軍需大臣のロイド・ジョージは、自ら労働争議の現場に赴き、組合幹部や労働者たちの要求に応えようと奮闘しなければならなかった。国家の干渉領域はさらに拡大し、労働省、食糧省、再建省などの帝国戦時機関が新たに創設されていった。

こうした戦時経済体制は産業界を代表する新たな組織を育成し、イギリス産業連盟の設立（1916）に結実した。ロイド・ジョージ政府（1915年末に成立）は、権力基盤を強化するために産業界有力者たちとのより密接な関係を築き、彼らの意向を強く反映させた厳重な保護貿易体制を確立した。その政策は保護主義的な帝国志向も有し、自由放任を信奉するロンドン金融界とは時として対立する社会帝国主義的要素を強めた。大戦は、帝国の結合と自足化を切望する産業利害を権力の中枢部に近づけ、植民地戦争の激化を促進したといえる。

アイルランド自治問題は、19世紀以来の最も厄介な政治問題であり、大戦前夜のアイルランドでは内戦寸前の緊張が続いていた。大戦下、アイルランドのナショナリストや民衆のなかには戦争協力者も多数存在し、イギリス政府は彼らを戦時体制にうまく取り込もうとした。しかし、一部のナショナリストたちの反乱が、大戦の長期化に乗じて独立を画策し、イースター蜂起（1916年4月）を起こした。政府による反乱鎮圧は速やかに行われたが、共和派シン・フェイン党（1905年結成）を中心とする反英独立運動をさらに助長させた。大戦後の1920年、イギリス政府はアイルランドを南北に二分し、それぞれに自治権を認めることになったのである。

植民地戦争

大戦中のイギリスは、世界最大のグローバル帝国の宗主国として、ヨーロッパ戦線のみならず、東アフリカ、南西アフリカ、中東においても、同盟国側（ドイツ帝国、オスマン帝国）との植民地戦争を展開した。ウガンダ、東アフリカ保護領（のちのケニア）、ザンジバル・ペンハ両島を支配したイギリスは、海軍による海上封鎖をしながら、ベルギー、ポルトガル、その他の援軍とともに、隣接するドイツ領東アフリカ（のちのタンガニーカ）へ進攻した。この際、多数のアフリカ人が運搬人や労働者として徴用され、飢餓や病気のために多くの命が失われた。英独両陣営の戦闘は、ドイツ軍総司令官が北ローデシアで投降した1918年1月まで続けられた。

南西アフリカでも、イギリス軍と南アフリカ軍はドイツ軍と激しい戦闘を繰り広げ、無線基地が置かれた二つの沿岸都市を占領し、その内陸後背地へ伸びる鉄道網も支配した。大戦後、豊富な天然資源を有する元ドイツ領南西アフリカ（現在のナミビア）はイギリスの委任統治領となり、ヤン・スマッツが首相を務める南アフリカ連邦に編入された。

イギリスの中東での戦争相手は、オスマン帝国であった。そして、その基本的な戦争目的は、大戦当初から明確で、ペルシア湾産油地帯でのイギリスの優位と、インドに通じるスエズ運河ルートの死守にとって重要なアラブ全体の保護国化であった。これを達成するためのイギリスの作戦行動は、シナイ半島、メソポタミア地域、ダーダネルス海峡で展開された。イギリスの対オスマン戦争は、オスマン降伏の1918年10月末まで続けられた。

イギリスは、大戦中、中東での民族主義運動の高揚を抑制しつつ、同時にオスマン帝国内でのアラブ人たちの反乱とその居住区の独立（パレスチナ）を支持することで優位に立とうと試みた。その一連の外交政策が、フサイン（メッカ太守）とマクマホン（駐エジプト高等弁務官）との外交協定（1915年10月）、連合国によるオスマン帝国分割計画であるサイクス・ピコ協定（1916年3月）、パレスチナでのユダヤ民族居住区の建設を大金融家ロスチャイルドに約束した外相バルフォアの宣言（1917年11月）であった。サイクス・ピコ協定の秘密外交内容は、ロシア革命（1917年）後の革命政府によって暴露された。

イギリスの国際的地位

大戦前夜のイギリスは、海軍の優越、イギリスとその帝国安全、世界の銀行家および商人としての信頼を享受してきた。金本位制度の中断（１９１３年）と大戦勃発は、そうした19世紀以来のイギリスの国際的地位を後退させ、イギリスからアメリカへの覇権国家の交代を印象づけたのは事実であろう。大戦中にイギリスはアメリカへの膨大なドル債務を抱え、両国の金融的関係は大戦前とは完全に逆転してしまったのである。

産業・技術国家としての指導力を弱体化させたとはいえ、大戦後のイギリスは、グローバルな帝国と巨大な金融資産を有し、ロンドン・シティの金融的・商業的技術とその運用能力を世界中で発揮できる第一級の経済大国であり続けたのも事実である。１９１４年以降、戦時経済体制下で産業・工業部門の急成長と集中化が起こったが、イギリスの富の源泉は、大戦後も依然として、シティのサーヴィス部門であった。社会の特権支配層も、地主貴族層の相対的衰退を経験しつつも、１９１４年以前と同様、ホワイトホールやシティを牛耳るジェントルマン・エリートたちであった。イギリスは、どこまでも「ジェントルマン資本主義の帝国」なのである。

（川村朋貴）

39 イースター蜂起
——共和国殉教神話の誕生

この出来事の始まりは、一部には1891年チャールズ・スチュアート・パーネルの死の直後に生まれた文化的民族主義の異常な高揚にある。1893年ゲール語復活運動としてのゲーリック同盟創設と詩人W・B・イェイツの率いる文芸復興の開花が若い世代に明確な文化的アイデンティティの実感を植えつけた。1916年アイルランド独立宣言の署名者の7名のうち、3名はゲール語詩人であった。パトリック・ピアス、ジョウゼフ・プランケット、トマス・マクドナの3名の詩を編集した詩集には、自分の死を新しい国家誕生の必要悪と考えている悲壮感が漂う。

蜂起派指導部の成立

1912年第三次自治法のイギリス議会批准に失敗したイギリス政府は多くの若いアイルランド民族主義者を失望させ、武力による独立獲得に走り出させた。アルスター統一主義者は自治法反対のため武装したアルスター義勇軍を創設した。このことは自治法要求の民族主義者を守るアイルランド義勇軍のダブリン部隊の創設の気運を刺激し（1913年11月）、1914年8月第一次世界大戦勃発に際しアイルランド義勇軍は分裂した。多数派（20万）は議会党指導者ジョン・レドモンドに従い、「小国の自由のための戦い」を標榜して大戦に参加した。残りの約1万は義勇軍運動の創設者オーン・マクニールの主張、義勇軍は国防軍に徹すべしということに従った。蜂起計画は、大戦に気を取られたイギリスに付けこむ狙いで、数は減少したとはいえ義勇軍のなかに具体化し始めた。フェニアン党員（自治法撤回運動後のアメリカ生まれのアイルランド民族主義）の退役職業軍人トマス・クラークが指揮し、まわりに秘密の誓いを立てたアイルランド同胞団（ＩＲＢ）の若い反逆者グループを集めた。この計画は１９１５年５月のＩＲＢの最高評議会によって作られた軍事評議会によって立案された。最高評議会執行部のショーン・マクダーモット、トマス・クラークとアイルランド義勇軍の有力メンバーのパトリック・ピアス、ジョウゼフ・メアリー・プランケットの協力で指導部が結成された。他方、１９１３年ダブリン全面ストの間、労働者階級防衛のため市民軍を作るのに協力したジェイムズ・コノリは、社会主義は民族に基礎を置いた政治的独立からしか生まれないという結論に達した。彼は１９１６年１月に蜂起参加を認められ数週間のあいだにＩＲＢのグループを結集させた。

蜂起の実情

元の計画はダブリンと地方の一斉蜂起で、首都の占拠が成功しなかったときに西方への退路を準備するものであった。しかしこれは二つの動きで失敗した。一つが外国（ドイツ）からの援助にあった。4月20日ケリー県の沖に到着したが、連絡不備で義勇軍は邂逅に失敗し、ケイスメントは逮捕され、ロジャー・ケイスメント卿が武器と兵士調達に派遣された。一隻のドイツ船アウド号が武器を積んで、船は逃走した。もう一つは成功の見込みのない反乱に反対だったオーン・マクニールがイースターの日曜日に向けて義勇軍に下達されていた動員命令を土壇場で取り消したことである。この大打撃にもかかわらず、企画者たちはイースター月曜日に蜂起決行を決めた。1916年4月24日月曜日朝、中央郵便局前でパトリック・ピアスが共和国独立宣言を読み上げた。決行参加者は約1000人の義勇兵と200人を少し超えた市民軍であった。反乱者はダブリンの主要な建物で、1週間持ちこたえた。ウェクスフォード、ゴールウェイ、ダブリン県などで若干の呼応作戦があり、コークでも動員活動があった。ダブリンでは64名の反乱者、政府軍132名、義勇兵と市民230名の死者を出し、砲撃により都市中心部に大きな打撃があった。ついに状況のいかんともしがたいことを認め、また市民の死傷者の数について心を痛め、反乱者は4月29日金曜日に降服した。

イースター蜂起（中央郵便局内部）［出所：上野格『図説アイルランド』河出書房新社、1999年］

冷笑から尊敬へ

当初の多くの市民の無関心や冷笑を、叛徒に対する同情に変えたのは政府側の対応にあった。詩人W・B・イェイツの名作「復活祭1916年」はこの変化の神秘に打たれた気持ちを歌っている。「すべては変わった、全く変わった／恐ろしい美が生まれでた」。5月3日から12日の間に、指導者15

名がキルメイナム刑務所内で処刑された。さらにフランシス・シーヒ・スケフィントン（略奪を止めようとした市民の一人）の逮捕・殺害、ノース・キング通りでのイギリス国軍兵士による市民虐殺、広範囲の逮捕と戒厳令の続行などが、アイルランドの政治状況を激変させた。バーナード・ショウもこの残虐性を際立たせる政府側の行動を非難し、投降した「戦争捕虜」の即決裁判処刑に抗議している。とはいえ、王の軍隊に対する愛国者の天晴れな軍事挑戦も民衆の承認をかち得る十分な行動であった。全体的反応としてはイギリス政府の厳罰主義は少し行き過ぎという判断が多かった。ケイスメントを含めた15名の処刑はあったが、他の参加者のうちエイモン・デヴァレラやマイケル・コリンズのような中心人物は生き延び、数カ月内に釈放された。彼らは直ぐに新分離派運動を始め、1919～1921年の完全独立を選ぶ内戦に繋がっていった。共和国ではこのイースター犠牲者を殉教者扱いするのに対し、北アイルランドでは第一次世界大戦でのソンムの戦いのアイルランド師団の犠牲を称えるのみであった。これは1922年南北分割以後一層顕著になった事例であろう。イースター蜂起が共和国誕生の引き金になったことは誰も否定できないが、分離後も「紛争」が顕在化したのは1960年代後半の公民権運動を軸にした衝突である。これはアイルランド共和国軍（ＩＲＡ）とオレンジ党の対立の分離前からの継続であるが、とりわけ「北アイルランド紛争」は、アイルランド史の主流といえる「武装蜂起」の伝統を思い出さずにはいられない。

北アイルランド紛争

1969年の分離が定着する前のアルスターにおける衝突は「宗教的紛争」の最も色濃いものであ

る。この緊張と不安定は第三回自治法案（1912）をめぐる危機、アングロ・アイルランド戦争と結びつき、アルスター地方の相互暴力を新たな次元に引き上げた。1920年7月から1922年7月の間の死者は新生北アイルランドでは557人に達した。北アイルランド社会はひどく分断された状態のままで、居住区域の分離、宗派的分離教育、就職と商業活動の排他的扱い、宗派間非通婚のような慣習を残していた。1935年宗派対立の一大暴力が発生した。オレンジ党行進から発した暴動は11人の死者を出した。しかしこれは1960年代の公民権運動の発生までは例外的で、後者はあらためて大規模な相互暴力を生み出した。1956年から62年までのIRAの国境地帯紛争はプロテスタントを挑発することも、カトリックの興味を掻き立てることもあまりなかった。北のストーモント政府は半世紀間民族分離を上手に処理したが、その解消にはあまり尽くさなかった。1930年以降のカトリック系学校創設はカトリック教会の受容可能な土台作りにはなったが、できあがっていたカトリックの反感を解きほぐす努力はなされなかった。イギリス政府の圧力もあって、テレンス・オニールは1963年以降改革を取り入れようとしたが効力はなく、反対にイアン・ペイズリ牧師の率いるプロテスタント系の強力な反動が生まれた。1960年代後半には公民権運動が主たるカトリック系の不満を採り上げた。しかしオニールの後継内閣ジェイムズ・チチェスター＝クラークとブライアン・フォークナーはカトリック系戦闘員の拡大する街頭戦術を押さえ込むことも、プロテスタント系戦闘員を制御することもできなかった。1969年8月のイギリス軍投入は短期間の予定だったが、予想以上に長期化するものになった。大衆暴動は、3度の夏を経過し、1972年1月の「血の日曜日」のような大がかりな事件の後、以前に比べて沈静化したものの、1970年代にIRA暫定派

（1969年オフィシァル派と分裂）が治安部隊と主要商業地へのテロ攻撃を始めたために、紛争は前以上に深刻になった。イギリス政府の戦略の直接統治や短期収束の希望も1975～1976年の「サニングデイル同意」と「憲制会議」の失敗で打ち破られた。1980年からはEUの文脈内でロンドン・ダブリン間直通結合による新たな戦略が始まり、最終的には1985年のイギリス・アイルランド合意に結実した。これはシン・フェイン＝IRAを孤立させるよりも巻き込んで暴力を中止させる意図で従来とは大いに異なっていたが、武器引き渡しと話し合い開始とどちらを先行させるかで合意が得られなかった。1997年初頭、暴力は停戦以前よりもかなり減ってはいたが、IRAの停戦はロンドンの爆弾騒ぎの殺人で破られた。以後1998年合意は9年かけようやく自治政府として実現し、今日に至る。この文脈で付け加えるべきは1962～1972年のアルスター・ルネサンスの詩人たちが「紛争」犠牲者を積極的に描いたことである。これはイースター蜂起の詩人（同時期の第一次大戦戦争詩人も含め）や「詩人の戦争」ともいわれたスペイン内戦詩の伝統の復活といえるが、後者は実戦に参戦した義勇兵の作品であるのに対し、ここでは被害者としての市民が主役である。

（風呂本武敏）

40 イギリス帝国からコモンウェルス

――パッチワークの帝国からグローバルな国家クラブへ

「われわれはふとボンヤリしている間に世界の半分を支配してしまったようである」

今から130年余り前、イギリスの歴史家ジョン・R・シーリーはこのように記した。爾来、イギリス帝国の成立と展開に関するさまざまな研究や議論が積み重ねられてきたが、1世紀以上も前のシーリーの言葉はいまだにイギリス帝国が形づくられてきた歴史を巧みにとらえた名言といえるだろう。むろん、ほんとうにボンヤリしていたわけではない。数百年間にわたる人びとの多様な意図、打算、行動、不作為があり、それが成功、失敗、そしてしばしば予期しえなかった状況を招いた。イギリス帝国の出現、その崩壊からコモンウェルスに至るストーリーは、そうした無数の人びとの営為が積み重ねられた地球規模の歴史絵巻である。

ブリテン諸島からヨーロッパの外に支配地を求める動きは、ポルトガルやスペインの動きを追いかける形で始まった。早くは15世紀末から16世紀初頭にかけてのカボット父子による北大西洋の彼方に乗り出す「アジア航路探索」に始まる。16世紀末にはエリザベス1世の勅許を得た人びとが北アメリカの大西洋岸を探検し入植を試みたものの失敗に終わった。西アフリカでの交易拠点建設やカリブ海域でのスペイン領への攻撃ないし私掠行為もおこなわれたが、総じて実をともなわなかった。

それでも、17世紀に入ると、北アメリカにおけるヴァージニア会社による入植地ジョージタウンの建設、カリブ海域でのスペイン領植民地の奪取、あるいは東インド会社の設立を契機としたアジアにおける交易拠点の確保が進んだ。18世紀には、インドを中心とするアジア貿易の拡大、ならびに北アメリカ植民地への入植の進展とカリブ海域での奴隷労働によるプランテーション農業のめざましい展開により、イギリスの海外支配地域はのちに第一次イギリス帝国とよばれる外観を呈するようになった。

18世紀後半には、インドでの支配権をさらに拡大するいっぽう、北アメリカにおいては13植民地がアメリカ合衆国として独立した。こうした一連の出来事によって、第一次帝国とは異なる特徴をもつ、いわゆる第二次イギリス帝国が形づくられていった。もっとも、それは歴史の決定的な断絶や帝国の停滞を意味したわけではない。インド支配に関していえば、東インド会社による統治体制の整備・拡充といった政治面の変化だけでなく、経済面でもキャラコブームを契機とするイギリス綿工業の発展とそれにともなう新たな生産関係といった大きな変化がみられた。また、オーストラリア大陸をはじめとするオセアニア・南太平洋海域への進出、フランス革命・ナポレオン戦争期の南アフリカや南米での支配権の獲得、そして19世紀前半には東アジアにおける「自由貿易」攻勢もあった。

つまり、16世紀末に北アメリカに植民地をつくろうと試みてから300年の間、アメリカ合衆国の成立など植民地が縮小する局面もありつつ、シーリーの著書タイトル『イングランドの膨張』のとおり、イングランドのちの連合王国イギリスの植民地は拡大していった。20世紀初め、ヴィクトリア女王が亡くなる頃には、イギリス国王の支配領域は地球上の至るところに存在し、そこに住む人の数は

3億人をはるかに超えていた。文字どおり「日の没することなき大帝国」が現れたのである。

ただし、この帝国には、イギリス国王の支配領域であるということのほかには全体をひとくくりにできるような共通点はほとんどなかった。20世紀初めには、オーストラリア、ニュージーランド、カナダなどのように白人を主体として広範な内政自治権をもつ「自治領」、西アフリカや東アフリカなどにみられる「保護領」、カリブ海域などの「王領植民地」、香港のような「属領」、そしてもっとも有名かつもっとも特殊な支配形態であった「インド帝国」などがあった。イギリス出身者やその子孫が居住人口に占める割合、居住地区の態様と環境、彼らと先住民あるいは後来者との接点、社会的地位、相互関係、英語の使用状況など、各地域の特質はさまざまであった。イギリス帝国は文字どおり「パッチワーク」のつくりであった。しかも、戦争や騒乱、政治状況や経済事情の変化などさまざまな出来事によって、「パッチワーク」の図柄は時代とともに変化していった。

帝国がコモンウェルスという国家連携体制に移行していく経緯もパッチワーク的である、といえるかもしれない。イギリス帝国内の植民地ないし自治領の政治代表が一堂に会して議論を交わす場としては、1880年代に始まる植民地会議がその端緒といえよう。1887年の第一回植民地会議はヴィクトリア女王の在位50周年を記念する諸行事とともにロンドンで開催された。1907年の会議からは帝国会議と改称して開催されるようになる。この会議は、自治領が本国との関係をより対等に近づけて協議をおこなう場として、のちに本国との対等な地位すなわち主権国家という地位を獲得する地ならしを進めた。むろん、その間にあった、南アフリカ戦争（ボーア戦争、1899～1902）や第一次世界大戦（1914～1918）をはじめとする戦争やチャナク危機（1922）のような国際紛争、あるいは本国の関与なしにカナダが単独でアメリカ合衆国と結んだ漁業条約（1923）などといった歴史的事件の積み重ねがもつ意味も大きかった。

そして、1926年の帝国会議で提示された「バルフォア定義」にそった形でウェストミンスター憲章（1931）が制定され、「ブリティッシュ・コモンウェルス・オブ・ネーションズ」が発足する。その構成単位は、本国たるイギリスと、オーストラリア、ニュージーランド、カナダ、ニューファンドランド、南アフリカ連邦、アイルランド自由国という六つの自治領であった。ただし、これらの自治領の間には、それぞれの歴史的経緯や政治事情を背景にして、ウェストミンスター憲章そのものに対する政治的スタンスに大きな差違があった。たとえば南アフリカはこの新たな体制からの離脱権を保証するような文案に固執し、逆にオーストラリアとニュージーランドでは同憲章が既存の帝国体制にもたらす変化を良しとしない向きが強かった。また、イギリス・アイルランド条約（1921）とその直後の内戦を経て国内政治の激動が続いていたアイルランドにとって、同憲章が規定する自治領のひとつに含まれていたことのもつ意味合いは薄かった。

発足当初のコモンウェルスの実情と従来からのパッチワーク的な植民地支配状況をあわせた「帝国＝コモンウェルス体制」を考慮に入れれば、20世紀後半の帝国崩壊とコモンウェルスの変貌もまた然りと思える。独立後のインドが加盟したこと、とりわけその共和国化後もコモンウェルス内にとどまったことは、「ブリティッシュ」を取り去り「コモンウェルス・オブ・ネーションズ」とする名称変更ともあいまって、コモンウェルスの性格を大きく変える端緒となった。1950年代から60年代にかけて、アジアおよびアフリカの植民地が独立して続々とコモンウェルスに加盟した。

それでもイギリスは旧宗主国としての主導権やプライドをあっさり手放したわけではない。自国の金融・財政にかかる深刻な事情があったとはいえ、新興独立国への経済援助や開発支援には関わり続けたし、1965年にはバッキンガム宮殿にほど近いマールバラ・ハウスにコモンウェルス事務局とコモンウェルス財団が置かれた。さらにコモンウェルスは、政治・経済面だけでなく、留学・奨学金制度などの教育面やコモンウェルス・ゲームズなどスポーツ面でも構成国相互の連携を図りつつ活動を展開している。

よって、本国ないし旧コモンウェルス諸国がその影響力を保持し続けたか、非白人政権を主体とする新興独立国がコモンウェルス内での議論の主導権を奪い取ったかという二分法的な見方では、こうしたコモンウェルスの変貌をとらえることはできまい。南アフリカのアパルトヘイトに反対する国際運動に際してアフ

コモンウェルス・ゲームズには、コモンウェルス加盟国のほか、イギリスの四つのネーションや現存する海外諸領もそれぞれに選手団を派遣する。同大会では、陸上競技や水泳のようなよく知られたスポーツだけでなく、ローンボウルズのようなイギリス帝国を中心に広まった競技もおこなわれる［提供：AP／アフロ］

リカ諸国を中心とする構成国が激しい発言と行動をうちだすこともあったが、それはコモンウェルスという一種の「クラブ」すなわち「自由意思で集うメンバーが一堂に会する空間」があってこその話であった。コモンウェルス存立の危機は幾度となく語られたが、コモンウェルスの解体を目指す動きが勢いをもつことがなかったという点は注目に値する。

20世紀後半から現在に至る世界は、いわゆる冷戦期とその後の世界情勢の変化を念頭において語られがちであるが、イギリス帝国からコモンウェルスへの変貌をとおして眺めてみれば、またひと味ちがった世界史像をつかむことができるだろう。

（川本真浩）

41 「至上の時《ファイネスト・アワー》」の神話
――イギリスの第二次世界大戦経験

1940年夏

ドイツ軍のフランス侵攻が始まったのと同じ1940年5月10日、ネヴィル・チェンバレンが首相の座を去り、ウィンストン・チャーチルが後継となった。6月22日にはフランスが降伏したため、第二次大戦は西部戦線なき戦争となり、今やドイツ軍による侵攻の脅威に直面しているのはイギリスに他ならなかった。1940年夏のイギリスはまさに存亡を賭けた戦いを強いられたのだが、1940年6月18日のチャーチルの議会演説はこの戦いを「至上の時《ファイネスト・アワー》」と呼んでみせた。

この島でわれわれを打倒しない限り、戦争に敗北するしかないことを、ヒトラーは理解しています。われわれがヒトラーに対抗できるなら、ヨーロッパは解放され、世界の営みは陽光に照らされる広々とした高台に移ることができましょう。

しかし、われわれが敗れるなら、……全世界は新たな暗黒時代の深淵に沈み込むでしょう……われわれの責務に向けて準備をしようではありませんか。そして、1000年後までつづいたイギリス帝国＝連邦の人びとにこう言わせようではありませんか。これが彼らの至上の時だった、と。

フランスのあっけない陥落は予想外の事態であった。西部戦線さえ維持されれば戦争は長期化し、最終的にはイギリスの経済力がものをいう、といった想定は根底から覆され、イギリスは盟友なき戦争を遂行せねばならなくなった。そして、「至上の時」として神話化された１９４０年の戦いはイギリスの第二次大戦認識の中枢に据えられ、プライドの根拠となってきた。

「至上の時」の神話は三つの出来事から構成される。第一に、ドイツ軍によって北フランスのダンケルクに包囲された35万の連合国軍兵士のうち、予想をはるかに上回る34万近くがイギリスへの撤退に成功した「ダンケルクの奇跡」、第二に、ドイツ軍からイギリス上空の制空権を死守したイギリス本土防空戦《バトル・オヴ・ブリテン》、第三に、ロンドンその他の都市へのドイツ軍による大空襲《ブリッツ》、４～５万の犠牲者を出しながらも、１９４１年５月まで連続的に実施された大規模な空襲をイギリスは凌ぎきった。第二、第三は空からの脅威であるが、空軍力における優位はドイツが握っていた。短期戦での勝利を目指すドイツ軍の集中的爆撃により、イギリスでは空前の規模の犠牲・被害が出るだろう、との予想はかねてから語られ、広く共有された。ハロルド・マクミランの回想録によれば、「われわれはちょうど今日の人びとにとっての核戦争のように空の戦争のことを考えていた」。開戦直後の３日間だけで、空襲を避けようと疎開した者が実に３５０万人に上ったほど、「空襲パニック」は深刻であった。第一次大戦の際にもツェッペリン飛行船やゴータ爆撃機による空襲があったが、ロンドンを例にとれば、１９１５～１９１８年の死者は６６８人、第二次大戦にかかわって想定された犠牲者数とは桁が違っていた。銃後は前線と化したのである。

人民の戦争、盟友なき戦争

「至上の時」の神話にはヒーローが数多く登場するが、その代表格は本土防空戦で活躍した空軍パイロット＝「空の騎士」である。強調されたのは、彼らが独力で（フランス抜きで）戦っていることである。そして、「空の騎士」が一騎打ちを戦うのはいかにもイングランド的な田園の上空においてであった。田園的国土を守るためにアルマダやウォータールーにも比されるべき歴史的決戦で奮闘する、こうした「空の騎士」のヒロイズムは国民の心を強く捉えた。さらに、1940年の危機は階級にかかわりなく全国民が等しくさらされる危機であり、誰もが当事者であることも神話の重要なポイントである。軍需工場で長時間労働に従事する労働者、空襲で炎上した建物に放水する消防士、難を逃れて地下鉄駅で夜を明かす家族、等々、ごく普通の非戦闘員こそ「人民の戦争《ピープルズ・ウォー》」の主人公であった、という語りは今日でも聞かれる。1942年末に至るまでイギリスでは非戦闘員の死者の方が戦闘員の死者よりも多く、その意味でこうした語りは一つの真実を伝えるが、しかし、神話は歪みを孕んでもいる。たとえば、空の戦争は防空に終始したわけではなく、戦略の中核に置かれたのはドイツへの大規模な爆撃であって、「騎士」道からおよそかけ離れた非戦闘員の無差別的殺傷が精力的に実施された（端的な事例が1945年2月のドレスデン爆撃）。イギリス軍とアメリカ軍の爆撃によるドイツの死者は、ドイツ軍の爆撃によるイギリスの死者の6～7倍に上る。また、「人民の戦争」と同時進行的に国内で犯罪や暴力沙汰が多発したことも、記憶しておきたい。

防空壕となったロンドンの地下鉄駅で夜を明かす人びと（オールドウィッチ駅）

さらに、「至上の時」の神話は盟友なき戦争のイメージを前面に出すが、第二次大戦全体を見るなら、戦勝には二つの強大な盟友の存在が不可欠であったことがわかる。一つはアメリカである。フランスを欠く中、アメリカへの依存なしにイギリスが戦争を継続できないことは明らかであり、アメリカとの友好＝「特別な関係」の維持・活用こそが戦時外交の最優先課題となった。そして、１９４１年３月に武器貸与法《レンド・リース》を制定して連合国への支援を強めたアメリカが同年12月に参戦すると、戦争遂行の主導権はアメリカに移ってゆく。もう一つはソ連である。ドイツを敗北させた立役者がソ連であったことに異論の余地はない。東部戦線で膨大な犠牲を出しながら戦うソ連は、独ソ開戦（１９４１年６月）の直後から西ヨーロッパにおける第二戦線＝西部戦線の構築を再三イギリスに要請したが、第一次大戦の塹壕戦の悪夢の再現を危惧するチャーチルは消極姿勢をとり、ノルマンディ上陸作戦（その中心を担ったのはアメリカ軍）が敢行されるのは１９４４年６月になってからである。結果的に、ソ連への依存は強まるばかりであった。帝国自治領・植民地の戦争貢献が大であったことも見逃せない（ただし、アイルランドは中立を堅持）。孤立無援のイギリスがドイツを打倒した、といった言い方は成立しないのである。

福祉国家、戦争国家

1940年夏に刊行されたベストセラーに、匿名ジャーナリスト3人（1人は後の労働党首マイクル・フット）による『罪深き者たち《ギルティ・メン》』がある。チェンバレンをはじめとする1930年代に君臨した政治家たち（＝「罪深き者たち」）がナチス・ドイツの脅威に対峙せず、戦争準備で後手に回ったため、イギリスは苦境に置かれることになった、との告発を趣旨とするこの本は、宥和政策の評価をネガティヴに方向づけるとともに、1930年代についての批判的認識を浸透させた。1930年代は恐慌と宥和政策という過ちの時代、失業が深刻化するばかりの時代として描かれ、人民が覚醒した1940年に対置されるのである。包括的な社会保障の青写真を提示したベヴァリッジ報告書（1942年刊）が広く歓迎されたのは、1930年代を克服し、より平等で公正な社会をつくらなければならない、という「人民の戦争」の経験を通じて培われた思いがあればこそのことだった。

こうした戦後の復興・改革への期待から導かれたのが、ドイツ降伏直後の1945年総選挙における労働党の地滑り的大勝である。チェンバレン政権の場合と違って、チャーチル政権は労働党の有力者が重要閣僚を務める（特に労働・徴兵相アーネスト・べヴィン）文字通りの挙国政権であった。戦間期の政治は保守党の優位で推移してきたのだが、チャーチル政権で内政をかなりの程度まで任された労働党の閣僚は総じて力量を発揮し、ここで得た信頼が高い個人的人気を誇ったチャーチルの敗北とアトリー労働党政権の成立を可能にした。アトリー政権は、鉄道、炭鉱、電力、等の国有化、国民健康保険制度の導入、ケインズ主義による完全雇用政策の実施を通じて、混合経済を基礎とする福祉国家《ウェルフェア・ステイト》を実現してゆき、こうした大枠は以降の保守党政権にも継承されて、戦後コンセンサスとして定着した（戦後コンセンサスが破られるのはサッチャー政権下において）。しかし、福祉国家化するイギリスは戦争国家《ウォーフェア・ステイト》でもあり、徴兵制は堅持されたし、1952年には核保有も果たされた。帝国の黄昏が語られる一方で、国際的な影響力の維持に意欲を示す戦争国家は防衛支出に多くの予算を充てるが、それは冷戦によって正当化された。ポンド・スターリングの危機は深刻であり、緊縮財政が国民に耐乏生活を強いる局面もあったものの、そして、アメリカ、ソ連の後塵を拝していることは明らかだったものの、イギリスはかろうじて大国としての地位を保ったかに思われた。しかし、西ドイツの戦後復興を牽引したコンラート・アデナウアーの認識では、イギリスは「財産をすべて失ったのにそのことをわかっていない金持ち」に他ならなかった。

英雄的な「人民の戦争」でナチズムの打倒に貢献した、といった「至上の時」の自画自賛が過大な自己評価を招いたことは、否定できない。とはいえ、「至上の時」の記憶に酔うことができた時間は長くなかった。帝国が急速に縮小し、スエズ戦争で屈辱を味わい、ヨーロッパ統合の動きに乗り遅れたイギリスでは、1960年代に入ると、「よき戦争」での勝利はなにをもたらしたのか、という切実な問いが浮上する。元アメリカ国務長官ディーン・アチスンのことばは耳に痛いものだった。「イギリスは帝国を喪失した。そして、未だに自らの役割を見出していない」。チャーチルが死亡したのは1965年1月24日、ちょうど「至上の時」の神話が説得力を失いつつある頃のことであった。

（小関　隆）

コラム 13

対日戦戦勝記念日（V－Jデー）

第二次世界大戦の欧州戦線は1945年5月7日にナチス・ドイツの無条件降伏、翌8日ドイツのジューコフ司令部において連合国への降伏文書署名で、終結した。したがって、欧州では5月8日を対独戦の勝利記念日（Vデー）としている。

ところが、イギリスには、第二次世界大戦の勝利記念日が二つある。5月8日のVデー、それに対日戦の勝利記念日（V－Jデー、日本がポツダム宣言を受け入れて戦争終結の玉音放送をした8月15日、あるいは日本政府および日本軍の降伏文書署名の9月2日）である。

どうして対日戦の勝利を記念するのだろうか。

20世紀の日英関係からも、見ていこう。イギリスは、20世紀の幕開け頃まで「光栄ある孤立」を伝統的な外交戦略にしていたが、ボーア戦争の結果、自国の戦力だけではとても維持できず、しかも独・仏・露の台頭により、外国と軍事同盟あるいは通商同盟を組むより方法がなかった。

日清戦争（1894～1895）に勝利し、ロシアの南下政策に危機感を抱いている日本と、清国における利権の確保とロシア南下を懸念していたイギリスとが1902年に同盟を締結する。ついで、日本が日露戦争に勝利した1905年の8月に第二次日英同盟を締結、11年に第三次日英同盟を締結する。第一次世界大戦に、日本は、日英同盟を名目に積極的に参戦する（当時、戦場となったヨーロッパ諸国では、「大戦争」「欧州大戦」と呼んでいたが、「世界大戦」という用語は、日本がこの戦いに参戦する理由として考案されたのだった）。終結の3年後の1921年、ワシントン会議で日・英・米・仏による、太平洋における各国領土の権益を保護する「四カ国条約」が締結され、それに伴って日英同盟の破棄が決まり、正式に効力を失うのは1923年である。

これ以降、日英間でさしたる厳しい対立はなく、東洋においても「パクス・ブリタニカ」の威光を欲しいままにしていたイギリスに、日米開戦時で決定的な軍事的屈辱を嘗めさせたのが、日本であった。ハワイの真珠湾奇襲攻撃（1941年）の3日後の12月10日、シンガポールを出港したアジア艦隊総司令長官のイギリス海軍大将旗を掲げた不沈戦艦プリンス・オブ・ウェールズと世界最大の巡洋艦レパルスが日本海軍航空隊によって脆くも撃沈されてしまった。世界に冠たるイギリス東洋艦隊の壊滅であった。

こうしたイギリス軍の屈辱を晴らすためか、日本の敗戦直後、天皇の命令で武装解除と停戦に応じた日本軍将兵が帰還した1946年7月以降も、イギリスは10万6000人を作業隊として、ビルマ、タイ、マレーシア、インドネシアなどに残留させる。イギリス管理下の旧日本軍将兵は、国際法上認められている捕虜以下の劣悪な待遇、つまり少ない食料と危険な作業を強いられ、もちろん、賃金も払われなかった。そのため、最後の送還が完了する48年1月までに、約9000人もの犠牲者を出したのである。戦後ビルマでイギリス軍捕虜として2年間激しい強制労働に服させられた会田雄次の『アーロン収容所』（中公新書）はこのことを詳らかにしている。

イギリス軍の捕虜ではなくて、イギリス占領下のビルマ、タイ、マレーシア、インドネシアでのB級、C級戦犯を審理する軍事裁判は、被告側に防衛権が認められず、残酷な判決だったようである。イギリス人の日本人に対する「怨恨」「人種差別」から生じた見せしめの「報復裁判」ではなかったか、という印象はぬぐいきれない。

（阿久根利具）

42 ウィンストン・チャーチル
――コモンセンスを信奉するファイター

ウィンストン・チャーチル（1874～1965）は言わずと知れたイギリスの政治家である。イギリス放送協会（BBC）が2002年に視聴者の投票に基づいて放映した「最も偉大なイギリス人」の中で堂々1位を獲得したほどの人物なので、チャーチル自身の手になる著作を含め、彼に関する評伝・研究書・モノグラフ・映像資料などは枚挙に暇がないが、ここではチャーチルの全体像を描くのではなく、彼の戦時指導者としての資質とその時代に焦点を当てて、人間チャーチルを素描したい。それにしても、彼の出自また思春期までの生い立ちを知らずしてチャーチルを理解できるとしたら、「三つ心、六つ躾、九つ言葉、文十二、理十五で末決まる」という箴言に反するので、そのことをざっとおさらいしておきたい。

出自と生い立ち

チャーチルはイギリス貴族のマールバラ公爵家の分家スペンサー＝チャーチル家に1874年長男として生まれた。父ランドルフはインド担当相や大蔵大臣を務めたほどのエリート政治家、母ジェニーはアメリカの富豪の娘で社交好きの浪費家である。政治活動に忙殺される父と社交界のパーティや海外旅行にうつつを抜かす母の下、幼いチャーチルの養育は一人乳母のエリザベス・エベレストの手に委ねられた。彼女が母代わりとして献身的に彼の幼児期を支え、チャーチルは全幅の信頼をもってそれに応えるが、他方、彼の乳母への独占欲が6歳年下の弟ジョンを日常的に泣かせるという行為に表れている。こうしたことが彼の幼少期の人格形成に少なからず影響を与えたことは疑いない。

しかし、それも長くは続かない。イギリス貴族の子弟は6、7歳で親元を離れて寄宿を伴う教育施設、いわゆるパブリック・スクールに通うのが通例で、チャーチルも例外ではない。彼は18歳までの間に3度学校を替えるが、最初のアスコットの学校生活は耐え難いものだった。ちょっとした悪ふざけの代償は臀部への籐のむち打ち（caning）20回で払うことになった。悪戯好きだったチャーチルの成績は同級生11人の中で最低、その上、体格にも恵まれない彼は病気がちのトラブルメーカーだった。後年、チャーチルはこの学校を退学することになって、心底嬉しかったと述懐している。

2番目のブライトンの学校では体罰もなく成績も向上したが、11歳の夏に重い肺炎を患い3日間生死をさまよったとのこと。この危機的状況を脱したチャーチルは、人が変わったように勉学に勤しむようになり、13歳の頃にはイギリス史、古代史、聖書史の成績は同学年中1位、地理と算術では2位と目覚ましい進歩を見せる。学業の躍進と並行して、政治家としての父ランドルフの仕事ぶりにも関心を寄せ始め、政治家のロールモデルとして父の存在を意識するようになる。彼の人格形成上の一大転機がブライトン時代にあるといえよう。次のステップは名門パブリック・スクール、ハロウ校への進学である。

ハロウ校時代のチャーチル

14歳でハロウ校入学を果たしたチャーチルは同校の軍事訓練隊に参加、勉学以上に軍事教練に熱中するが、ローマ史では同学年中1位を獲得したり、トマス・マコーリーの『古代ローマ詩歌集』を諳んじて見せたり、歴史への関心だけは持ち続けた。本人は大学への進学も考えていたようだが、学業成績が全体として振るわず、士官の道しか残されていない現実に直面した。1893年、私塾に通うなど猛勉強の末、3度目の挑戦でサンドハースト王立陸軍士官学校への入校が認められ、士官候補生として軍人の道を歩み始めることになる。その後、1895年1月、20歳のときに父の死に遭遇し、同年2月には第4軽騎兵師団の少尉に任官した。

若き軍人としてのチャーチルの歩みについては、それに該当する文献資料に当たってほしい。ただ、弱冠24歳の時、陸軍軍人の職を辞してオルダムの下院議員の補欠選挙に保守党から立候補し、落選した事実は銘記しておくべきだろう。なぜならば、ここに亡き父ランドルフと同じ政治家の道を歩もうとする彼の意思が感じられるからである。

戦う指導者チャーチル

「悲観主義者は／すべての好機の中に／困難を見つけるが／楽観主義者は／すべての困難

の中に／好機を見いだす」、「血と労苦と汗と涙のほかに／私が差し上げられるものはない」、「敵がいる？／素晴らしい／それはつまり／あなたが人生において／何かに立ち向かっている／という証だ」、「絶対に屈服してはならない／絶対に／絶対に／絶対に！」（「ウィンストン・チャーチルの名言」http://iyashitour.com/archives/20861から引用）

これらは第二次世界大戦の戦時指導者としての矜持を示す言葉であり、ヒトラー下のナチス・ドイツがフランスを実質的に制圧した後の「見せかけの戦争」（phony war）状態を克服し、弛緩した国民感情を奮い立たせて来るべき対独戦争の厳しさに備えるよう訴えかけ、イギリス国民をその気にさせた言葉でもある。その簡潔さと強さと修辞法において、戦時指導者として面目躍如たるものがある。チャーチルはこうした言葉の力、表現する力をどこで身につけたのだろうか。それはハロウ校時代の一人の英語教師にあるといえよう。彼の指導を通して英詩や歴史的名著の奥深さに気づかされたチャーチルの読書量が、この時期以降、飛躍的に増えていった。こうした素養があって初めて可能な国民へのアピールだったのである。

このいわゆる「バトル・オブ・ブリテン」以前のイギリスの首相チェンバレンはチャーチルとは180度異なる対独政策を追い求めていた。度重なるドイツの強圧政策にもかかわらず、ヒトラーを宥めすかすことによって自国の安全、ひいてはヨーロッパの相対的な平和を担保できると夢想したのである。チャーチルはヒトラーの野望の広がりを軽視するチェンバレン内閣の弱腰姿勢を激しく糾弾するが、いかんせん彼の声は「戦争屋」とレッテルを貼られることはあっても、耳を傾ける者がごくわずかしかいないそんな弛緩したムードが蔓延していた。その結果が対独宥和の象徴「ミュンヘン合意」として結実する。その後、ドイツによるズデーテンの併合、ポーランドへの最後通牒、ベネルックス3カ国の制圧などめくるめくような状況の深刻化にもかかわらず、英仏海峡を隔てた対岸の大国フランスがドイツと休戦協定を結び、実質的にドイツに蹂躙されるまでこの対独宥和ムードは変わらなかった。つまり、ここに至ってようやく宥和政策の間違い、チャーチルの正しさに気づかされたのである。ベルサイユ講和条約以降のドイツの跛行的な動きを歴史に対する洞察力に裏打ちされた目で俯瞰し得たチャーチルは、この時代の指導者として抜きんでた存在だったといっても過言ではない。

しかし、チャーチルはその資質ゆえになるべくして戦時イギリスの指導者になったとするならば、それは少し違うと思う。逆説的な言い方だが、ヒトラーが時代の申し子だったと同じように、チャーチルもまた時代の申し子だった。ドイツの場合は屈辱的なベルサイユ講和の桎梏からの解放を追い求める中で、その解放欲求が膨張主義的欲求へと変質して行ったのだが、ある作用はそれに対する反作用を必然的に招くように、イギリスの場合は自国の存立すら危ぶまれる危機的状況に直面して初めて、それに敢然と立ち向かう臍を固めたのだった。その意味で、時代がドイツをしてヒトラーという怪物的な指導者を生み出させ、その同じ時代がイギリスをして最終的にチャーチルという豪腕の指導者を選ばせたといえよう。

第二次世界大戦期のチャーチル

チャーチルもヒトラーもともに負けず嫌いのファイターである。違いはチャーチルがコモンセンスの持ち主だったことにある。歴史への造詣が深かったチャーチルには悠久の歴史の中での人間の営みに対する共感がある。可もなく不可もない人間が相互に争わず、可能な限り社会的公正が実現され、平和裡に暮らせる社会を理想とする人だった。つまり、人間は機械的・唯物的存在ではないとする彼の哲学観・倫理観がヒトラーを毛嫌いさせ、後年スターリン下のソ連を忌避させたのである。

とかく自意識の強い人、自信のある人がそうであるように、チャーチルには柔軟性に欠けるきらいがある。戦時には必須の他を圧する強い指導力は国民の圧倒的な支持を引き寄せる一方、平時にはその同じ指導力が独りよがりな独善性と理解され、国民が離反する場合が少なくない。戦後の第二次チャーチル内閣のときがそれに当たる。米ソが冷戦の只中で激しく覇権争奪戦を繰り広げていたこの時期、チャーチルのかたくなな反共的姿勢は多くの国民から疎まれ、最終的には下野せざるを得なかった。長年の腹心の友の意見にさえ耳を貸さなくなったといわれている。寄る年波で頑迷固陋《ころう》な爺さんになったせいだろうか。それでは一面しか見ていないことになる。

チャーチルは、戦時にカリスマ性を発揮する指導者が平時においては優れた指導者とは限らないことを示す好例である。それを彼の幼少期から生涯をつらぬく「わが道を行く」的性向に帰するのは間違いだろうか。

（佐藤恭三）

43 「ゆりかごから墓場まで」
――福祉国家の後は？

「ゆりかごから墓場まで」(from the cradle to the grave) は、第二次世界大戦後のイギリス労働党が掲げた社会保障政策に関するスローガンで、国家が国民に対し、最低限ではあれ、出生から死亡まで生活保障する福祉国家政策の別名である。その内容は、『ベヴァリッジ報告書』(1942) で示され、アトリー内閣で採用された。その後、主要諸国の社会保障政策の指針となったが、やがてサッチャー首相によって否定された。今日では、このスローガンは使われなくなったが、福利の追求が止まったわけではない。

イギリスの福祉は、近世以降、国家による救貧と民間によるチャリティの二本柱で展開されてきた。国家による救貧の歴史は、16世紀におけるイギリス国教会の成立 (1534) を契機とした。救貧法により、教区教会を窓口として、働けない子供、老人、障害者、病弱者を対象とする救済を行った。エリザベス救貧法 (1601) と新救貧法 (1834) がよく知られている。前者は教区教会を舞台に、ジェントルマン (大地主) による無償の活動を伴って実施された。無償の活動は、救済が神の教えにかなうという慈善の側面だけではなく、地域社会の治安維持にとっても不可欠であった。後者は、新しい産業の発展と農村失業者の都市への流入と産業労働者化に後押しされて登場した。新興の企業家たちは自立自助、自己責任の理念と、貧困を各人の道徳的責任とみなす倫理観を持っていた。働けない人びとは救貧法によって救済するが、働ける人びとには懲治院の外での救済を認めず、懲治院に入る（救済内容は、「最下級の労働者以下」の待遇とする）ことを条件とし、拒否する人びとを排除した結果、救済費用は節約された。

救貧問題が再び脚光を浴びた契機の一つは、C・ブースが『ロンドンにおける民衆の生活と労働』の調査報告書（1889～1903）を出し、貧困は個人的な資質によるのではなく、社会が生み出す問題であると客観的に証明したことによった。イギリス全土の大都市における人口の約30％が貧困状態にあるという衝撃的な報告は、制度的な救済を促した。国家による対応は、例えば、アスキス自由党政権による無拠出の老齢年金制度（1908）や、国民保険法の制定（1911）にみられた。

他方、民間によるチャリティの歴史を振り返ると、救貧法と同じ1601年に慈善信託法が整えられ、ジェントルマン（大地主）によるチャリティが促進された。チャリティは救貧法が行き届かない領域で機能し、救貧、宗教の振興、教育の振興、その他の公益活動を含んでいた。いわゆる産業革命の結果、景気の波によって大量の失業者が溢れた。チャリティ委員会とチャリティ法の成立（1853）により、旧弊が改められた。国民的な豊かさを背景にチャリティブームが到来し、慈善組織協会COS（1869）が結成された。失業者の内、就労意欲のある者はリスペクタブルな労働者として救済された。また、看護や医療、住宅などはボランタリーな活動で始まり、やがて政府が介入し、引き受けることになる。

チャリティに加えて、開明的な企業家による工場住宅村や、労働者自身の相互扶助的な自助組織の発展も見られた。友愛組合や年金・住宅組合が作られ、健康・失業保険、老齢年金など、一定の範囲ではあるが、企業福祉と自助努力が行われ、労働者の生活の安定が図られた。

単なる救貧から国家による生活保障への転換を導いた一人は、経済学者のW・H・ベヴァリッジ（1879〜1963）であった。前出の『ベヴァリッジ報告書』（1942）は、社会保障制度拡充のための一連の報告であり、第二次世界大戦後の社会保障制度の設計図となった。報告書は「ナショナル・ミニマム」を根幹とし、あらゆる国民を対象に最低限の生活保障を行うことを国家の義務とみなした。このような制度の実現には、国民的な合意が不可欠である。

イギリスは階級社会をなすが、その階級の違いを超えた国民的な合意形成には、しばしば対外戦争が媒介となる。第二次大戦中のチャーチル（保守党）の挙国一致内閣（1940〜1945）においては、アトリーは労働党首でありながら副首相（1942〜1945）であった。対独戦勝利の後、1945年7月選挙において労働党が大勝、アトリー労働党政権が成立した。国民は第二次大戦の英雄チャーチルよりも、アトリーの福祉国家構想を選択したのである。

アトリー政権はこの構想の実現へと取り組み、1946年国民が原則無料で医療を受けることができる国民保健サービス法と、国民が老齢年金と失業保険を受け取ることができる国民保険法を制定、また、1948年には生活困窮者を扶助する国民扶助法（救貧法の廃止）と青少年を保護する児童法を制定した。これらの政策により「ゆりかごから墓場まで」と呼ばれる社会保障制度が確立され、1960年代末には世界に誇る福祉国家となった。

このようにイギリスでは公益的な課題に対し、まずは民間で自発的に取り組み、民間的な取り組み内容の意義が広く認知され、かつ、活動に限界があると分かれば、しばしば国家が乗り出すという伝統がある。福祉国家成立の背後には、救貧活動を行う国家と多様な公益活動を主体的に担う民間の活動があった。

だが、充実した社会保障制度や基幹産業の国有化等の政策による負担の増加、国民の勤労意欲低下、既得権益の発生等の諸問題が生まれ、１９６０～１９７０年代のイギリスは、労使紛争の多さと経済不振のため、他のヨーロッパ諸国から「ヨーロッパの病人」とか「イギリス病」と呼ばれた。税収不足は財政を圧迫し、深刻な問題となった。

この課題に挑戦したのがサッチャー首相であった。１９８０年代から１９９０年まで、サッチャー保守党政権は福祉分野も含む、あらゆる分野に自由競争と利潤原理を導入し、財政赤字の削減を図り、社会保障支出削減のための諸改革を試みた。充実した福祉がもたらした勤勉さや勤労意欲の喪失に対し、サッチャーは「社会なんてものはない。個人としての男がいて、個人としての女がいて、家族がある。ただそれだけだ」と社会への依存を非難した。サッチャー政権の新自由主義政策で経済は活性化したが、他方では、国民保健サービスは機能不全に陥り、格差の拡大、若年層の失業増加、犯罪増加など社会の荒廃をもたらした。後継のメージャー首相も福祉改革を進め、１９９３年に施行されたコミュニティケア法は特に老人福祉サービスの姿を一変させ、自治体による直営サービスを縮小、民間企業や非営利組織の活用を志向した。だが、「小さな政府」をめざした新自由主義政策によっては、高い失業率の改善はなされず、経済格差の拡大が見られた。

１９９７年に登場した労働党のブレア政権は、18年間の保守党政権下において、社会保障費が80年代から増大し、歳出の33・7％（１９９５）を占めているにもかかわらず、所得格差は拡大し、単身家庭などの中には社会保障給付金に過度に依存する層が少なくないなど問題点を指摘したうえで、福祉改革に取り組んだ。「福祉から就労へ」というスローガンの下、職業訓練、就労斡旋等を通じて働くことが可能な人には極力就労を促し、積極的な雇用促進策、就労促進的な制度への見直し等を打ち出した。人びとの活力を活かし、行政・企業・人びとが共同で働く場を創出するパートナーシップを提唱し、技術革新と教育を重視する「新産業主義」を唱えた。それは福祉国家への回帰ではなく、新自由主義の継承でもない、「第三の道」とされた。だが、福祉・教育予算の拡充による荒廃した医療や教育の立て直しに充分に成功したとは言い難く、理念として提示した社会的公正の内実は、「思いやりのある保守主義」に過ぎないと揶揄された。

２０１０年に政権に就いた保守党キャメロン首相の下では「大きな社会」の構築が掲げられ、より多くの権限をボランティア団体、コミュニティ・グループ、地方政府などに与え、貧困や失業に対応していくと主張された。ブレア政権同様、17万を超えるチャリティ団体を活用して、低所得層に配慮できる、より効率的な対応を想定している。ブレア時代と比べ公的財源への依存度を下げようという姿勢がみられる。

具体策として、低所得層向けの給付制度を統合する「ユニバーサル・クレジット」（基本的な所得保障部分である基礎手当と、子供や自身の障害の有無、住居や介護責任の有無などを考慮する付加手当で構成される）の導入がなされている。制度の簡素化により、就労が給付の受給よりも利益になることを明確に示すとともに、罰則の強化などで就労促進をはかり、さらに不正受給や誤給の防止を目指すものである。新規申請者を対象に２０１３年から適用を開始し、17年までには既存の制度からの移行を完了させる計画である。

実際にはどの程度の給付が得られるのだろうか。基礎年金のみの単身者で30年の満額資格であれば、年額約５６００ポンド（約70万円、２０１６年現在）。これに第二年金や職域年金等が加わる。平均的労働者が退職した場合には公的扶助、公的年金、私的年金、住宅手当を受給することができ、その額は週あたり２３１・57ポンド（約３万円）となる。世帯単位での上限は年間２万６０００ポンド、週５００ポンドとされている。イギリスの場合、国民保険の中には、公的年金のみならず、老齢、障害、死亡、傷病、出産、失業、労働災害といったリスクを含んでいる。国の歳出額の内「社会保障費」は３９３０億ポンドで、歳出総額の53・７％（２０１４年度）、名目ＧＤＰの22・８％を占めている。この数字は、日本のそれと比べて歳出に占める割合は約20％大きい（日本の社会保障費はＨ26年度で30兆１７０９億円、歳出の30・５％。ただし、２０１１年ＯＥＣＤ統計では、対ＧＤＰ比で両国は約24％でほぼ同じ）。イギリスの場合、ＮＨＳ（国民保険サービス）でまかなう医療費は依然として無料である。順番待ちはあるものの、癌または心臓の手術、術後の薬や治療もすべて無料である。若い女性は妊娠するとアパートまたは家を無料であてがってもらえ、毎月手当を貰える。ゆえにシングルマザーが大変多い。そのためか、他のＥＵ諸国から、また難民がいろいろな方法でイギリス入国を試みている。

イギリスに対する人びとの信頼感の背景には、政府は福祉国家とはいわないものの、今なお、金銭的理由で誰も餓死することがないように、最低限であれ、すべての人びとの生存権を保障しようと努力をしていることに加え、民間の自発的公益活動（チャリティなど）が長い歴史を通して今日まで脈々と息づいていることがあると考えられる。

（岡村東洋光）

44 イギリスの民衆運動
――接続する民衆運動

これまで我が国で紹介されてきた19世紀のイギリスの民衆運動の多くは失敗した運動であり、近現代の民衆運動の主流はそうした失敗を糧として発展してきたのである。

まず、1820年代から1830年代にかけてロバート・オウエンの思想の影響を受けた生活協同組合が設立されたが、主として生産協同組合であったこと、信用買いを認めたことなどの理由により短命に終わる。

これに対して1844年に設立された「ロッチデール先駆者組合」は消費者協同組合であり、信用買いを認めないこと、購売高に応じた割り戻し制などを採用した。この試みは成功し全国に広がった。この団体は「生協グループ」として現在も存続し、時代の変化に即応して銀行・保険・旅行業などにも進出した。2015年の時点で、その売上げは93億6000万ポンドに達している。また、種々の社会貢献活動を行い、後述するフェアトレード運動の拡大に大きな役割を果たしている。

1830年前後に、紡績業、炭鉱業、農業などで初期労働組合運動が盛り上がった。しかし、まだ組織が確立する前にストライキを行ったため、経営者の攻撃のために短命に終わった。1850年代に登場する機械工、建築労働者などをメンバーとする「新型組合」は熟練労働者のみから構成され、失業手当その他の共済給付を備えたいわゆる「労働貴族」の組合であった。経営者はこれらの組合もつぶそうとするが失敗する。

この結果、経営者の一部は労働組合と共存しようと考えるようになる。また、彼らは、ジェントルマンが支配する当時の政治のあり方に批判的であった。そこで、彼らは、政治改革の実現のための重要なステップとして上層労働者の選挙法改正運動を支援し多額の資金援助を行った。

労働組合の側も彼らを良い経営者とみなしていた。また、1830年代から1850年代にかけて成年男子普通選挙権などの6項目からなる人民憲章を掲げ、議会外では大いに盛り上がりを見せたが議会内にほとんど協力者がいなかったために失敗に終わったチャーティスト運動の挫折の経験を踏まえて、労働組合の法的地位を向上させる法律を議会で成立させるためには、良い経営者の協力は不可欠であると考えていた。

都市選挙区の労働者に選挙権を与えた第二次選挙法改正は、そうした両者の協力関係の成果であった。さらに、この運動は、民衆運動が志ある資産家から援助を受け財政基盤を安定させたという点、労働者が自分たちの要求を議会を通じて多少なりとも実現できる道が開けたという点で、その後のイギリスの民衆運動史に大きな影響を与えるものであった。

第二次選挙法改正後、労働組合運動の指導者たちは、自由党と全面的に協力して議会で自分たちに有益な法律の実現をめざし、かつ、自由党から立候補するいわゆるリブ＝ラブ主義を基本方針とした。1868年に成立し、その後のイギリス労働組合運動の司令塔となるイギリス労働組合会議の執行委員会は、1921年まで議会委員会という名称を採用していた。

1880年代にいわゆる「社会主義の復活」が起こり、その影響を受けて非熟練労働者をメンバーとするより戦闘的な「新組合」が登場した。ただし、「旧組合」と呼ばれるようになった資金力・組織力で優位にあった熟練労働者の組合と「新組合」とはお互いに影響しあいながら共にイギリスの労働組合運動を担うことになる。

1890年代には経営者の労働組合に対する攻撃が強まったためリブ＝ラブ主義に対する批判が生じた。その中心人物ケア・ハーディーが1893年に独立労働党を結成したが、1～2議席しか得られなかった。また、一部の労働組合会議のメンバーが1900年に労働代表委員会を結成した。ただし、年末の総選挙で当選したのは2名に過ぎなかった。

しかし、1906年の総選挙では、事前に自由党と政策協定を結び小選挙区での共倒れを避けたことなどにより一挙に29名の当選者を出し、労働党と改名する。その後、労働党は自由党と協力しながら労働者の地位の向上に一定の成果を挙げて勢力を拡大し、自由党の分裂に助けられて1918年の総選挙以降は二大政党の一角を占め続けるに至る。また、労働組合会議は労働党の最大の支持基盤であった。

労働組合の中には、労働組合会議の方針に反発する動きも存在し、ストライキによる国家権力の打倒を目指すサンディカリズムの影響もあってストライキが続発することになった。1926年5月4日に労働組合会議は傘下の組合に一斉ストライキ、いわゆるゼネストを呼びかけるが9日間で敗北する。その後、労働組合会議は、再度議会主義の立場を取ることになる。

サッチャーの首相就任以前のイギリスはストライキが頻発することで有名であったが、それは一部の戦闘的な労働組合、正式の協約なしに職場がストライキに入る「山猫ストライキ」、直接関係のない組合ストライキを行う「同情ストライキ」によるものであった。サッチャー首相はこの種のストライキを禁止するなどの改革を行い労働組合の弱体化を狙った。しかし、イギリスの労働組合員数および組織率は西ヨーロッパの国の中では今でも高い方である。

先に触れた改革連盟の議会および心ある経営者などと協力して運動を拡大するという方針は、現代の民衆運動に生かされることとなった。1895年、入会地の保存に努めていた社会運動家オクタヴィア・ヒルと弁護士ロバート・ハンター、「湖水地方の番犬」と呼ばれていた国教会の牧師ハードウィック・ローンズリィの3名により、ナショナルトラストが自然景勝地、史跡をそこに住む動植物も含めて国民のために保全することを目的として設立された。

その際、注目すべきことは資産家、政治家、学者などの支援を取り付けたことである。初代総裁には、当時、イギリス最大の地主であったウェストミンスター公爵が就任した。また、彼以外の貴族、当時の首相ローズベリーら有力政治家、オックスフォードやケンブリッジをはじめとする有名大学、王立芸術院などが参加したのである。その結果、この団体の信用は高まり、資金は豊かであった。

そして、ナショナルトラストは豊富な資金を活用して保存に値するとみなされた地域、建物などを購入した。また、1907年に始まる一連の法律によりトラストの資産を譲渡不能とすること、貴族が自分の住むカントリーハウス、美術品等をナショナルトラストに譲渡した場合相続税が免除されるなどの優遇措置を獲得したのである。

ナショナルトラストは、その後、いまやイギリス最大の観光地となった湖水地方などの自らの所有

ナショナルトラストのロゴ

地を観光資源として活用し、観光の際の特典が付いた会員証を発行する、所有する農地で農産物の生産と販売を行うなどの事業を行って組織を急速に拡大した。２０１５年の会員数は４２４万人に達している。２０１４会計年度の収入は４億９４００万ポンドにのぼり、２５５０平方キロメートルの土地と１１２６キロメートルの海岸線を所有するイギリス一の土地所有者となったのである。同時に、その活動は２０１４会計年度で６万２０００人にのぼるボランティアに助けられている。ナショナルトラストの成功は種々の階層の協力が民衆運動の持続的発展の鍵であることを示している。

ナショナルトラストほど有名ではないが、イギリスが世界をリードしている運動としてフェアトレード運動がある。１９４０年代にメノナイト派のキリスト教徒たちによって創始されたこの運動は、開発途上国の生産者の製品をプレミアム付きの価格で買い上げ、同時に、技術、経営などに関して指導を行い、品質の向上と流通の整備により先進国市場での販売を拡大し、生産者の生活の向上を目指すものである。

メノナイト派の運動およびその影響を受けたヨーロッパの運動は手工業品が中心であったため、大きな広がりを見せなかったが、１９９７年に国際フェアトレード認証機構が発足すると運動は急速に拡大した。その先駆者となったのが１９４３年に創立されたイギリスの巨大ＮＧＯオックスファムの手によって設立されたカフェダイレクトである。この団体は独自のフェアトレードマークをつけたコーヒーを生協およびスーパーマーケットで販売し、急速に売り上げを伸ばしたのである。

この団体はスーパーから寄付を受けたわけではなく、販売網を利用して売り上げを伸ばしたのである。またカフェダイレクトの売り上げは、２００７年にはイギリスのコーヒー販売会社の中で第５位にランクされるようになった。その後、フェアトレード商品を扱う業者は拡大し、表１に見るようにイギリスのフェアトレード商品の売り上げは、主要なヨーロッパの国の中で群を抜くものとなったのである。

表1　2014年フェアトレード製品売り上げ

国名	売上高
イギリス	2,077,169,843
ドイツ	830,000,000
スイス	384,636,196
フランス	380,391,290
イタリア	90,002,000
スペイン	25,431,441

FTOの2014年度活動報告書に基づいて筆者が作成。
この数字はフェアトレード製品のヨーロッパ主要国におけるユーロに換算した売上高である。アメリカ合衆国に関するデータはなかった。

最近では、フェアトレードを支援する決議を採択すること、会議、オフィス、食堂でフェアトレードのお茶やコーヒーを出すこと、人口に応じて一定数のフェアトレードの店を置くこと（人口1万人以上の場合は２５００人に1軒、50万人以上の1万人に1軒）などを要件とするフェアトレードタウン構想が世界的に広がっている。この運動もランカシャーのガルスタングから始まった。また、フェアトレードタウンの数もイギリスが圧倒的に多い。

種々の階層が協力して、具体的な成果を長期にわたってあげるイギリスの民衆運動から学ぶべきことは多い。

（佐喜眞望）

45 イギリスとヨーロッパ統合

――終わらない困難な関係

第二次世界大戦後のイギリスは、帝国が解体へと向かうなか、国家戦略および自らのアイデンティティをいかにしてヨーロッパ統合と結びつけるか模索した。また、欧州連合（ＥＵ）の前身である欧州共同体（ＥＣ）加盟を果たした１９７３年以降も、ヨーロッパ統合の深化に躊躇をみせるイギリスは大陸諸国との摩擦を起こし続けてきた。さらに21世紀になると、ＥＵ脱退をも主張する欧州懐疑派とよばれる勢力が議会で勢いをもつなど、ヨーロッパ統合問題はイギリス政治における論争の的となる。そしてついに２０１６年６月の国民投票において、ＥＵ離脱支持が過半数を上回る結果となったのである（51・９％）。

１９５１年に創設が合意された欧州石炭鉄鋼共同体（ＥＣＳＣ）に対してアトリー労働党内閣はイギリスの不参加を決めるが、経済政策の根幹にも関わる重要産業の管理権限を超国家機構に委譲できないことをその理由にあげた。またイギリスの人びとにとって、三大国の一員として大戦に勝利し、なおも帝国を抱えるイギリスがヨーロッパの「単なる一国」になるようなことは想像しえなかったのであろう。その後１９５８年になると、大陸６カ国は欧州経済共同体（ＥＥＣ）を結成する。これにイギリス政府は、コモンウェルス諸国をはじめ世界規模に広がったイギリスの貿易関係と、ＥＥＣが目指す関税同盟とが相容れないとして不参加を表明した。しかし61年、保守党マクミラン政権は、外交的影響力の低下や、西ドイツをはじめ大陸諸国と経済成長率に差がつきはじめたことへの危機感からEEC加盟申請を行う。これに対して、「特別な関係」にある英米が欧州統合を乗っ取ると警戒したフランス大統領ド・ゴールは拒否権を行使した。その後60年代末になりイギリスは、国際通貨ポンドの放棄、「スエズ以東」とよばれた中東や東南アジアをはじめとする欧州外の軍事関与の断念など帝国の最終清算へと追い込まれる。そして、ヨーロッパの一員として政治的、経済的影響力を維持するよりほかないと認識した労働党ウィルソン内閣は再度、EEC加盟を申請するのであった（1967）。この申請も拒否されるが、1973年になってついに、ヒース保守党政権の下でイギリスはEC加盟を果たした。政権交代後の1975年には国民投票が実施され、加盟支持票が67％を得る。欧州統合への参画をめぐる論争に「終止符が打たれた」かに思われた。

ところが、加盟後もイギリスはヨーロッパ統合に積極的になったとはいえなかった。1979年に誕生したサッチャー保守党政権は、国際政治舞台ではアメリカとの「特別な関係」復活を演出する一方、経済面では新自由主義革命を先導しながらグローバリゼーションの流れにイギリス経済を積極的に適応させようとした。特に、ロンドン・シティの国際金融センターとしての地位復活が顕著となった。ECとの関係では、財政問題や共通農業政策をめぐってブリュッセルの欧州委員会や大陸諸国と対立する一方で、欧州市場の自由化を推進するとして単一議定書（1987）は支持した。しかし、通貨統合や社会・労働政策の共通化に反対し、また冷戦終結後の、独仏関係が基軸となる統合欧州のあり方には激しい反発をみせたのである。後任の首相メイジャーは、EU発足に向けたマーストリヒト条約交渉において、イギリスの通貨統合参加への留保や共通社会政策での例外扱いを得ることができた（1992）。しかし、欧州為替相場メカニズムからのポンド脱落（1992）や狂牛病問題（1996）でのEU方針との対立などを通して、保守党内部ではEU政策をめぐる亀裂が深まっていった。また92年ポンド危機では、「ユーロ導入は主権国家イギリスの終焉である」といった反対論にみられたように、統合推進への国民の不安が反EUナショナリズムに転化する兆しがみられたのであった。

このように混迷をみせはじめた保守党に対して、ブレア労働党内閣は97年、産業競争力低下を招くとの反対があったEU共通社会政策への参加を決め、同時にヨーロッパの経済をグローバリゼーションに対応させるべくイギリスが指導力を発揮する意欲を表明した。また外交・安全保障でもEU協力に積極姿勢へと転ずるとの期待もあがった。しかしブレア政権は統一通貨ユーロへの参加を見送り（2003）、翌年には欧州憲法条約批准の国民投票を提案したことによってメディアでの反EUキャンペーンを勢いづけ、欧州懐疑派が政党政治で存在感を増すきっかけをつくったといわれる。さらに2003年のイラク戦争では大陸諸国と深刻な対立に陥り、またEU予算や共通農業政策改革をめぐる論争のように、欧州経済をより開放的方向に引っ張ってゆこうとするブレアの考えはEU諸国の広い賛同を得られなかった。

2010年総選挙ではキャメロン率いる保守党が政権復帰したが、その年のギリシャ債務不履行危機に端を発したユーロ危機以降、党内では欧州懐疑派の勢いがさらに増すことになった。また2013年、2014年の欧州議会選挙や地方選挙ではEU脱退を求める英国独立党（UKIP）が躍進をみせた。2015年5月総選挙に勝利したキャメロンは、UKIPや保守党内の欧州懐疑派を抑えつつ、他方で、国際金融センターロンドン・シティの活動保護といったユーロ不参加国の利益維持や独自の移民規制をEU各国に認めさせるテコとするべく国民投票実施に踏み切ったのであった。

イギリスの外交的影響力と経済力を維持するためにいかに欧州統合プロジェクトに関与すべきか、戦後の歴代政権は模索を続けてきた。イギリスの場合、その模索において、ヨーロッパとのつながりとグローバルなつながりとのあいだでバランスをどのようにとるかが大きな論点になるのであった。21世紀に入っても、イギリスにとって統合の深化が経済や外交上マイナスになるとの批判が多々なされている状況は変わらなかった。アメリカやコモンウェルス諸国、成長するアジアとの経済・金融関係強化にとってEUが妨げになるとの声はたびたび上がった。また、英米関係を軸にしながら、世界情勢に軍事的、外交的関与をしようという姿勢も大きくは変化しなかったのである。

もうひとつ、イギリスとヨーロッパ統合との関係が複雑であり続けた要因として、人びとの歴史に対する認識とそれが基盤となっているアイデンティティの影響をみなければならない。イギリスの歴史とは（イングランド中心史観であるが）、16世紀のスペインやナポレオンのフランスなど強大な大陸勢力から主権を守りつつ、誇るべき議会制度や法の支配を発展させ、かたや大洋を越えて世界帝国を築いたものなのであると。また、20世紀に入っても、ドイツやソ連が覇権を握らないようにするために、イギリスは大陸に関与してきたのだと。こうした歴史観に支えられた「他者としてのヨーロッパ人」という言説が人びとのあいだに根強く残るまま戦後イギリスは、ヨーロッパ統合と自らのアイデンティティとをいかに結びつけるか逡巡してきたのである。

こうした政治・外交的、あるいは経済的利害の不一致や、歴史を背景にしたアイデンティティの問題を抱えながらヨーロッパ統合の深化と摩擦を起こしてきたイギリスであるが、21世紀になって政治論争の焦点に統合問題を据えてしまい、そこに政党政治の力学が作用するなか実施された国民投票の結果、ＥＵ離脱となったのである。２００８年リーマンショック以降の緊縮政策やユーロ危機後のドイツ主導のＥＵ経済の管理は、とりわけ経済格差や競争にあえぐ人びとにナショナリズム感情を抱かせ、イギリスの政治的、経済的主権や利害がＥＵによって侵害されているとの主張への支持を広めることとなった。さらに、２０００年代に入ってＥＵに新規加盟した東ヨーロッパ諸国からの移民流入に対する反発は、皮肉にもイギリスが主導してきたグローバリゼーションから恩恵を受けるのが難しい地方住民、高齢者、低所得者層をＥＵ離脱支持の中心にしたのであった。

2016年6月の国民投票を前に、雑誌は次々とEU問題を特集にした

　国民投票を受けてＥＵ離脱手続きがはじまるが、モノ・カネ・サービスの自由な流れを維持しつつ、その一方で経済規制や社会政策で独自路線をとり、ヒトの移動をコントロールできるようなＥＵ・イギリス関係を、都合よく実現させることが果たしてできるのであろうか。さらに、ヨーロッパの金融センターたるロンドンの地位も先行きが不透明になりつつある。またアメリカにとっては、ＥＵ経済圏の窓口として、あるいは外交的には大西洋

両岸の橋渡し役としてのイギリスがもつ役割がなくなれば、米英「特別な関係」を見直す契機となるかもしれない。

さらに、6割以上がEU残留を支持したスコットランドでは、連合王国からの独立を問う住民投票を再度実施しようという動きがみられる。また、北アイルランドとEUの一員であるアイルランド共和国とのあいだで経済活動やヒトの移動に障壁ができることになれば、アイルランド和平のあり方を問い直す議論さえ出てこよう。つまり、連合王国解体というシナリオも荒唐無稽なものとは言い切れなくなりつつある。その一方で、イギリスの離脱が他の国々の離脱ドミノを誘発し、EUが根底から揺らぐことになれば、イギリスと大陸との関係は別な局面を迎えよう。また、グローバリゼーションがさらに進み、それを活かして北米、コモンウェルス諸国、中国やインドなどとの経済関係を強化することでイギリス経済が活力を保つ可能性を皆無だと断言してしまうのも尚早かもしれない。

（山口育人）

46 サッチャリズム
――政策・思想とスコットランド・LGBTから見る

マーガレット・サッチャーとサッチャリズム

マーガレット・サッチャー（1925〜2013）はイギリス史上初の女性首相であり、20世紀最長となる在任期間（1979〜1990）を務めた。1980年代はサッチャー時代とも呼ばれる。サッチャリズムというタームは直接的には経済・社会政策を指し、広義には基本となる思想・哲学や手法を含み、それゆえに強烈な個性とともにイズムと称される。

彼女は約11年に及ぶ長期政権において数々の改革を断行し、イギリスという国家、国民あるいは社会を様々な意味において大きく変革・変容させた。サッチャリズムの最も中心に据えられた政策は、戦後より1970年代まで発展・推移し後に経済停滞の象徴ともいわれる福祉国家に対峙するものである。肥大化する福祉国家を解体し依存文化を批判、それに代わる新自由主義の諸政策、すなわち市場原理を導入し民営化や規制緩和を推進した。国有化されていた鉄道・通信・航空なども次々と事業民営化され、伝統的基幹産業であった炭鉱業や鉄鋼業などの閉鎖や合理化が進められ、法改正による労組の弱体化、公的扶助や社会手当の削減・受給資格制限など福祉の減縮などが実行された。

マーガレット（旧姓、ロバーツ）は、イングランドのリンカシャー、グランサムで中流下層階級に位

首相官邸前で手を振るサッチャー（1979年）
［提供：AFP＝時事］

置する食料品店を経営する家庭に長女として生まれ、後に市長にもなる厳格なメソジストである父親に大きな影響を受けた。商家の質素倹約や自助努力の精神は後のサッチャリズムの基本哲学ともされる。オックスフォード大学卒業後、29歳で保守党下院議員に初当選し、のち１９７０年には教育省大臣、１９７５年に党首、１９７９年には英首相となるが、その１９６０～１９７０年代当時のイギリスは旧植民地の独立やアメリカの台頭という状況下、経済的停滞、公共ストによる国民生活のマヒなど相対的に弱体化が進んでいた。その立て直し・経済活性化のために政策だけでなく基盤となる思想・哲学をも打ち出したところがサッチャリズムの特徴ともいえる。強い国家・強い個人像を目指し、大英帝国時代およびイギリス人としての誇りを国民に喚起し、ヴィクトリア時代の価値観である自助努力や道徳的な伝統的家族像などを訴え、国民の大きな支持とともに意識を変えていった。集権化を進めイングランド中心主義を推進した。対外的には国際社会におけるイギリスの国家としてのプレゼンスを高めた。１９８０年就任のアメリカ・レーガン大統領とは「特別な関係」と称して強固な関係を築き、フォークランド紛争（１９８２）では勝利に導いた。彼女は強い意志ゆえ「鉄の女」と呼ばれるが、これはケンジントン演説をソ連国防省機関紙が揶揄したもの（1976）を逆手に取ったものである。1985年就任のゴルバチョフ大統領とは対話を通じ冷戦時世界を主導し影響力を強め、後にはソ連崩壊、ロシア誕生による冷戦終結、新たなグローバリゼーションの段階に世界は入る。一方で当時進められた欧州統合（後のEU、1993）については終始懐疑的で反ヨーロッパの強硬姿勢を貫いた。

サッチャリズムの功罪に関し、未だにイギリス国内を二分するほど評価は大きく分かれ、経済的な復興や繁栄、外交面での成功とともに、イギリス社会においては貧富の差が拡大し社会的不平等がもたらされたとされる。中心部に対する周縁、イングランド以外の地域、伝統的家族像の枠外の人びと、マイノリティなどは厳しく対応された。以下においては二つの例を取りあげ、それぞれ1980年代と21世紀の今とを比較する。

スコットランド

サッチャー政権はスコットランドに始まりスコットランドに終わったともいえるほど因縁深い。彼女の首相就任（1979）は労働党キャラハン政権によるスコットランド権限移譲法案の失敗と不信任案に助けられ長年の福祉国家の矛盾の批判が契機であり、一方、彼女の首相辞任（1990）は、EU問題とともに、スコットランドに最初に導入した人頭税（コミュニティ・チャージ）により国民の大きな反発を招いたことが挙げられるからである。

現代のスコットランド独立の機運が高まったのは1960年代北海油田の発見・開発以降であり、

スコットランド国民党（ＳＮＰ）の支持が増加を辿り１９６７年に初めて議席を獲得するが、住民投票（１９７９）の結果（賛成52％・投票率規定に満たず）、実現への道には至らなかった。サッチャー時代、スコットランドは枠外に置かれ衰退の一途をたどる。経済については長年国家を支えてきた炭鉱業や造船業からの転換により鉱山や工場が閉鎖され、脱工業化の自由市場経済が推進され、同時に緊縮政策、社会保障や福祉が大幅に削減され住民の多くが困窮を強いられた。グレイもいうように、「サッチャー時代におけるイギリスの国家政府の集権化は、……自由市場を人工的に作る上で欠くことのできない一面」であり、サッチャリズムは自由主義経済とともに法と警察に基づく強い国家を目指し、中央集権化が強化された。権限移譲（ディヴォリューション）は、サッチャーにとって「連合王国を破壊する」ものであり、「英連合王国の結束性の土台を切り崩すことである。……私がこの党（保守党）の党首である限りは、立法上のディヴォリューションを明確に拒否することにより、連合王国を必ず守る」（１９８８年保守党大会）とした。大英帝国時代の統一された「一つのイギリス人」としての一体感の高揚を促したのである。

21世紀の現在、２０１４年にはスコットランド独立に関する住民投票が実施され僅差で（賛成47・5％）実現には至らなかったが世界中の注目を集め、翌年の総選挙ではＳＮＰが労働党に次ぐ第三党（56議席）となった。現在、ディヴォリューション政策が推進され、イングランドとともにスコットランド・ウェールズ・北アイルランドとの連合体として国家の「形」を変えつつある。これはサッチャリズムの矛盾を克服すべく１９９７年からの労働党ブレア政権による議会設立を含む権限移譲政策が実現されたことによる。住民投票（議会賛成74・3％・課税調整権賛成63・5％、投票率60・1％）によってスコットランドでは議会が１９９８年に約３００年振りに復活、ウェールズ・北アイルランドでも同様に議会設置や文化推進など権限移譲は現在において加速化されている。

家族像・LGBT

サッチャーの理想とする価値観はイギリスが産業革命により繁栄したヴィクトリア時代の価値観であり、それは経済政策を支える自助努力や自立の思想であるとともに、家族像も男性稼ぎ手と家庭内主婦という性別役割を基にした典型的な伝統的家族形態であった。一方、経済・福祉改革を進める上で、１９８０年代に急増しつつあったひとり親家庭は批判され攻撃の対象となった。彼女らは公的扶助により暮らす怠惰な人びと、福祉国家の依存文化の象徴としてスティグマ化され、続くメジャー政権でも国家財政を圧迫する伝統的家族を破壊する脅威とされた。ひとり親世帯は１９７０年では約50万人であったが、保守党政権末期の１９９６年では約１６０万人に達していた。

サッチャー時代の１９８８年には、「セクション28」と呼ばれる地方行政法、「地方行政当局は同性愛を推進することを控える法」が成立している。地方行政は意図的に同性愛を推進してはならない、家族関係として同性愛を受け入れることを学校教育で推進してはならないというものであり、元々は１９８６年の上院議員のハルスベリ卿の草案によるものである。１９８０年代はゲイへの差別が強まり、一部精神疾患とも見なされ、また同性愛者への逮捕や有罪判決などもサッチャー政権下に行われた。１９８７年の保守党大会ではヴィクトリア朝の価値や家族の価値を守るために「伝統的な道徳的価値観を教える必要がある子どもたちがゲイの人権を教えられ……だまされている」と主張した。１

980年代は伝統的夫婦関係（異性愛）に対する対抗文化への対策が講じられたものの、実態数は増加を辿り、80年代半ばに当時の労働党規約で同性愛者の市民権が盛り込まれ、後の政権で右記行政法は廃止される（2003）。

21世紀の現在、イギリスにおいては2014年に同性婚法案が施行された（2013年2月下院・7月上院で可決）。それ以前の2004年には市民パートナー法が成立し翌年施行された。2015年6月にアメリカ最高裁における判決で同性婚が認められたことを契機に、世界的にLGBT（性的少数者＝同性愛者・バイセクシュアル・トランスジェンダー）をめぐる議論が急速に進められ多くの国々において市民権が認められ始めている。

サッチャリズムは、福祉国家に依存する弱い個人ではなく、それに代わる新自由主義的な諸政策とその思想の基盤となる強い個人によってイギリスの再興を目指そうとしたことにおいて、世界で新しいモデルを提示したともいえる。その競争原理は、現在においても様々な分野において有効に組み入れられている。しかし、その結果としての社会的な諸矛盾は新たな福祉や包括の議論をも促している。一方、大英帝国時代における統一された近代的国民国家像や伝統的家族像は現在ではある意味終焉を迎え、80年代の長期政権での成功の傍ら、中心部に対する周縁空間がエネルギーを得つつこの年代を交差していく過程が捉えられる。そのような意味においてサッチャリズムはその時代に最大限に輝きを放ったともいえるであろう。

（香戸美智子）

47 ブレア労働党政権
——ニュー・レイバー登場

「第三の道」を目指す改革

ニュー・レイバーと銘打ったブレア労働党政権が1997年5月2日に誕生した。労働党の政権も18年振りとなった。労働党は全議席の63％の419議席を獲得し、保守党の165議席に圧勝した。ブレアの在任期間は1997〜2007年と3期であった。2001年6月の総選挙では413議席とほぼ前回並みの議席数で圧勝し、2005年5月の総選挙でも、議席数は356議席と大幅に減ったものの勝利を収めた。労働党史上初の3期連続政権を実現させたのである。

ニュー・レイバーとして登場したブレア政権が掲げたのは「第三の道」である。ブレアは「第三の道」の説明として自由と可能性を公正化する社会の必須の価値観として、「価値の平等、機会の均等、責任、コミュニティ」を発展させ融合させることにあると述べた。「第三の道」は労働党の社会民主主義に新自由主義的な市場原理主義の考え方を持ち込み、脱中央集権化、地方分権化、個人と家族を支えるために市民社会の活性化を目指したのである。

ブレア政権が最初に取り組んだ政策は金利設定権限をイングランド銀行に委譲し、独立性を強化したことである。ブレア政権が発足した4日後の1997年5月6日にはブラウン財務相からイングランド銀行のジョージ総裁宛て書簡で発表された。イングランド銀行改革を最初に実行したことは政府の金融政策への意気込みがうかがえる。改革の要点は金融政策員会の新設、外国為替市場介入権限の一部委譲、イングランド銀行取締役会の改革、準備預金制度の法制化、金融監督庁の創設（銀行監督権限をイングランド銀行より分離）、国債管理業務の財務省への委譲であった。また、北アイルランドの和平プロセス、スコットランドやウェールズにおける地方議会の創設も象徴的である。ブレアは首相就任後の2週間後には北アイルランドのベルファストを訪問し、対話を再開した。１９９８年4月10日には北アイルランド議会の設置を含めて、ベルファスト合意が成立し、北アイルランド紛争に終止符を打つことになった。和平合意の日が復活祭の前々日の金曜日であったことから聖金曜日と呼ばれることもある。さらにこの合意内容は同年5月22日に南北アイルランドのそれぞれの国民投票において北アイルランドで71・1％、南アイルランドで94・4％が賛成票を投じる高い支持を得たのである。

１９９９年には貴族院（上院）改革も行った。イギリス貴族院は選挙ではなく、任命制であり、貴族身分の者が議員となり、しかも終身である。しかし１９５８年に一代貴族法が制定され、以降貴族院は一代貴族の割合が増えていくことになったのである。１９９９年の貴族院法により貴族院の世襲議員は92人に限定されたため、６５９人が議席を失うこととなったのである。さらに２００５年に憲法改革法により２００９年から連合王国最高裁判所が新設され、貴族院は中世以来保持してきた最高裁判所としての権能を失うことになったのである。

ブレアは自身の『ブレア回顧録』の中で10年間を振り返り、政府の改革政策を司法改革、教育改革、医療改革として取り上げている。司法改革については、前述の地方議会の創設はもちろんのこと、貴族院の現代化、憲法改革といった理念のもと、ヨーロッパ評議会の勧告決議に基づき、1997年のマニフェストでは直接言及しなかったが、独立組織としての最高裁判所を設置したことは司法上大きな改革であった。ブレアは労働党党首に就任した時の演説で最優先課題を三つ挙げるとすれば、それは「教育、教育、教育」といったことは有名である。1997年の総選挙のマニフェストでも「全ての4歳児への幼児教育」「家庭生活の充実」を掲げ、「福祉から就労へ」政策に重点を置いたのである。これは特に幼児教育の重視と女性の就労の促進により仕事と家庭生活との調和策を展開し、一定の成果を収めた。就労支援は給付型ではなく、スキルアップと就労を促進することが目的で、社会的な統合を進めるニューディールプログラムが有効に機能したのである。

イラク戦争と政権の崩壊

ブレア労働党政権の終焉は『ブレア回顧録』によれば、大学の授業料に関することであったという。2004年1月27日の庶民院（下院）での大学の学費値上げを容認する高等教育法案がわずか5票差で敗北を回避した。『ブレア回顧録』で示されたブレアの認識は本当に的を射ていたのでろうか。ブレア政権崩壊の理由はブレア自身の認識とは違い、イラク戦争への対応にあったのではないか。2003年にイラク攻撃が始まる直前、アメリカのブッシュ大統領とブレア首相は「アメリカとイギリスは共にイラクを攻撃する準備がある」と発表するなど、ブッシュの前のクリントン政権時代もアメリカ寄りの外交を展開してきた。2003年2月14日の国連安全保障理事会ではイラクへの武力介入を支持したのはアメリカ、イギリス、スペインだけであった。3月17日にはアメリカの武力行使を積極

トニー・ブレア［提供：ロイター／アフロ］

的に支持したブレア政権の閣僚が相次いで辞任を表明した。その中にはロビン・クック枢密院議長、フィリップ・ハント保健担当相、ジョン・デナム内務担当相もいた。3月18日に庶民院でイラク攻撃支持が可決された。さらに、クレア・ショート国際開発相もその後辞任した。しかし、イラク戦争が一段落しても、イラク国内の情勢は全く安定せず、戦争の理由だった大量殺戮兵器も見つからず、駐イラクのイギリス軍からも死者が出ている現状に国民の不満も膨らんでいった。２００４年1月28日、イラクの大量破壊兵器の捜索活動を指揮していたＣＩＡのデビッド・ケイ博士が「イラクに生物・化学兵器の大量備蓄は存在しない。私たちの見通しは誤っていた」と証言、イギリスでも、ブレア政権がイラクの大量破壊兵器に関する情報操作を巡り、国防総省の専門家のデビッド・ケリーが自殺した問題の調査報告が発表された。２００４年3月11日に列車爆破事件がスペインで起こり、２００５年7月7日にはついにイギリスまで波及し、ロンドン同時爆破事件がグレンイーグルズ・サミット開催中に発生した。同年11月9日には労働党議員の造反によってテロ対策の法案が否決されたことや、地方議会の選挙で労働党が大きく議席を減らしたことなど、政権の弱体化により２００６年9月7日、２００７年秋までに退陣する意向であると首相官邸の報道官が表明した。

ブレアは退陣後、自身がこれまでのイラク戦争への認識が誤っていたことを2015年10月25日に放映されたCNNのインタビューで「我々が受け取った情報が間違っていたという事実を謝罪する」と述べた。メディアによればブレアがイラク戦争に関して公に謝罪するのは初めてであったという。2011年2月15日の報道ではアメリカが2003年のイラク攻撃を正当化する根拠としていた大量破壊兵器に関する情報を提供したイラク人科学者が、サダム・フセイン大統領を失脚させるために虚偽の情報提供を行ったことを認めたことが明らかとなり、イギリスの諜報活動の失態がブレア退陣後もさらに問題視されるに至った。

ヨーロッパではスペイン、イタリアといったイラク戦争を主導した首相の政権は崩壊した。ブレア政権の崩壊もまた、イラク戦争を主導し、イギリスをテロの危険にさらしたこと、2006年3月には首相や政党代表が大きな権限を持つ貴族院議員の推薦に絡んだ巨額融資疑惑も表面化し、12月には現職のブレア首相がロンドン警視庁から事情徴収を受けるなど、その求心力も低下していった。ブレア政権はイラク戦争の対応と国内問題を抱え、退陣することとなった。

（佐々木隆）

48 イギリスの議会
――議院内閣制とポピュリズム

議会への信頼

1225年に国王の側近、高級聖職者、貴族、騎士、市民などをメンバーとする諸公大会議が開かれた。この会議は1215年のマグナ・カルタに述べられている臣民の権利を再確認する見返りに、国王の新たな課税権を承認した。その後、同種の会議は1235年から1257年まで数十回にわたって開催され、この会議はパーラメントと呼ばれるようになった。エドワード3世（在位1327～1377）の時期に上院（貴族院）と下院（庶民院）が分離し現在と同じ形態をとるようになった。

その後、イギリスの議会は時代と共にさまざまな変容を受けながらもイギリス政治制度の柱として重要な役割を果たし続けている。後で述べるように、特に、近代の議会は国民から深い信頼を受けている。議会はイギリスの誇るべき文化遺産である。

イギリスの政治は1688年の名誉革命の後、革命は起こらず、ファシズムや共産主義の影響もヨーロッパの主要な国家の中では最も小さかった。そうしたイギリスの政治的安定に議会の果たした役割は大きい。

イギリスは議院内閣制であり、基本的に、総選挙で過半数を獲得した政党の党首が首相となる。国民の直接投票によって選ばれる大統領制は存在しない。議院内閣制の方が政治は安定しやすい。大統領に当選した後、国民投票で任期を延長し最後は皇帝となったナポレオン3世、首相の任期が切れると今度は大統領に就任し、大統領の任期が切れたら再び首相になり、首相の任期が切れると再度大統領となるという手段によって独裁的な権力を保持し続ける、ロシアのプーチンのようなケースはイギリスでは起こりえない。

イギリスでは、主要な選挙として、通常の総選挙、広範な自治権を持つスコットランド議会の総選挙、やや権限の小さいウェールズと北アイルランドの総選挙、EU議会の選挙があるが、ここでは通常の総選挙について取り上げる。

イギリスの議会は上院と下院があり、権限は下院の方が大きい。下院は特別の事態により、解散される場合を除けば、5年に1回行われる総選挙によって選出される。その定数は時代によって異なっているが現在では650人である。1969年から18歳以上の男女に選挙権が与えられている。選出方法は、各選挙区から1人が選ばれる、いわゆる小選挙区制である。

選挙制度には一長一短があり、小選挙区制の場合には得票数と獲得議席数の間にずれが生じる。例えば、2015年の総選挙において、保守党は有権者の36・9％の得票しか獲得していないにもかかわらず、過半数を上回る330議席を獲得した。

ただし、得票数と獲得議席数を一致させる比例代表制をとると多数の政党が離合集散をくりかえし政権が不安定になるという問題がある。例えば、ワイマール期の完全な比例代表制が政権の不安定とナチスの台頭を招いたという反省から、現在のドイツでは基本的に得票率が総得票数の5％以下だった政党は原則として議席を与えない、いわゆる阻止条項が定められている。

小選挙区制についてはイギリス国内でも批判があり、２０１１年5月に小選挙区制を廃止し、代わりに、当該選挙区の候補者が過半数を獲得するまで、最下位の候補者を排除しつつ、何度も選挙を繰り返す、いわゆる対案投票制を採用するか否かをめぐって国民投票が行われたが改革案は否決された。

付言すれば、イギリスでは国民投票が実施された例は少なく、これまでに王国全体では3回行われただけである（本国との関係をめぐっては北アイルランドで2回、スコットランドで4回、ウェールズで3回、それぞれの地域で住民投票が行われている）。一つは前述の対案投票、残りの二つはＥＣへの加盟とその発展形態であるＥＵからの脱退に関するものである。２０１６年6月23日に実施されたＥＵに残留するか否かをめぐる国民投票は、予想に反して離脱派の勝利となった。しかし、その後の政治経済的混乱は、利害関係が複雑に絡み合う国政上の重要問題を国民投票に委ねることの問題点を浮き彫りにした。

首相には原則として第一党の党首が就任する。19世紀には貴族が首相になるケースもかなり見られたが、１８９５年から１９０２年まで首相を務めたソールズベリー公爵の後は、貴族は首相にならないのが慣例になっている。そのため、１９６３年に首相となったヒュームは就任に際して終身貴族の地位を返上している。

イギリスでは、18世紀から19世紀前半は、トーリー党とホイッグ党、19世紀後半から第一次世界大戦までは保守党と自由党、第一次世界大戦から現在までは保守党と労働党という互いに統治能力のある二大政党が交互に政権を担ってきた。また、フランス革命戦争、第一次世界大戦、世界大恐慌および第二次世界大戦という緊急事態に際しては　いたずらに党利党略に走らず与党と野党の協力によって挙国一致内閣が成立した。下院のこのような姿勢が、後で述べる議会に対する穏健改革派の信頼を生み出したと考えられる。

もう一つの議会である上院は、歴史の経過とともに、その構成と機能を大きく変化させている。14世紀前半に上院が成立した時、そのメンバーは世襲の貴族と上級聖職者から構成されていた。彼らの数は常に変動するため議員の定数はなく、任期もなかった。

上院（貴族院）議場［提供：UK Parliament］

下院（庶民院）議場［提供：UK Parliament］

また、議長は最高裁判所の長官である大法官が兼任していた。また、下院と上院との意見が対立した場合、両院協議会が開かれたが決定権はなかった。

そのため、１８３２年の第一次選挙法改正や１８９３年のアイルランド自治法案のような重要法案が下院は通過したものの上院で否決され、国王の介入を招いたり、葬り去られたりした。そうした対立が極点に達したのが１９０９年にアスキス自由党内閣のロイド・ジョージ財務相が提出した土地に対する課税を大幅に強化した、いわゆる人民予算をめぐる政府と上院の対立であった。政府の予算案が上院で否決されるという異例の事態に直面して政府は下院を解散し１９１０年１月に総選挙が実施された。

この選挙で過半数を確保した政府は予算案の承認だけで満足せず、上院の権限を削減する議会法を１９１０年４月に下院で成立させた。政府は、上院が次の総選挙で自由党が勝利しても法案を承認しない場合には新貴族を創設するという確約を国王から得たうえで議会を解散した。１９１０年12月の総選挙でも自由党は過半数を確保し、金銭関係の法案、下院で３度可決した法案、または下院での審議の開始から２年以上経過した場合には上院の同意がなくても法律となることが定められたのである。

その後も、上院の権限の縮小は着実に進み、１９４９年には、上院の同意なしに、下院で可決された法案が成立する要件は、２度可決されたこと、または、下院の審議の開始から１年が経過したこととされた。さらに、１９５８年には一代貴族法が成立し、一代限りの貴族に任命された者は男女を問わず上院議員となれるようになった。その後、上院議員中に一代貴族が占める割合は次第に高まり、世襲貴族の勢力はさらに削がれることになった。

１９９９年に、労働党のブレア内閣により上院における世襲貴族の議席を92議席に削減する上院法が制定され、上院議員中における世襲貴族の割合は劇的に低下した。さらに、２００５年の法律により２００９年から上院はこれまで持っていた最高裁判所としての権限を失うことになった。さらに、２０１１年５月に上院の議席を３００人に削減し、任期制、選挙制の導入、これまでの無給を改め、歳費を支給するなどを主な内容とする画期的な「上院改革草案」が発表されたが、まだ、法制化はされていない。

政治的腐敗を防止する制度的保障

イギリスにおいて議会に対する信頼が厚いのは、種々の点で、腐敗を防止する工夫がなされていることが大きい。まず、第一に、選挙費用に関して日本の総選挙で当選するためには、億を超える巨額の費用を要すると言われ、そのことが政治腐敗の一因と見なされている。これに対して、イギリスでは選挙区で各候補者が支出し得る費用に上限が設けられている。現在の基準は3万700ポンド＋当該選挙区の有権者×6ペンスまたは9ペンスである。最も有権者の多いワイト島選挙区でも2015年の総選挙当時の有権者数は10万8000人なので、認められる選挙費用の上限は3万7200ポンドに過ぎず、現在の為替レートでは500万円にも満たない。

他方で政党本部の支出には上限がないので、各政党は、新聞広告や政党幹部の遊説に資金を投入する。また、戸別訪問が認められていることも重要である。日本のように多額の費用をかけて宣伝カーを走らせて候補者名を連呼する光景はイギリスでは見られない。イギリスではボランティアが家庭を訪問して支持する政党の政策を有権者に説明する。イギリスの総選挙は選挙区の利権ではなく政党の政策をめぐって争われるのである。選挙区の有権者に対しては議員と面談する（surgery）制度がある。その際に手紙、メール等記録が残る方法で申しこむこと、裁判所の決定、個人的な紛争には関与しないことが明示されており、議員と特定の個人との癒着に対する歯止めになっている。

1911年の議会法により、これまで無給であった下院議員にも年400ポンドの歳費が支給されることになった。その後、支給される歳費の額は引き上げられ2016年4月現在で7万4962ポンドである。この金額は、為替レートを130円で計算すれば約975万円であり、2200万円と推定される日本の議員の歳費の半分以下である。歳費以外の経費支給を比較すると日本の制度の問題点が明らかになる。日本の場合は、月100万円の文書交通費、65万円の立法事務費、3人の秘書の人件費（平均2700万円とされる）が支給されている。文書交通費、立法事務費は毎月支給され、使途を報告する義務がないことが批判されている。

これに対してイギリスは、議員の請求に応じて経費を支払うシステムであり、不正を働く余地が少ない。しかも、事務所費、人件費には上限が定められている。さらに、2009年に設立された独立政治倫理局（IPSA）が経費について毎年詳細な調査報告を行い、各議員のデーターをネットに公開している。例えば、労働党の党首コルビンは2015年5月31日までの一年間で、上限2万5900ポンドの事務所費に1万5188ポンド、14万5500ポンドが上限の人件費に14万3918ポンド、上限のない交通費に421ポンドを使っている。経費と個別の請求額を極力公開するイギリスと、この問題に手を付けない日本とでは、有権者の信頼に大差があって当然である。

理念ある政治家

最後に、政治家の器を問題にしたい。イギリスはチャーチル、サッチャーのような国際的に評価される政治家、北アイルランドとの和平と上院の抜本改革というイギリス政治の長年の課題を一挙に解決したブレアなどを輩出した。最近の日本にはそうした政治家は見当たらない。イギリスの首相は回想録を出版するが日本にはそうした習慣はない。それは、日本の政治家に語るべき理念がないからだという指摘があるが、それは、かなり当たっている。

ウェストミンスターモデルの揺らぎ

ウェストミンスターモデルと呼ばれる現在のイギリスの議会制度は、総選挙によるチェックを受けるまで、内閣が政策決定権をほぼ独占しているため、有権者が政策決定に関与できないという欠点がある、国民の直接投票によって選ばれる大統領制と比例制の高い選挙制度を組み合わせた方がより民主的であるという見解も存在する。しかし、いわゆるポピュリズムの危険が現在の重要な政治課題であり、過去の歴史において、この制度が、民主主義の破壊を招いたことにも目を向ける必要がある。

同時に、イギリスの伝統的モデルに揺らぎが生じつつあることも見落としてはならない。保守党とも従来の労働党とも異なる「第三の道」を提唱し、マスメディアを活用して1997年に労働党に1974年以来の総選挙の勝利をもたらし、その後、2010年までの労働党政権の基礎を築くとともに、直属の政治顧問を登用したトニー・ブレアは従来よりも首相の権限を強化した大統領型の首相であるとする見解も存在する。ただ、2011年に首相の議会解散権は廃止された。

従来と同様に、小選挙区制が採用されたにもかかわらず、2010年の総選挙では単独で過半数を獲得した政党はなかった。

また、2015年の総選挙では、スコットランドの完全独立を掲げるスコットランド国民党が前回の2010年の総選挙の6議席から57議席へと大幅に議席を増加させ、小選挙区制は大政党に有利だという定説が必ずしも当てはまらなくなった。

これまで、イギリスは、ポピュリズムの影響が他の西ヨーロッパ諸国に比べて少なかった。しかし、1991年に、EUからの脱退、相続税の廃止、本国生まれの労働者を移民よりも優遇する、軍事費の大幅増額などを主張して成立した右翼ポピュリズムの政党である英国独立党が次第に勢力を伸ばし、２０１５年の総選挙では得票数を前回の約92万票から３９０万票へと激増させてついに下院の議席を獲得し、２０１４年のＥＵ議会選挙では僅差ではあるが第一党になっている。また、２０１５年、労働党の新党首に党内最左派のコルビンが選ばれた。ウェストミンスターモデルの今後が注目される。

（佐喜眞望）

49 現代の移民事情
——歴史がつくった多人種社会

移民という場合、国外への移民（エミグレーション）と国内への移民（イミグレーション）の二つがある。本章で取りあげるのは後者の意味の移民であるが、イギリスは前者の意味の移民において特筆すべき歴史を持っている。大航海時代ではむしろ後発国であったが、16世紀末頃から次第に海運力を高め、世界に進出していった。新大陸でイギリスの植民が成功した要因はいくつかあるが、一つには宗教的な情熱に支えられていたことをあげることができる。1620年プリマスに上陸したピルグリム・ファーザーズに続いて、1630年にはピューリタンの大規模開拓団がマサチューセッツを開いた。開拓団を率いたジョン・ウィンスロップは、ついてきた人たちに、キリストのことばを引き「丘の上の町」になろうと呼びかけた。17世紀末にはウィリアム・ペンが、迫害を受けるクエーカー教徒のための新天地としてペンシルバニアを開いた。18世紀半ばまでにできた13の植民地は合衆国として独立するが、その後もイギリスは海外進出を続け、世界面積の4分の1を占める大帝国をつくりあげた。現代イギリスの多文化・多人種社会は、主として、その大帝国の植民地だった国々からの流入移民によって形成されたといってよい。

サウスフィールズ・アカデミー校のケース

サウスフィールズ・アカデミー校はロンドン南西部ウォンズワースにある公立学校で、11歳から18歳までの生徒が通う中等教育機関である。『デイリー・メール』紙は、この学校がヨーロッパ一の「国際色豊かな」学校になったことを報じている。生徒の出身国は80カ国以上で、教室では71カ国語が入り乱れているというのである。紛争地帯から避難してきた子供たち、英語が話せない子供たち、学校に通ったことのない子供たちを引き受け、当然のことながら英語教育に苦慮しているという。

これは学校に限らない。ロンドンの街並みを歩いていると、生粋のイギリス人はどこにいるのだろうかと思ってしまう。観光客がごったがえす繁華街の通りだけではない。レストランやデパート、ホテルに入ってみると、そこで働く人たちの大部分は外国の出身者である。ロンドンの中心街では、生粋のイギリス人は5%以下ではないかというのがたいていの人の印象である。このことはロンドンに限らず、ブラッドフォード、レスター、リーズ、バーミンガム、ブラックバーンなどの工業都市でも顕著であり、工業都市でなくても、ルートンやピーターバラ、またニューアム特別区、ブレント特別区などでは、マイノリティの人たちが40～50%を占めているといわれる。

人口調査

イギリスでは10年ごとに人口調査が行われていて、外国生まれの住民の数やマイノリティの構成が統計数値になっている。２０１１年に行われた人口調査で見ると、インド、パキスタン、スリランカ、バングラデシュ、マレーシアなど南アジアからの移民が５００万人以上、ソマリア、ガーナ、ナイジェリアなどのアフリカからの移民が約200万、カリブ海諸国からのアフリカ系移民が約100万、クルド人、アルジェリア人、イラン人、イラク人、アフガニスタン人等、北アフリカおよび中東からの移民が約100万といった具合である。しかしその数値には2世、3世など移民の子孫は反映されない。そこに踏み込んだ調査をすれば、人種差別になりかねない。また不法滞在者なども把握できない。政府は現在50万人ほどの不法滞在者がいることを認めているが、実情は、その倍はいると考えざるを得ないといわれている。

アフリカ系移民

港町リヴァプールには国内最初の黒人コミュニティが、1730年代頃からできていた。奴隷貿易の過程でイギリスに住み着く人たちがいて、彼らは最下層の労働に従事してイギリス社会に浸透し、現在では、10代前まで祖先をさかのぼることができるほどに定着している。これとは別に、第二次世界大戦後に、ジャマイカをはじめとする西インド諸島からのアフリカ系移民が、戦後の復興をになう

WELCOME HOME!
Evening Standard 'plane greets the 400 sons of Empire
Picture by Evening Standard cameraman Victor Drees.

ジャマイカ移民の到着を報じる『イブニング・スタンダード』紙（1948年6月21日）

労働者として迎え入れられた。彼らを運んだ船の名前にちなんで「ウィンドラッシュ世代」と呼ばれる。彼らの存在によって、イギリスは多人種社会の様相を一段と強めた。最初にふれたサウスフィールズ・アカデミー校の場合も、多くはカリブ諸国からの移民の子弟であり、いかにして正しい英語を教えるかが深刻な問題になっている。白人の若者や労働者の間には、逆に、彼らのなまりを真似るものがいて、「ウィッガー」と呼ばれ、新たな言語問題を引き起こしている。

アジア系移民

東インド会社が船員の欠員を埋めるためにインド人を雇用したのがきっかけとなって、17世紀以降、南アジアからの移民がイギリス社会に根付いてきたが、移民の大きな波は、第二次世界大戦後、植民地が独立してから起こった。インドやパキスタンからの移民は、戦後の労働力不足を補うだけでなく、英領インドで鉄道建設に携わった技術者や、英領インドに設置した医学教育機関で養成された医師などが活躍の場を見いだした。その後の移民法の改正で、移民に一定の制限が設けられたが、すでに定住している人たちの家族は移住できたし、現在では、これら移民の2世や3世が南アジア系コミュニティをさらに大きくしている。中国系移民については、19世紀のはじめに、上海や天津の港からイギリスの港町にやってきて、チャイニーズ・レストランを開いたのが始まりで、ヨーロッパで最初の中国人コミュニティ（チャイナタウン）がリヴァプールに生まれた。現在の中国系イギリス人は、中国本土ではなく、香港、マレーシア、シンガポールなど、かつてイギリスの植民地だった地域からの出身である。

アラブ系移民

イラク、パレスチナ、エジプト、イエメン、モロッコ、スーダン、ソマリア、ヨルダン、レバノン、シリアといったアラブ諸国からの移民は、かなり長い歴史を持っている。主としてイギリスの植民地時代に端を発している。19世紀にイエメンの水夫がイギリス船で働き、イギリスに住み着いて港湾労働や鉄道建設などに従事した。現地の女性と結婚するものも多く、そのようにしてイギリス生まれのアラブ人が生まれた。大規模な移民が起きたのは第二次世界大戦後であり、1948年にイスラエルが成立した際、多くのパレスチナ人が故郷を追われ難民となり、イギリスに移住してきた。アラブ諸国からの移民は祖国での政情不安を原因とするものが多かった。1960年代から90年代にかけて、イラク、エジプト、スーダン、ソマリア、湾岸諸国からの移民が相次いだ。

アイルランド移民

アイルランドとの人的交流は古くからあった。現在では、数百万のイギリス人がアイルランド出身、もしくはアイルランド人を祖先に持つ人たちだといわれている。中でも歴史的に有名なのは、1840年代、ジャガイモの不作に端を発したアイルランド人の大移動である。1842年から44年までマンチェスターに定住していて、イギリスの労働者階級を観察したフリードリッヒ・エンゲルスは、連日のように船で到着するアイルランド移民の中に、豊富な労働力を見いだせなかったなら、イギリスの産業革命は起こりえなかったであろうといった。1930年代から60年代にかけて起こった移民の第二の大波は、アイルランド独立による経済不況によるものであった。

ポーランド移民

ポーランドは、第二次世界大戦の勃発から終結まで、ナチス・ドイツとソ連の占領下に置かれ、ナチス崩壊後はソ連の支配下に置かれた。その間ポーランド亡命政府はロンドンの「ポーランド・ハウス」にあり、イギリス軍指揮下に置かれたポーランド兵の活躍は、連合国軍においてめざましいものがあった。しかしながら、イギリス側の意図はわからないが、ロンドンで行われた連合国軍の「戦勝パレード」には、なぜか在英ポーランド軍は参加していない。イギリス政府は、大戦後の１９４７年に、20万人以上のポーランド人を受け入れるという移民法を成立させ、戦後の復興の担い手とした。イギリス国内のポーランド人コミュニティは、祖国に多くの友人や親戚がいて、その人たちもまたイギリスに移住してきた。１９８９年にポーランドで共産党支配が終わると、その流れが加速した。

21世紀に入り、２００４年のＥＵ拡大によって、新しい加盟国の人びとがイギリスに自由に入国できるようになると、ポーランドからの移民はさらに増大した。他の加盟国に行くこともできたのだが、フランスやドイツなどは受け入れ枠を設けていた。イギリス政府は当初、ポーランドからの移民を5万人程度と予測していたが、実際には50万人が流入した。

ＥＵ拡大は、ポーランドだけでなくその他の加盟国、リトアニアやラトヴィア、ブルガリア、ルーマニア等さまざまな国からの移民をもたらし、現在、イギリスの人口構成は、まさにスーパー・ダイヴァーシティ（超多様）の様相を呈している。

（長尾輝彦）

50 イギリスにおける人種差別問題
——寛容と排除の歴史？

「もし、全ての有色人種の人びとを海に投げ入れたところで、住宅問題が解決するわけでも十分な仕事が得られるわけでもない。……人種的な偏見の背後にある理由はイギリスが帝国主義の国であるということだ」

カリブ海諸島トリニダード出身のジャーナリストであり反人種差別の活動家であったクローディア・ジョーンズは1959年、ロンドンのとある地区での集会においてこのように訴えた。この前年、ロンドンのノッティングヒル地区では移民排斥暴動が生じていた。

第二次世界大戦後、イギリスにはかつての植民地から多くの移民が、その大半がイギリスの戦後復興を担い、イギリス経済を底辺で支えるために流入した。移民の多くは、カリブ海諸島から移住した「黒人」と、インド亜大陸から移住した「アジア人」であり、イギリス社会におけるマジョリティとは「肌の色」において区別されうる人びとであった。結果、1950年代以降、イギリスにおいて「人種問題」、言い換えれば社会における人種差別と公平性の問題が社会問題として認識されるようになった。

ただし、20世紀の半ば以降、それまで存在しなかった「肌の色」の違う人びとの流入により、突然イギリスに「人種問題」が生じた、という見方にはいくつかの留保が必要となる。まず、数は圧倒的に少なかったとはいえ、歴史を通じて、「肌の色」の異なる人びとは常に存在した。ピーター・フライヤーのような歴史家は、ローマ時代にまでさかのぼり、イギリスにおける「黒人」の歴史を紐解こうとした。また、エリザベス1世（在位1558～1603）の時代に「黒人《ブラックムア》」を追放する措置が執られたことが知られているように、そのような人びとへの排斥も時に生じた。奴隷貿易の時代以降も、少数ではあったがイギリスに連れてこられた使用人らも含め一定の「黒人」人口が存在したし、ヴィクトリア朝（1837～1901）にもロンドン、リヴァプールやカーディフといった都市を中心に「有色船員《カラード》」が居住していたことが知られている。1919年にはそれらの都市において、彼らを排斥する暴動さえ生じている。

また、その対象は時代によって様々であったにせよ、移住者、つまり「よそ者」への排外感情自体は時代を通じて発現してきた。18世紀以降を眺めるだけでも、アイルランド人、ユダヤ人、大戦時のドイツ人、また先にも述べた少数の「黒人」など、「よそ者」と見なされた人びとが偏見や差別、時に排外的な暴力の対象となった。18世紀以降のイギリスの入移民の歴史について概説書を著したパニコス・パナイーは、イギリスの「多文化主義的な寛容」とともに、この排外的な傾向を「人種主義」の絶えざる系譜として指摘している。

戦後イギリスに流入したかつての植民地からの移住者たちはその規模と社会に与えた衝撃ゆえ、また「肌の色」による可視性ゆえに、厳しい人種的な偏見や差別にさらされたともいえる。帝国主義の時代に構築された「科学的人種主義」（科学的装いを持つ「人種」による階層化の主張）の言説は、20世紀が進むにつれて、その正当性を否定され、公的な場からは消滅していくが、当時の社会にはまだ根強く残っていた。また、冒頭のジョーンズの指摘にある通り、イギリスが世界に植民地を持つ「帝国主義国家」であったことが、当時の国民に他の民族や「人種」への優越感を植え付けていたとしても不思議はなかった。

1958年の移民排斥暴動の様子

人種的な偏見が、「よそ者」に対する排外的な感情と絡み合い、社会に対する不満の「はけ口」として移民へ向けられる不条理な暴力と化す。1958年のノッティングヒル暴動はまさにそのような事例の一つであった。当時、移民排斥を主張する極右組織が同地域で活発に扇動活動を行っていた結果、白人の不良少年らによる「黒人《ニガー》狩り」と称した暴力行為に火が付き、警察をも巻き込んで混乱が拡大した。約1週間にわたって続いた暴動は、死者こそ出さなかったものの、多くの負傷者と、白人の若者を中心に多くの逮捕者を出した。

ノッティングヒルで暗躍したような極右組織による活動も（イギリスの場合、主流の政治の場において、このような組織が議会の議席という形で居場所を見いだすことは希であったものの）脈々と存在した。また、保守党などの主流政党において、より広く受け入れられやすい形で、移民への恐怖を煽る扇動が行われたこともある。有名な例に1960~1970年代のパウエリズム（当時保守党議員であったイーノック・パウエルの反移民演説）や、サッチャー政権期の保守派《ニューライト》の言説がある。一部の研究者は、このような動きを従来の

「人種主義」の論理を用いない「新しい人種主義」と名付けた。

「肌の色」の異なる移民への偏見が、それが政策立案に関わった政治家や官僚のものであれ、選挙を通じてそこに影響を及ぼしうる一般大衆のものであれ、移民政策に一定の影響を与えたことも否定しがたい。1962年英連邦移民法からのイギリスの入国管理政策における一連の措置は、イギリスに「肌の色」の異なる市民が増えること（彼らの多くはイギリスへの移住によって、かつての「帝国臣民」としての立場によって保証された十全の市民権を手にしていた）への危機感に大きく根ざしていた。同時にメディアは「イギリス社会が吸収できないほどの有色《カラード》移民たちを受け入れること」に対する大衆の恐れをあおり続けた。この時すでに国内にいた「移民」を社会に統合するためにも、制限は必須であるとの主張は受け入れられていった。しかしそれは暗に「肌の色」の異なる市民の存在がイギリスに「問題」を持ち込むという国民の不安を裏書きするようなものでもあった。

同時に、政府、特に労働党政権期の政府は、「移民」をイギリス社会に統合するために、一連の「人種関係政策」という形で社会における人種問題への取り組みを行った。1965年を皮切りに三度にわたって制定された「人種関係法」は人種や民族的な出自による差別や隔離、人種集団間の憎悪を煽るような言論活動に制限をかけた。このような法的措置は、イギリスにおける人種差別を根絶やしにはしなかったかもしれないが、人種差別が道義的・社会的に許されがたい行為であるという意識を社会に根付かせるには一定程度の役割を果たしたといえるかもしれない。同時に、マイノリティの側からも、マジョリティの側からも、人種的な差別を糾弾し、公平性を求める主張や運動が続けられたことは無視できない。また、1970年代以降は教育等の領域において、多文化主義の名のもとにマイノリティの文化的背景を尊重する政策や実践も取り組まれるようになった。

ジョーンズが冒頭の発言をした時代から半世紀あまりの月日が流れた。当時の「移民」たちは今やイギリス市民として、世代を重ね（新たな「よそ者」を迎え入れる立場に転じた者も多い）、彼らを取り巻く環境は確実に変化したともいえるであろうし、また取り組むべき問題は残り続けているともいえるであろう。

残念ながら依然として、警察・司法や雇用、教育などにおいて人種差別の存在を指摘する声もあり、また実際、国勢調査を含む様々な調査において、マジョリティである「白人系イギリス人」と様々なエスニック・マイノリティ（最近では、白人マイノリティをここに含める場合もある）との間に、雇用や収入、教育、居住環境などの面で格差が存在し続けているという指摘もされている。ただし、マイノリティ集団間、また集団内の格差も同時に生じており、これは社会階層や居住地域等による格差ともオーバーラップする。

1997年には「人種差別」が決して過去の問題でないことをイギリス社会に強く印象づける出来事が起きた。1993年に起きた18歳の「黒人」青年スティーヴン・ローレンスの刺殺事件をめぐって設置された調査委員会によって、警察機構内の「制度的人種主義」の存在が指摘されたのだ。また、1990年代以降、イギリス社会はさらに「人種差別」の複雑な形態に直面することにもなる。一つは、ムスリムに対する偏見や差別、いわゆる「イスラム嫌悪《イスラモフォビア》」の問題であり、もう一つは、紛争地などから庇護を求めてやってくる「難民庇護申請者」への敵対的報道と彼らへの疑念や反感の広がりという問題である。また、2016年のEU離脱の是非を問う国民投票に際しても離脱派が、EU残留がさらなる移民・難民の流入を招き、社会の混乱につながると危機感を煽ったことが、投票結果に大きな影響を及ぼしたとされた。離脱決定後は、外国人やマイノリティへのヘイトクライムの増加が見られたという報道もある。

同時に、イギリス社会の様々な場面において活躍するエスニック・マイノリティの数はわずかずつであっても目に見えて増加しつつある。例えば、２０１６年のロンドン市長選で選出されたのが、パキスタン系家庭の出身で、ムスリムのサディク・カーンであったことは、日本の読者にも記憶に新しいところであろう（イギリスの、また特にロンドンという都市の持つ多様性を印象づける出来事であった）。また、異なるエスニック集団間の結婚等による結びつきも増え（そういう関係に対する社会の抵抗感も減少しつつあるといわれる）、多「人種」の人びとが共存する社会としてのイギリスは現実として生じつつある。社会調査において、未だ30％ほどの人びとが自らを「大きく」ないしは「多少」人種的な偏見があると回答している事実を無視はできないが、「より公平《フェア》な社会に向けて」の努力がたゆまず続けられる限りにおいては、今後の展開に希望を持つことも可能であろう。

（浜井祐三子）

《参考文献》

第Ⅰ部　先史・古代

アイヴィミ、ジョン『太陽と巨石の考古学』酒井傳六訳、文化放送開発センター、1974年。

青山吉信『アングロ＝サクソン社会の研究』山川出版社、1974年。

青山吉信編『イギリス史1　先史〜中世』山川出版社、1991年。

アトキンソン、R・J・C『ストーンヘンジ』服部研二訳、中公文庫、1986年。

イギリス文化事典編集委員会編『イギリス文化事典』丸善出版、2014年。

ウィルキンソン、フィリップ『失われた文明』（ニュートンムック古代遺跡シリーズ）教育社訳、教育社、1990年。

ウィルソン、デヴィッド『アングロ・サクソン人』中田康行訳、晃洋書房、1983年。

江藤秀一・照山顕人編著『大人のためのスコットランド旅案内』彩流社、2015年。

大沢一雄『アングロ・サクソン年代記』朝日出版社、2012年。

カエサル『ガリア戦記』國原吉之助訳、講談社学術文庫、1994年。

唐澤一友『多民族の国イギリス』春風社、2008年。

川成洋・石原孝哉『イギリス人の故郷』三修社、1984年。

カンリフ、バリー『図説ケルト文化誌』蔵持不三也監訳、原書房、1998年。

木村正俊『ケルト人の歴史と文化』原書房、2012年。

グリーン、ケヴィン『ローマ経済の考古学』本村凌二監修、池口守・井上秀太郎訳、平凡社、1999年。

グリーン、J・R『イギリス国民の歴史』和田勇一訳、篠崎書林、1985年。

斎藤美洲編『イギリス文学史序説』中教出版、1978年。

桜庭信之・井上宗和『イギリスの歴史と文学〈写真集〉』大修館書店、1977年。

小林章夫『地上楽園バース』岩波書店、1989年。

ジェームズ、サイモン『図説ケルト』井村君江監訳、東京書籍、2000年。

スカー、クリス『ローマ皇帝歴代誌』青柳正規監修、創元社、1998年。

セイント、アンドルー／ジリアン・ダーリー『図説ロンドン年代記』（上・下）大出健訳、原書房、1997年。

タキトゥス『ゲルマニア・アグリコラ』國原吉之助訳、ちくま学芸文庫、1996年。

武部好伸『イングランド「ケルト」紀行』彩流社、2006年。

チャールズ＝エドワーズ、トマス編『オックスフォード ブリテン諸島の歴史2　ポスト・ローマ』鶴島博和日本語版

監修、常見信代監訳、慶應義塾大学出版会、2010年。

チョーサー、G『カンタベリ物語選』繁尾久編訳、荒地出版社、1989年。

常見信代「『ケルト教会』と復活祭論争」『北海学園人文論集』第57号、2014年。

鶴岡真弓・松村一男『図説ケルトの歴史』河出書房新社、1999年。

トリブッチ、ヘルムート『蜃気楼文明』渡辺正訳、工作舎、1983年。

トレヴェリアン、G・M『イギリス史1』大野真弓監訳、みすず書房、1974年。

南川高志『海のかなたのローマ帝国』岩波書店、2003年。

原聖『ケルトの水脈（興亡の世界史9）』講談社、2007年。

ヒース、ロビン『ストーンヘンジ』桃山まや訳、創元社、2009年。

蛭川久康『バースの肖像』研究社出版、1990年。

ファーマン、ジョン『とびきり不埒なロンドン史』尾崎寔訳、筑摩書房、1999年。

ベーダ『ベーダ英国民教会史』高橋博訳、講談社学術文庫、2008年。

ホイル、フレッド『ストーンヘンジ』荒井喬訳、みすず書房、1977年。

ホーキンズ、G・S『ストーンヘンジの謎は解かれた』竹内均訳、新潮選書、1965年。

宮北恵子・平林美都子『イギリス・ヘリテッジ文化を歩く』彩流社、2016年。

モートン、A・L『イングランド人民の歴史』浜林正夫他訳、未來社、1972年。

モリノー、ブライアン・リー『聖なる大地』（「人間の知恵」双書）月村澄枝訳、創元社、1995年。

山中由里子編『〈驚異〉の文化史』名古屋大学出版会、2015年。

横川節子『イギリス　ナショナル・トラストを旅する』千早書房、2001年。

横田由美『ヴァイキングのイングランド定住』現代図書、2012年。

ランバート、B・ジョーゼフ『遺物は語る』中島健訳、青土社、1999年。

ロス、キャシー／ジョン・クラーク『ロンドン歴史図鑑』樺山紘一解説、大間知知子訳、原書房、2015年。

第Ⅱ部　中　世

青山吉信編『イギリス史1　先史～中世（世界歴史大系）』山川出版社、1991年。

朝治啓三『シモン・ド・モンフォールの乱』京都大学学術出版会、2003年。

朝治啓三・渡辺節夫・加藤玄編著『中世英仏関係史1066－1500』創元社、2012年。

石原孝哉『悪王リチャード三世の素顔』丸善出版、2013

年。

今井登志喜『英国社会史』（上）（新装版）東京大学出版会、2001年。

伊村元道『英国パブリック・スクール物語』丸善ライブラリー、1993年。

ウォルフォード、ジェフリー『現代イギリス教育とプライヴァタイゼーション』岩橋法雄訳、法律文化社、1993年。

ウォルフォード、G『パブリック・スクールの社会学』竹内洋・海部優子訳、世界思想社、1996年。

佐藤伊久男「前期プランタジネット朝の歴史的地位」吉岡昭彦編『政治的権力の史的分析』御茶の水書房、1975年。

城戸毅『マグナ・カルタの世紀』東京大学出版会、1980年。

城戸毅『百年戦争』刀水書房、2010年。

キング、エドマンド『中世のイギリス』吉武憲司監訳、慶應義塾大学出版会、2006年。

佐藤賢一『英仏百年戦争』集英社新書、2003年。

鈴木秀人『変貌する英国パブリック・スクール』世界思想社、2002年。

竹内洋『パブリック・スクール』講談社現代新書、1993年。

鶴島博和『バイユーの綴織を読む』山川出版社、2015年。

デイヴィス、ウェンディ編『オックスフォード ブリテン諸島の歴史3　ヴァイキングからノルマン人へ』鶴島博和日本語版監修・監訳、慶応義塾大学出版会、2015年。

デイヴィス、ノーマン『アイルズ』別宮貞徳訳、共同通信社、2006年。

ハーヴェー、バーバラ編『オックスフォード ブリテン諸島の歴史4　12・13世紀　1066年-1280年頃』鶴島博和日本語版監修、吉武憲司監訳、慶應義塾大学出版会、2012年。

ホゥルト、J・C『マグナ・カルタ』森岡敬一郎訳、慶應義塾大学出版会、2000年。

マッケクニ、W・S『マグナ・カルタ』禿氏好文訳、ミネルヴァ書房、1993年。

望田幸男編『近代中等教育の構造と機能』名古屋大学出版会、1990年。

ロイル、トレヴァー『薔薇戦争新史』陶山昇平訳、彩流社、2014年。

第Ⅲ部　近　世

アーリク、マーガレット『男装の科学者たち』上平初穂他訳、北海道大学図書刊行会、1999年。

赤井彰『スペイン無敵艦隊の最期』人物往来社、1968年。

浅田實『東インド会社』講談社現代新書、1989年。

アレン、デイヴィッド・E『ナチュラリストの誕生』阿部治訳、平凡社、1990年。

石井美樹子『図説エリザベス一世』河出書房新社、2012年。

石井美樹子『エリザベス　華麗なる孤独』中央公論新社、2009年。

石島晴夫『スペイン無敵艦隊』原書房、1981年。

石原孝哉『悪王リチャード三世の素顔』丸善出版、2013年。

池本幸三・布留川正博・下山晃『近代世界と奴隷制』人文書院、2003年。

岩井淳『ピューリタン革命と複合国家』山川出版社、2010年。

岩根圀和『スペイン無敵艦隊の悲劇』彩流社、2015年。

ウィリアムズ、エリック『資本主義と奴隷制（世界歴史叢書）』山本伸監訳、明石書店、2004年。

上村達雄・海保眞夫『英文学特殊』慶應義塾大学出版会、1992年。

臼田昭『ピープス氏の秘められた日記』岩波新書、1982年。

大場秀章『植物学と植物画』（新装版）八坂書房、2003年。

岡照雄『官僚ピープス氏の生活と意見』みすず書房、2013年。

小川眞里子『フェミニズムと科学／技術』岩波書店、2001年。

海保眞夫『文人たちのイギリス十八世紀』慶鷹義塾大学出版会、2001年。

加藤紘捷『概説イギリス憲法』勁草書房、2002年。

川北稔『民衆の大英帝国』岩波現代文庫、2008年。

川北稔編『イギリス史（新版世界各国史11）』山川出版社、1998年。

木村正俊編著『スコットランドを知るための65章』明石書店、2015年。

小池滋『英国鉄道物語』（新版）晶文社、2006年。

コリンソン、パトリック編『オックスフォード ブリテン諸島の歴史6　16世紀　1485年－1603年』鶴島博和日本語版監修、井内太郎監訳、慶應義塾大学出版会、2010年。

コルヴィル、ジョン『ダウニング街日記』（上・下）都築忠七他訳、平凡社、1990年。

コンスタム、アンガス『図説スペイン無敵艦隊』大森洋子訳、原書房、2011年。

才野重雄『断頭台の女王』ニューカレントインターナショナル、1986年。

佐久間康夫他編著『概説イギリス文化史』ミネルヴァ書房、2007年。

指昭博『イギリス宗教改革の光と影』ミネルヴァ書房、2010年。

佐藤賢一『英仏百年戦争』集英社新書、2003年。

ジェイ、アイリーン他『ピーターラビットの野帳』塩野米松訳、福音館書店、1999年。

朱牟田夏雄『フィールディング』（新英米文学評伝叢書）研究社、1956年。

白幡洋三郎『プラントハンター』講談社、1994年。

スペック、W・A『イギリスの歴史』月森左知・水戸尚子訳、創土社、2004年。

スマウト、T・C『スコットランド国民の歴史』木村正俊監訳、原書房、2010年。

滝口明子『英国紅茶論争』講談社選書、1996年。

田中琢二『イギリス政治システムの大原則』第一法規、2007年。

塚田理『イングランドの宗教』教文館、2004年。

デイヴィス、ノーマン『アイルズ』別宮貞徳訳、共同通信社、2006年。

ドッド、アーサー・H『ウェールズの歴史』吉賀憲夫訳、京都修学社、2000年。

富田理恵『スコットランド（世界歴史の旅）』山川出版社、2002年。

トレヴェリアン、G・M『イギリス史1〜3』大野真弓監訳、みすず書房、1973〜75年。

西村三郎『リンネとその使徒たち』人文書院、1989年。

西村三郎『文明のなかの博物学』（上・下）紀伊國屋書店、1999年。

バーバー、リン『博物学の黄金時代』高山宏訳、国書刊行会、1995年。

バカン、エリザベス『素顔のビアトリクス・ポター』吉田新一訳、絵本の家、2001年。

ハクスリー、ロバート編著『西洋博物学者列伝』植松靖夫訳、悠書館、2009年。

春山行夫『花の文化史』講談社、1980年。

ピープス、サミュエル『サミュエル・ピープスの日記』（全10巻）臼田昭・岡照雄・海保眞夫訳、国文社、1987〜2012年。

ヒバート、クリストファー『女王エリザベス』（上）山本史郎訳、原書房、1998年。

ヒル、クリストファー『十七世紀イギリスの急進主義と文学』小野功生・圓月勝博訳、法政大学出版局、1997年。

フィールディング、ヘンリー「大盗ジョナサン・ワイルド伝」袖山栄真訳、『集英社版世界文学全集6　悪漢小説集』集英社、1979年。

ブロックウェイ、ルシール・H『グリーンウエポン』小出五郎訳、社会思想社、1983年。

ヘルム、ゲルハルト『ケルト人』関楠生訳、河出書房新社、1979年。

ホッブス、トマス『ビヒモス』山田園子訳、岩波文庫、2014年。

水井万里子『図説テューダー朝の歴史』河出書房新社、2011年。

八代崇『イギリス宗教改革史研究』創文社、1979年。

村岡健次・川北稔編著『イギリス近代史』（改訂版）ミネルヴァ書房、2003年。

山本信太郎『イングランド宗教改革の社会史』立教大学出版会、2009年。

湯沢威『鉄道の誕生』（創元世界史ライブラリー）創元社、2014年。

吉田新一監修『ピーターラビットからの手紙』求龍堂、1997年。

ライリー、マイケル他『イギリスの歴史【帝国の衝撃】』（世界の教科書シリーズ）前川一郎訳、明石書店、2012年。

リア、リンダ『ビアトリクス・ポター』黒川由美訳、ランダムハウス講談社、2007年。

レイン、マーガレット『ビアトリクス・ポターの生涯』猪熊葉子訳、福音館書店、1987年。

第Ⅳ部　近　代

青木康「フランス革命の衝撃」松村昌家・川本静子・長島伸一・村岡健次編『〈英国文化の世紀1〉新帝国の開花』研究社出版、1996年。

秋田茂『イギリス帝国の歴史』中公新書、2012年。

有賀貞『アメリカ革命』東京大学出版会、1988年。

安藤潔『イギリス・ロマン派とフランス革命』桐原書店、2003年。

稲垣正浩他『図説スポーツの歴史』大修館書店、1996年。

今井宏編『イギリス史2　近世（世界歴史大系）』山川出版社、1990年。

岩岡中正『詩の政治学』木鐸社、1990年。

上野格・アイルランド文化研究会編著『図説アイルランド』河出書房新社、1999年。

ヴォール、アンジェイ『近代スポーツの社会史』唐木國彦・上野卓郎訳、ベースボール・マガジン社、1980年。

ウッド、ゴードン・S『アメリカ独立革命』中野勝郎訳、岩波書店、2016年。

ウルストンクラーフト、メアリ『女性の権利の擁護』白井堯子訳、未來社、1980年。

ウルストンクラフト、メアリ『ウルストンクラフトの北欧からの手紙』（叢書・ウニベルシタス）石幡直樹訳、法政大学出版局、2012年。

エリクソン、キャロリー『イギリス摂政時代の肖像』古賀秀男訳、ミネルヴァ書房、2013年。

エリス、P・ベアレスフォード『アイルランド史』（上・下）堀越智・岩見寿子訳、論創社、1991年。

岡倉登志『ボーア戦争』山川出版社、2003年。

岡倉登志『ボーア戦争』教育社歴史新書、1993年。

川北稔「環大西洋革命の時代」樺山紘一他編『岩波講座世界歴史17　環大西洋革命　18世紀後半－1830年代』岩波書店、1997年。

川北稔『イギリス近代史講義』講談社現代新書、2010年。

川北稔編『イギリス史（新版世界各国史11）』山川出版社、1998年。

君塚直隆『ジョージ四世の夢のあと』中央公論新社、2009年。

古賀秀男『キャロライン王妃事件』人文書院、2006年。

コリー、リンダ『イギリス国民の誕生』川北稔監訳、名古屋大学出版会、２０００年。

志垣嘉夫編『世界の戦争７　ナポレオンの戦争』講談社、１９８４年。

杉山忠平『理性と革命の時代に生きて』岩波新書、１９７４年。

鈴木秀人『変貌する英国パブリック・スクール』世界思想社、２００２年。

スペック、W・A『イギリスの歴史』月森左知・水戸尚子訳、創土社、２００４年。

スマウト、T・C『スコットランド国民の歴史』木村正俊監訳、原書房、２０１０年。

関榮次『日英同盟』学習研究社、２００３年。

高神信一『大英帝国のなかの「反乱」』同文舘出版、１９９９年。

田所昌幸編『ロイヤル・ネイヴィーとパクス・ブリタニカ』有斐閣、２００６年。

チャンドラー、デイヴィッド・ジェフリ『ナポレオン戦争』（全5巻）君塚直隆ほか訳、信山社、２００２～２００３年。

トムスン、エドワード・P『イングランド労働者階級の形成』市橋秀夫・芳賀健一訳、青弓社、２００３年。

友清理士『アメリカ独立戦争』（上・下）学研M文庫、２００１年。

日本体育協会監修『最新スポーツ大事典』大修館書店、１９８７年。

バーク、エドマンド『フランス革命についての省察』（上・下）中野好之訳、岩波文庫、２０００年。

波多野裕造『物語アイルランドの歴史』中公新書、２００１年。

林董『後は昔の記 他　林董回顧録』由井正臣校注、平凡社、１９７０年。

兵頭二十八『アメリカ大統領戦記　１７７５－１７８３　独立戦争とジョージ・ワシントン（１）』草思社、２０１５年。

平間洋一『日英同盟』角川ソフィア文庫、２０１５年。

藤井信行『「日英同盟」協約交渉とイギリス外交政策』春風社、２００６年。

プライス、リチャード『祖国愛について』永井義雄訳、未來社、１９６６年。

ブリッグズ、エイザ『イングランド社会史』今井宏・中野春夫・中野香織訳、筑摩書房、２００４年。

ブレイルズフォード、H・N『フランス革命と英国の思想・文学』岡地嶺訳、中央大学出版部、１９８２年。

ペイン、トマス『人間の権利』西川正身訳、岩波文庫、１９７１年。

ベケット、J・C『アイルランド史』藤森一明・高橋裕之訳、八潮出版社、１９７２年。

細谷千博編『日英関係史』東京大学出版会、１９８２年。

細谷千博／イアン・ニッシュ監修『日英交流史１６００－２０００　２　政治・外交Ⅱ』東京大学出版会、２０００年。

松井良明『球技の誕生』平凡社、２０１５年。

村岡健次・川北稔編著『イギリス近代史』（改訂版）ミネルヴァ書房、２００３年。

村岡健次・木畑洋一編『イギリス史３　近現代（世界歴史大系）』山川出版社、１９９１年。

ラングフォード、ポール『オックスフォード　ブリテン諸島の歴史８　18世紀　１６８８－１８１５年』鶴島博和日本語版監修、坂下史監訳、慶應義塾大学出版会、２０１３年。

和田光弘編『大学で学ぶアメリカ史』ミネルヴァ書房、２０１４年。

第Ⅴ部　現　代

会田雄次『アーロン収容所』中公新書、１９６２年。

秋田茂『イギリス帝国の歴史』中公新書、２０１２年。

安達智史『リベラル・ナショナリズムと多文化主義』勁草書房、２０１３年。

アンダーソン、スコット『ロレンスがいたアラビア』（上・下）山村宜子訳、白水社、２０１６年。

『イギリス帝国と20世紀』（全５巻）ミネルヴァ書房、２００４、２００６、２００７、２００９年。

犬童一男、高坂正尭、河合秀和、ＮＨＫ取材班『かくして政治はよみがえった』日本放送出版協会、１９８９年。

今井けい『イギリス女性運動史』日本経済評論社、１９９２年。

上野格・アイルランド文化研究会編著『図説アイルランド』河出書房新社、１９９９年。

海野弘『スパイの世界史』文藝春秋、２００３年。

梅垣千尋『女性の権利を擁護する』白澤社、２０１１年。

梅川正美『サッチャーと英国政治１～３』成文堂、１９９７、２００１、２００８年。

梅川正美・阪野智一・力久昌幸編著『イギリス現代政治史』ミネルヴァ書房、２０１０年。

梅川正美・阪野智一・力久昌幸編著『現代イギリス政治（第２版）』成文堂、２０１４年。

岡山勇一・戸澤健次『サッチャーの遺産』晃洋書房、２００１年。

岡村東洋光・高田実・金澤周作編著『英国福祉ボランタリズムの起源』ミネルヴァ書房、２０１２年。

小川浩之『英連邦』中央公論新社、２０１２年。

香戸美智子『サッチャーと英国社会』丸善出版、２０１４年。

金澤周作『チャリティとイギリス近代』京都大学学術出版会、２００８年。

川勝平太監修・ポール・スノードン／大竹正次著『イギリスの社会』早稲田大学出版部、１９９７年。

川勝平太・三好陽編『イギリスの政治』早稲田大学出版部、１９９９年。

川北稔・木畑洋一編『イギリスの歴史』有斐閣、２０００年。

川成洋『紳士の国のインテリジェンス』集英社新書、２００７年。

川成洋・長尾輝彦編『現代イギリス読本』丸善出版、２０１

2年。

河村貞枝『イギリス近代フェミニズム運動の歴史像』明石書店、2001年。

河村貞枝・今井けい編『イギリス近現代女性史研究入門』青木書店、2006年。

キーガン、ジョン『チャーチル』富山太佳夫訳、岩波書店、2015年。

菊川智文『イギリス政治はおもしろい』PHP新書、2004年。

北山夕華『英国のシティズンシップ教育』早稲田大学出版部、2014年。

木畑洋一『第二次世界大戦』吉川弘文館、2001年。

木畑洋一編著『大英帝国と帝国意識』ミネルヴァ書房、1998年。

木畑洋一編著『現代世界とイギリス帝国（イギリス帝国と20世紀 第5巻）』ミネルヴァ書房、2007年。

君塚直隆『物語イギリスの歴史』（上・下）中公新書、2015年。

君塚直隆・細谷雄一・永野隆行編著『イギリスとアメリカ』勁草書房、2016年。

ギャンブル、A『自由経済と強い国家』小笠原欣幸訳、みすず書房、1990年。

クーパー、ジリー『クラース　イギリス人の階級』渡部昇一訳、サンケイ出版、1984年。

クラーク、ピーター『イギリス現代史』西沢保他訳、名古屋大学出版会、2004年。

グレイ、ジョン『グローバリズムという妄想』石塚雅彦訳、日本経済新聞社、1999年。

黒岩徹・岩田託子編『イギリス（ヨーロッパ読本）』河出書房新社、2007年。

ケイン、P・J／A・G・ホプキンズ『ジェントルマン資本主義の帝国2　危機と解体　1914－1990』木畑洋一・旦祐介訳、名古屋大学出版会、1997年。

小関隆『徴兵制と良心的兵役拒否』人文書院、2010年。

小堀眞裕『サッチャリズムとブレア政治』晃洋書房、2005年。

小堀眞裕『ウエストミンスターモデルの変容』法律文化社、2012年。

コルヴィル、ジョン『ダウニング街日記』（上・下）都築忠七他訳、平凡社、1990年。

佐喜眞望『イギリス労働運動と議会主義』御茶の水書房、2007年。

佐久間孝正『移民大国イギリスの実験』勁草書房、2007年。

サッチャー、マーガレット『サッチャー回顧録』（上・下）石塚雅彦訳、日本経済新聞社、1993年。

サッチャー、マーガレット『サッチャー私の半生』（上・下）石塚雅彦訳、日本経済新聞社、1995年。

ジェフリー、キース『MI6秘録』（上・下）高山祥子訳、筑摩書房、2013年。

下條美智彦『イギリスの行政』（新装版）早稲田大学出版部、1999年。

白石まみ『マーガレット・サッチャー　鉄の女の涙』泰文堂、2012年。

杉山伸哉／ジャネット・ハンター編『日英交流史1600－2000　4』東京大学出版会、2001年。

鈴木良平『アイルランド建国の英雄たち』彩流社、2003年。

ストーリー、マイク／ピーター・チャイルズ編『イギリスの今』（第四版）塩谷清人監訳、世界思想社、2013年。

スミス、ジェフリー『ウーマン・イン・パワー』安藤優子訳、扶桑社、1991年。

橘木俊詔『安心の社会保障改革』東洋経済新報社、2010年。

田中嘉彦『英国の貴族院改革』成文堂、2015年。

チャーチル、W・S『第二次世界大戦』（新装版、全4巻）佐藤亮一訳、河出文庫、2001年。

チャーチル、W『わが半生』中村祐吉訳、中央公論新社、2014年。

テイラー、A・J・P『イギリス現代史』都築忠七訳、みすず書房、1987年。

富田浩司『危機の指導者　チャーチル』新潮選書、2011年。

中川雄一郎『社会的企業とコミュニティの再生』大月書店、2005年。

パターソン、マイケル『エニグマ・コードを解読せよ』角敦子訳、原書房、2009年。

波多野裕造『物語アイルランドの歴史』中公新書、2001年。

パナイー、パニコス『近現代イギリス移民の歴史』浜井祐三子・溝上宏美訳、人文書院、2015年。

浜井祐三子『イギリスにおけるマイノリティの表象』三元社、2004年。

ビーヴァー、アントニー『第二次世界大戦、1939－45』（上・中・下）平賀秀明訳、白水社、2015年。

藤森克彦『構造改革　ブレア流』TBSブリタニカ、2002年。

藤原肇『インテリジェンス戦争の時代』山手書房新社、1991年。

ブラウン、テレンス『アイルランド　社会と文化』大島豊訳、国文社、2000年。

ブレア、トニー「『第三の道』新しい世紀の新しい政治」『生活経済政策』編集部監訳、『生活経済政策』第26巻、1999年。

ブレア、トニー『ブレア回顧録』（上・下）石塚雅彦訳、日本経済新聞出版社、2011年。

ベヴァリッジ、ウィリアム『ベヴァリッジ報告』一圓光彌監訳、法律文化社、2014年。

ボイル、アンドルー『裏切りの季節』亀田政弘訳、サンケイ出版、1981年。

ポーター、アンドリュー・N編著『大英帝国歴史地図』横井勝彦・山本正訳、東洋書林、１９９６年。

細谷雄一『倫理的な戦争』慶應義塾大学出版会、２００９年。

細谷雄一『迷走するイギリス』慶應義塾大学出版会、２０１６年。

細谷雄一編著『イギリスとヨーロッパ』勁草書房、２００９年。

堀越智編著『アイルランド・ナショナリズムの歴史的研究』論創社、１９８１年。

巻口勇次『現代イギリスの人種問題』信山社出版、２００７年。

マスターマン、ジョン・C『二重スパイ化作戦』武富紀雄訳、河出書房新社、１９８７年。

待鳥聡史『代議制民主主義』中公新書、２０１５年。

松尾太郎『アイルランド民族のロマンと反逆』論創社、１９９４年。

森嶋通夫『サッチャー時代のイギリス』岩波新書、１９８８年。

山内昌之・大野元裕編『イラク戦争データブック』明石書店、２００４年。

山口二郎『ブレア時代のイギリス』岩波新書、２００５年。

山室信一・岡田暁生・小関隆・藤原辰史編『現代の起点　第二次世界大戦２　総力戦』岩波書店、２０１４年。

山本正・細川道久編著『コモンウェルスとは何か』ミネルヴァ書房、２０１４年。

四元忠博『ナショナルトラストの軌跡１８９５－１９４５年』緑風出版、２００３年。

ライリー、マイケル他『イギリスの歴史【帝国の衝撃】』（世界の教科書シリーズ）前川一郎訳、明石書店、２０１２年。

力久昌幸『イギリスの選択』木鐸社、１９９６年。

労働政策研究・研修機構「新たな給付制度『ユニバーサル・クレジット』を発表」『国別労働トピック』２０１０年12月。

渡辺龍也『フェアトレード学』新評論、２０１０年。

1923－1924	ボールドウィン（第1次）	［保］
1924.1－10	マクドナルド（第1次）	［労］
1924－1929	ボールドウィン（第2次）	［保］
1929－1931	マクドナルド（第2次）	［労］
1931－1935	マクドナルド（第3次）	［挙国連立内閣］
1935－1937	ボールドウィン（第3次）	［挙国連立内閣］
1937－1940	チェンバレン	［挙国連立内閣］
1940－1945	チャーチル（第1次）	［保＝労＝自連立］
1945－1951	アトリー	［労］
1951－1955	チャーチル（第2次）	［保］
1955－1957	イーデン	［保］
1957－1963	マクミラン	［保］
1963－1964	ヒューム	［保］
1964－1970	ウィルソン（第1次）	［労］
1970－1974	ヒース	［保］
1974－1976	ウィルソン（第2次）	［労］
1976－1979	キャラハン	［労］
1979－1990	サッチャー	［保］
1990－1997	メイジャー	［保］
1997－2007	ブレア	［労］
2007－2010	ブラウン	［労］
2010－2016	キャメロン	［保］
2016－	メイ	［保］

※略語

W：ホイッグ党、T：トーリー党、保：保守党、自：自由党、統：統一党、労：労働党

出所：川北稔編『イギリス史』山川出版社、1998年を基に作成。

◉歴代首相一覧

1721－1742	ウォルポール	［W］
1742－1743	ウィルミントン伯	［W］
1743－1754	ペラム	［W］
1754－1756	ニューカースル公（第1次）	［W］
1756－1757	デヴォンシア公	［W］
1757－1762	ニューカースル公（第2次）	［W］
1762－1763	ビュート伯	［T］
1763－1765	グレンヴィル、G.	［T］
1765－1766	ロッキンガム侯（第1次）	［W］
1766－1768	（大）ピット	［W］
1768－1770	グラフトン公	［W］
1770－1782	ノース	［T］
1782	ロッキンガム侯（第2次）	［W］
1782－1783	シェルバーン伯	［T］
1783	ポートランド公（第1次）	［T=W連立］
1783－1801	（小）ピット（第1次）	［T］
1801－1804	アディントン	［T］
1804－1806	（小）ピット（第2次）	［T］
1806－1807	グレンヴィル	［W=T］
1807－1809	ポートランド公（第1次）	［T］
1809－1812	パーシヴァル	［T］
1812－1827	リヴァプール伯	［T］
1827.4－11	キャニング	［T］
1827－1828	ゴドリッチ子	［T］
1828－1830	ウェリントン公	［T］
1830－1834	グレイ伯	［W］
1834.7－12	メルボーン子（第1次）	［W］
1834－1835	ピール（第1次）	［保］
1835－1841	メルボーン子（第2次）	［W］
1841－1846	ピール（第2次）	［保］
1846－1852	ラッセル（第1次）	［W］
1852.2－12	ダービ伯（第1次）	［保］
1852－1855	アバディーン伯	［ピール派＝W連合］
1855－1858	パーマストン子（第1次）	［W］
1858－1859	ダービ伯（第2次）	［保］
1859－1865	パーマストン子（第2次）	［W=ピール派連合］
1865－1866	ラッセル（第2次）	［Wおよび自］
1866－1868	ダービ伯（第3次）	［保］
1868.2－12	ディズレーリ（第1次）	［保］
1868－1874	グラッドストン（第1次）	［自］
1874－1880	ディズレーリ（第2次）	［保］
1880－1885	グラッドストン（第2次）	［自］
1885－1886	ソールズベリ侯（第1次）	［保］
1886.2－12	グラッドストン（第3次）	［自］
1886－1892	ソールズベリ侯（第2次）	［保］
1892－1894	グラッドストン（第4次）	［自］
1894－1895	ローズベリ伯	［自］
1895－1902	ソールズベリ侯（第3次）	［統］
1902－1905	バルフォア	［統］
1905－1908	キャンベル＝バナマン	［自］
1908－1915	アスキス	［自］
1915－1916	アスキス	［自＝保＝労連立］
1916－1922	ロイド・ジョージ	［自＝保＝労連立］
1922－1923	ボナ＝ロー	［保］

グレートブリテン王国（The Kingdom of Great Britain）

【ステュアート家　House of Stuart】
1603－1625　ジェイムズ１世　James I
1625－1649　チャールズ１世　Charles I

1649－1660　共和制時代

【ステュアート家　House of Stuart】
1660－1685　チャールズ２世　Charles II
1685－1688　ジェイムズ２世　James II
1689－1702　ウィリアム３世　William III
1689－1694　メアリー２世　Mary II
（ウィリアム３世と共同統治）
1702－1714　アン　Anne

【ハノーヴァー家　House of Hanover】
1714－1727　ジョージ１世　George I
1727－1760　ジョージ２世　George II
1760－1820　ジョージ３世　George III
1820－1830　ジョージ４世　George IV
1830－1837　ウィリアム４世　William IV
1837－1901　ヴィクトリア　Victoria

【サックス＝コーバーグ＝ゴータ家
House of Saxe-Coburg-Gotha】
1901－1910　エドワード７世　Edward VII

【ウィンザー家　House of Windsor】
1910－1936　ジョージ５世　George V
1936　エドワード８世　Edward VIII
1936－1952　ジョージ６世　George VI
1952－　エリザベス２世　Elizabeth II

スコットランド王国（The Kingdom of Scotland）

【ダンケルド家　House of Dunkeld】
1057－1093　マルカム３世　Malcolm III
1093－1094　ドナルド・ベイン　Donald Bane
1094　ダンカン２世　Duncan II
1094－1097　ドナルド・ベイン（復位）Donald Bane
1097－1107　エドガー　Edger
1107－1124　アレグザンダー１世 Alexander I
1124－1153　デイヴィッド１世　David I
1153－1165　マルカム４世　Malcolm IV
1165－1214　ウィリアム（獅子王）William (the Lion)
1214－1249　アレグザンダー２世 Alexander II
1249－1286　アレグザンダー３世 Alexander III

【ノルウェー家　House of Norway】
1286－1290　マーガレット　Margaret of Norway

【ベイリオル家　House of Baliol】
1292－1296　ベイリオル　John Baliol

【ブルース家　House of Bruce】
1306－1329　ロバート１世　Robert I
1329－1371　デイヴィッド２世　David II

【ステュアート家　House of Stuart】
1371－1390　ロバート２世　Robert II
1390－1406　ロバート３世　Robert III
1406－1437　ジェイムズ１世　James I
1437－1460　ジェイムズ２世　James II
1460－1488　ジェイムズ３世　James III
1488－1513　ジェイムズ４世　James IV
1513－1542　ジェイムズ５世　James V
1542－1567　メアリー・ステュアート Mary Stuart
1567－1625　ジェイムズ６世　James VI
⇒イングランド王ジェイムズ１世として即位。1603

出所：イギリス文化事典編集委員会編『イギリス文化事典』丸善出版、2014年。

◉歴代国王一覧

イングランド王国（The Kingdom of England）

【ウェセックス家　House of Wessex】
802－839　エグバート　Egbert
839－858　エセルウルフ　Ethelwulf
858－860　エセルボールド　Ethelbald
860－865　エセルバート　Ethelbert
865－871　エセルレッド１世　Ethelred I
871－899　アルフレッド大王　Alfred the Great
899－924　エドワード１世　Edward I
924－939　エセルスタン　Ethelstan
939－946　エドマンド１世　Edmund I
946－955　エドレッド　Edred
955－959　エドウィ　Edwy
959－975　エドガー　Edger
975－978　エドワード（殉教王）Edward (the Martyr)
978－1016　エセルレッド2世　Ethelred II
1016　エドマンド（剛勇王）Edmund (the Ironside)

【デーン家　House or Dane】
1016－1035　カヌート王　Canute the Great
1035－1040　ハロルド１世　Harold I
1040－1042　ハルデクヌード　Hardecanut

【ウェセックス家　House of Wessex】
1042－1066　エドワード（証聖王）Edward (the Confessor)
1066　ハロルド２世　Harold II (Harold Godwinson)

【ノルマン家　House of Norman】
1066－1087　ウィリアム１世（征服王）William I (the Conqueror)
1087－1100　ウィリアム２世　William II
1100－1135　ヘンリー１世　Henry I

【ブロア家　House of Blois】
1135－1154　スティーヴン　Stephen of Blois

【プランタジネット家　House of Plantagenet】
1154－1189　ヘンリー２世　Henry II
1189－1199　リチャード１世（獅子心王）Richard I (the Lion-Hearted)
1199－1216　ジョン（欠地王）John (the Lackland)
1216－1272　ヘンリー３世　Henry III
1272－1307　エドワード１世　Edward I
1307－1327　エドワード２世　Edward II
1327－1377　エドワード３世　Edward III
1377－1399　リチャード2世　Richard II

【ランカスター家　House of Lancaster】
1399－1413　ヘンリー４世　Henry IV
1413－1422　ヘンリー５世　Henry V
1422－1461　ヘンリー６世　HenryVI
1470－1471　同上（復位）

【ヨーク家　House of York】
1461－1470　エドワード4世　Edward IV
1471－1483　同上（復位）
1483　エドワード５世　Edward V
1488－1485　リチャード3世　Richard III

【テューダー家　House of Tudor】
1485－1509　ヘンリー７世　Henry VII
1509－1547　ヘンリー８世　Henry VIII
1547－1553　エドワード6世　Edward VI
1553－1558　メアリー１世　Mary I
1558－1603　エリザベス1世　Elizabeth I

年代	社会・経済・文化	政治史
2000	2007　ドリス・レッシング、ノーベル文学賞受賞 公共の屋内空間での禁煙法の実施 ロック・バンド《ポリス》の再結成 《レッド・ツェッペリン》も再結成 大手トムソンがロイターを買収。トムソン・ロイターの誕生	2007　ブレア退陣、後継にブラウン財務相就任
	2008　前年の金融危機の影響で住宅市場などの低迷	
		2009　イラク参戦に関する独立調査委員会設置
	2010　南東部沖の海上に世界一の洋上風力発電所	2010　総選挙で保守党が第一党になるが、過半数に届かず、36年ぶりの「ハング・パーラメント」状態
		2011　女王、英国君主として100年ぶりにアイルランド訪問 単純小選挙区制を「優先順位付き連記投票制」に変更する国民投票、反対68%で否決 独立調査委員会、ブレア元首相の証人喚問
	2012　第30回夏季オリンピック・ロンドン大会	
	2013　サッチャー元首相、死去 男女平等の長子優先とする王位継承法訂正 政府通信本部、09年のロンドンG20での20か国首脳の電話・メール等の傍受、発覚	
	2014　南部イングランドと西部ウェールズで両性婚を合法化 英国国教会で女性主教就任を容認	2014　スコットランド独立の住民投票（独立反対55.3%、賛成44.7%）
	2015　国会議事堂前広場にガンディー像建立	
	2016　リベラル系日刊紙『インデペンデント』廃刊	2016　国民投票でEU離脱を決定 キャメロン首相退陣とメイ内閣誕生

出所：イギリス文化事典編集委員会編『イギリス文化事典』丸善出版、2014年（川北稔作成）を一部追加・変更。

年代	社会・経済・文化	政治史
1900	1936　ケインズ『雇用・利子および貨幣にかんする一般理論』刊行。エドワード８世退位（「世紀の恋」）	1938　ミュンヘン会談 1939　第２次世界大戦（－45）
	1942　ベヴァリッジ報告	
	1945　オーウェル『動物農場』	1945　ヤルタ会談。第２次世界大戦終結
	1946　イングランド銀行国有化。パン配給制（－48）	
	1948　NHS制度創設	1952　エリザベス２世即位
		1955　チャーチル引退
	1959　シリトー『長距離走者の孤独』	1959　EEC発足
	1965　ビートルズ《イエスタディ》	
		1973　EC加盟 1973　ベトナム戦争当事者によるパリ和平協定調印
	1978　「不満の冬」（－79）	1976　ポンド危機
		1979　サッチャー政権成立 1989　ベルリンの壁崩壊 1991　ソ連崩壊 1993　EU成立
	1984　炭坑労組スト。IRAによるブライトンのホテル爆破事件	1982　フォークランド紛争 1988　人頭税導入
	1992　サッカー、プレミアリーグ創設	1994　ブレア政権成立
	1996　ダイアナ離婚	1997　香港返還。スコットランド議会・ウェールズ議会開設を承認
		1999　貴族院改革
2000	2001　捜査権を強化したテロ法の施行。映画《ハリー・ポッターと賢者の石》大ヒット	2001　総選挙、労働党圧勝
	2002　エリザベス２世戴冠50周年記念式典	2002　ブレア内閣、初の黒人大臣誕生、ポール・ボートン財務大臣
	2003　ロンドン警視庁、猛毒物質リシンを押収	2003　対イラク開戦前に英・米首脳会談。ユーロ導入見送りを発表。政府のイラクに関する情報操作疑惑発覚
	2004　生体識別情報付き身分証明カード導入	
	2005　ロンドン中心部で自爆テロ発生	2005　総選挙。与党労働党勝利。ブレア第３次内閣成立
	2006　『ダ・ヴィンチ・コード』の盗作裁判、結審。 イングランド銀行の現金5310ポンド強奪される	2006　貴族院、史上初の議長選挙

年代	社会・経済・文化	政治史
1800	1849　航海法廃止	1849　航海法廃止
	1850　ワーズワス没	1853　クリミア戦争（－56）
	1851　ロンドン大博覧会（万国博覧会）開催。コレラ流行はじまる	
	1858　ロバート・オーウェン没	1857　インド大反乱。翌年、東インド会社廃止
	1859　歴史家マコーリ没 ダーウィン『種の起原』。トクヴィル没	1861　イタリア王国成立
	1863　サッカー協会（FA）創設	1867　ディズレーリによる第２次選挙法改正
	1870　初等教育法施行	1868　日本、明治維新
	1871　G・エリオット『ミドルマーチ』	1871　パリ・コミューン。ドイツ帝国成立
	1877　ウィンブルドン・テニス選手権開催	1877　インド帝国創設
	1882　既婚女性財産法成立	
	1884　フェビアン協会結成	
	1889　ロンドン・ドックストライキ。非熟練労働者の組織化本格化	1889　ファショダ事件
	1891　ハーディ『ダーバヴィル家のテス』、ドイル「シャーロック・ホームズ」連載開始	
	1896　モリス没	
	1897　ヴィクトリア即位60周年記念式典（ダイヤモンド・ジュビリー）	1899　ボーア戦争はじまる（－1902）
1900	1900　ワイルド没	1900　労働代表委員会結成
	1902　ホブソン『帝国主義論』	
	1908　老齢年金法。ロンドン・オリンピック（1944［中止］、1948、2012）	1906　労働党結成
	1910　ラッセル『数学原理』	
	1912　タイタニック号沈没	1914　第１次世界大戦
	1922　マリノフスキー『西太平洋の遠洋航海者』	1917　ロシア革命
	1927　ウルフ『灯台へ』	
	1928　女性参政権、男性と平等になる。エメリン・パンクハースト没。ロレンス『チャタレー夫人の恋人』	1929　大恐慌発生 1931　ウェストミンスター憲章公布
	1934　トインビー『歴史の研究』刊行開始	

年代	社会・経済・文化	政治史
1700	1776　アダム・スミス『国富論』刊行	1775　アメリカ独立戦争開始。翌年、独立宣言採択
	1779　クロンプトン、ミュール紡績機開発	
	1780　ゴードン暴動発生	
	1784　郵便馬車制度創設	
	1785　『タイムズ』創刊。アークライトの水力紡績機の特許無効判決	
	1788　ギボン『ローマ帝国衰亡史』	1789　フランス革命勃発
	1797　海軍大反乱発生	1793　第1回対仏大同盟
	1798　マルサス『人口論』初版刊行	
1800		1801　アイルランドを併合、連合王国成立
	1807　大西洋奴隷貿易廃止	
	1811　ラダイト運動はじまる	1805　トラファルガル沖海戦
	1813　東インド会社の貿易独占廃止	1812　対アメリカ戦争開始（−14）
	1815　穀物法制定	1814　ウィーン会議（−15）
	1819　「ピータールー虐殺」事件勃発	
	1821　『マンチェスター・ガーディアン』（のちの『ガーディアン』）創刊	
	1823　リカード没。コンスタブル《ソールズベリー大聖堂》	
	1824　ナショナル・ギャラリー開設	
	1825　ストックトンとダーリントン間に最初の営業用鉄道敷設	
	1829　カトリック教徒解放令	
	1830　マンチェスター・アンド・リヴァプール鉄道開業	
	1832　ベンサム没	1832　第1次選挙法改正
	1833　一般工業法制定	1833　帝国内の奴隷制度廃止
	1834　新救貧法施行。『エコノミスト』創刊	
	1836　ロンドン大学創設	
	1837　ディケンズ『オリヴァー・トウィスト』	1837　ヴィクトリア女王即位
	1839　ヘンリー・レガッタはじまる	1840　アヘン戦争（−42）
	1844　ターナー《雨・蒸気・スピード》	
	1846　穀物法廃止。サッカレー『虚栄の市』	1846　穀物法廃止
	1848　マルクスとエンゲルス、ロンドンで『共産党宣言』を発表	1848　フランス二月革命 ウィーン・ベルリンの三月革命

年代	社会・経済・文化	政治史
1600		1648　ウェストファリア条約
		1649　チャールズ1世処刑、共和国となる
	1651　オックスフォードに最初のコーヒーハウス。翌年ロンドンにも ホッブズ『リヴァイアサン』刊行	1651　航海法発布、オランダ海運を排除。翌年、第1次イギリス・オランダ戦争
		1653　クロムウェル、護国卿となる
		1655　ジャマイカ遠征
	1660　ピープス、日記を開始	1660　王政復古
	1661　クラレンドン法典（－65）	1661　ルイ14世親政開始
	1662　この頃、王立協会創設	
	1665　ロンドンでペスト猛威	
	1666　ロンドン大火	1673　審査法制定
	1687　ニュートン『プリンキピア』	1688　名誉革命
	1690　ロック『人間悟性論』	1689　ウィリアム3世とメアリー2世の共同統治成立。「権利章典」発布 対仏戦争開始（－97）
	1694　イングランド銀行創設	
1700		1702　アン女王即位。スペイン王位継承戦争に参戦
		1707　イングランド・ウェールズとスコットランド統合
	1711　作法・ファッション雑誌『スペクテイター』刊行。ロイヤル・アスコット競馬開始	1714　ジョージ1世即位、ハノーヴァー朝開始（改名を経て現在に至る）
		1715　ジャコバイトの反乱
		1721　ウォルポール、主席大蔵卿（実質的首相）となる
	1731　『ジェントルマンズ・マガジン』創刊	1739　オーストリア王位継承戦争開始（－48）
	1744　ホガース『当世風結婚』	1745　ジャコバイトの反乱、イギリス中部に及ぶ
	1749　H・フィールディング『トム・ジョーンズ』出版、小説のはじまり	
	1751　ジン規制法公布	
	1752　グレゴリオ暦採用	1756　七年戦争はじまる（－63）
	1759　大英博物館設立	1757　プラッシーの戦い
		1763　パリ条約締結。第一（重商主義）帝国成立
		1765　印紙法施行
	1769　ワットの蒸気機関改良	1767　タウンゼント諸法施行

年代	社会・経済・文化	政治史
1400		1455　バラ戦争（−85） 1461　ヨーク朝成立 1485　ボズワースの戦い。ヘンリー7世即位 1487　テューダー朝（−1603）成立 星室庁裁判所設立 1492　コロンブス、第1回航海
1500	1516　モア『ユートピア』刊行 1534　国王至上法発布。英国国教会成立 1536　小修道院解散。北部で恩寵の巡礼。ウェールズ、イングランドに統合 1549　大修道院解散。礼拝統一法施行 1578　ドレイク、世界周航に出。2年後帰還 1584　ローリ、ヴァージニア植民を試みるも失敗（「失われた植民地」） 1590　スペンサー『妖精の女王』出版はじまる	1509　ヘンリー8世即位 1517　ルター宗教改革開始 1558　最後の大陸領カレー、喪失。メアリー1世死去、エリザベス1世即位 1571　レパント海戦 1588　無敵艦隊（アルマダ）戦争
1600	1600　東インド会社認可 1601　エリザベス救貧法（旧救貧法）施行 1604　ぜいたく禁止法、一括廃止 1607　北米最初の植民地ジェイムズタウン形成 1613　平戸商館開設 1616　シェイクスピア没 1621　フランシス・ベーコン、失脚。最初の新聞、発刊 1630　トマス・マン『外国貿易によるイングランドの財宝』刊行 1637　ベン・ジョンソン没 1642　いわゆるピューリタン革命で劇場など閉鎖。反娯楽政策	1603　エリザベス没。ジェイムズ1世（スコットランド王ジェイムズ6世）即位。ステュアート朝開始 1603　江戸幕府を開く 1605　火薬陰謀事件 1618　三十年戦争（−48） 1623　「アンボイナ虐殺」事件 1625　チャールズ1世即位 1628　権利の請願、提出される 1629　チャールズ1世、議会を解散し、以後11年、議会開会されず 1640　短期議会、長期議会開会 1642　いわゆるピューリタン革命開始 1645　ネイズビーの戦い

年代	社会・経済・文化	政治史
	991　デーン・ゲルト（デーン人の税金）徴収開始	
1000		1016　デーン人クヌート、イングランドを征服し、国王となる
	1086　全国検地が実施され、『ドゥームズデー・ブック』作成にかかる 1093　アンセルムス、カンタベリー大司教に就任	1066　フランスのノルマンディ公ギヨーム、イングランドに侵攻し、ヘイスティングスの戦いに勝利、ノルマン王朝を開く（「ノルマン征服」）封建制度、イングランドに導入 1096　第１回十字軍
1100		1135　スティーヴン・マティルダ内乱時代はじまる 1154　マティルダの子で、フランスのアンジュー伯アンリ、ヘンリー2世として王位に就く。プランタジネット（アンジュー）王朝（－1399）開始
	1167　オックスフォード大学創立	1170　トマス・ベケット「殉教」、教会と王権の対立激化 1185　鎌倉幕府成立 1189　リチャード１世（獅子心王）即位。翌年、十字軍に参加 1199　リチャード１世戦死。弟ジョン、国王となる
1200		1206　チンギス・ハン、モンゴル帝国建国
	1209　ケンブリッジ大学の基礎ができる	1209　国王ジョン、カンタベリー大司教専任をめぐり、ローマ教皇インノケンティウス3世と対立、破門される 1215　マグナ・カルタ公布 1264　レスター伯シモン・ド・モンフォールの乱 1295　模範議会招集 1299　オスマン・トルコ帝国成立
1300		1337　百年戦争勃発（－1453）
	1348　黒死病（ペスト）、イングランドに広がる	1368　明朝はじまる 1381　ワット・タイラーの乱 1399　ヘンリー４世即位、ランカスター朝成立
1400	1400　『カンタベリー物語』の著者チョーサー没	1453　百年戦争終結

◉年 表

※表中の下線部分はイギリス以外での出来事を示す。

年代	社会・経済・文化	政治史
BC		4500－2500頃　世界四大文明繁栄 700－300頃　ケルト人ブリテン島に到来 560頃　釈迦誕生 492　ペルシア戦争（－449） 221　秦の始皇帝、中国の大半を統一 55－54　ローマのユリウス・カエサル２度侵入
AD		43　ローマのクラウディウス帝、ブリタニア（ブリテン島）に侵攻・支配 ローマン・ブリテン時代のはじまり 61　ローマ軍、ウェールズ支配
100	121　ハドリアヌスの壁建設（－127） 166　最初のキリスト教の教会グラストンベリー教会建立	
200		239　邪馬台国の卑弥呼、魏に朝貢
300		
400	433　聖パトリック、アイルランドにキリスト教伝道	410　ローマ軍、撤収 449　アングロ・サクソン人の侵入（－50） 481　フランク王国成立（メロヴィング朝）
500	500頃　アーサー王伝説のモデルとされるブリトン人の指導者、アングロ・サクソン軍を破る	550頃　いわゆる七王国が成立
600	601　カンタベリーに大司教座設置。アウグスティヌス初代大司教に就任 663　ウィットビー教会会議で、カトリックを採用。ケルト教会を否定	618　唐帝国成立 661　ウマイヤ朝成立
700	731　ビード（ベーダ）『イングランド教会史』執筆	787　デーン人の侵入開始 794　平安京へ遷都
800	891　『アングロ・サクソン年代記』編纂はじまる	829　ウェセックス王国、イングランドをほぼ統一 878　ウェセックスのアルフレッド大王、デーンの侵入を一時阻止
900		962　神聖ローマ帝国誕生

風呂本武敏（ふろもと・たけとし）［31, 39］
元国際アイルランド文学協会日本支部会長、元神戸大学教授、元愛知学院大学教授。イギリス・アイルランド文学専攻。

風呂本武典（ふろもと・たけのり）［コラム9］
広島商船高等専門学校流通情報工学科准教授、交通経済学専攻。

堀内真由美（ほりうち・まゆみ）［36］
愛知教育大学准教授。ジェンダー史、英語圏文化論専攻。

村岡健次（むらおか・けんじ）［32］
和歌山大学・甲南大学名誉教授。イギリス近代史専攻。

山口育人（やまぐち・いくと）［45］
奈良大学文学部准教授。イギリス現代史・イギリス帝国史専攻。

山口晴美（やまぐち・はるみ）［コラム4］
エッセイスト。イギリス現代文学専攻。

渡辺福實（わたなべ・ふくみ）［コラム10］
中央大学名誉教授。イギリスロマン派専攻。

塩谷清人（しおたに・きよと）［21］
学習院大学名誉教授。イギリス文学専攻。

白鳥義博（しらとり・よしひろ）［19, 27］
駒澤大学総合教育研究部准教授。18世紀イギリス小説専攻。

須田篤也（すだ・あつや）［コラム7］
千葉大学講師。イギリス文学専攻。エリザベス朝劇作家の研究。

立野晴子（たての・はるこ）［コラム2］
拓殖大学非常勤講師。19/20世紀イギリス文学・ケルト文化研究専攻。

千葉　茂（ちば・しげる）［コラム5］
画家、文筆家。

塚本倫久（つかもと・みちひさ）［5］
愛知大学国際コミュニケーション学部教授。英語学専攻。

長尾輝彦（ながお・てるひこ）［49］
北海道大学名誉教授、四国大学言語文化研究所特別研究員。イギリス文学専攻。

中村敦子（なかむら・あつこ）［7］
愛知学院大学文学部准教授。中世イギリス史専攻。

中村武司（なかむら・たけし）［29］
弘前大学人文社会科学部准教授。イギリス史・イギリス帝国史専攻。

並河葉子（なみかわ・ようこ）［20］
神戸市外国語大学教授。イギリス帝国史専攻。

浜井祐三子（はまい・ゆみこ）［50］
北海道大学大学院メディア・コミュニケーション研究院准教授。イギリス現代史・地域研究専攻。

濱口真木（はまぐち・まさき）［コラム3］
駒澤大学非常勤講師。イギリスロマン派専攻。

福田一貴（ふくだ・かずたか）［4］
駒澤大学総合教育研究部准教授。中世英語英文学専攻。

藤本昌司（ふじもと・まさし）［コラム1］
東海大学名誉教授。中世イギリス文学専攻。

川北　稔（かわきた・みのる）［22, 23, 25, 26］
大阪大学名誉教授。イギリス近代史専攻。

＊**川成　洋**（かわなり・よう）［35, 37］
編著者紹介を参照。

川村朋貴（かわむら・ともたか）［33, 38］
東京大学大学院人文社会系研究科特任研究員。イギリス帝国史専攻。

川本真浩（かわもと・まさひろ）［40］
高知大学人文社会科学部准教授。イギリス近現代史、イギリス帝国史専攻。

木村正俊（きむら・まさとし）［1, 24］
神奈川県立外語短期大学名誉教授。スコットランド文学・ケルト文化論専攻。

久保陽子（くぼ・ようこ）［コラム11］
日本大学芸術学部准教授。イギリス・アイルランドの文学と文化専攻。

倉崎祥子（くらさき・しょうこ）［コラム8］
松蔭大学コミュニケーション文化学部教授。アメリカ文学、女性学専攻。

古賀秀男（こが・ひでお）［28, 30］
山口大学名誉教授。イギリス近代史専攻。

小関　隆（こせき・たかし）［41］
京都大学人文科学研究所教授。イギリス・アイルランド近現代史専攻。

小林清衛（こばやし・せいえい）［14］
中央大学名誉教授。イギリス演劇専攻。

佐喜眞望（さきま・のぞみ）［44, 48］
琉球大学法文学部名誉教授。イギリス近現代史専攻。

佐々木隆（ささき・たかし）［47］
武蔵野学院大学国際コミュニケーション学部教授。国際文化交流論専攻。

指　昭博（さし・あきひろ）［10］
神戸市外国語大学外国語学部教授。近世イギリス史専攻。

佐藤恭三（さとう・きょうぞう）［42］
専修大学名誉教授。国際関係史、日英外交史専攻。

◉執筆者紹介（50音順、＊は編著者、［　］内は担当章）

阿久根利具（あぐね・としとも）［コラム13］
評論家。ヨーロッパ近現代社会専攻。

朝治啓三（あさじ・けいぞう）［8, 9］
関西大学文学部教授。イギリス中世史専攻。

浅田　實（あさだ・みのる）［18, 34］
創価大学名誉教授。イギリス近世史専攻。

芦川和也（あしかわ・かずなり）［コラム12］
巣鴨学園教諭、中央大学兼任講師。イギリス小説専攻。ラドヤード・キプリング研究。

伊澤東一（いざわ・とういち）［13, 16］
拓殖大学名誉教授。イギリス文学専攻。

石原孝哉（いしはら・こうさい）［11, 12］
駒澤大学名誉教授。イギリス文学専攻。

岩根圀和（いわね・くにかず）［17］
神奈川大学名誉教授。スペイン古典文学、スペイン史専攻。

太田直也（おおた・なおや）［15］
鳴門教育大学大学院教授。イギリス文学専攻。

岡村東洋光（おかむら・とよみつ）［43］
九州産業大学経済学部教授。イギリス社会思想史・経済思想史専攻。

尾﨑秀夫（おざき・ひでお）［6］
神戸海星女子学院大学教授。西欧中世キリスト教史専攻。

小澤　喬（おざわ・たかし）［コラム6］
東京理科大学名誉教授。イギリス文学・哲学専攻。

香戸美智子（かと・みちこ）［46］
京都外国語短期大学准教授・京都外国語大学兼務。イギリス地域研究（社会・文化）専攻。

狩野晃一（かのう・こういち）［2, 3］
東北公益文科大学准教授。中世英語英文学・歴史英語学専攻。

◉ **編著者紹介**

川成 洋（かわなり・よう）
法政大学名誉教授。社会学博士（一橋大学）。武道家。書評家。
主要著書：『イギリス人の故郷』（共著、三修社、1984年）、『ロンドン歴史の横道』（共著、三修社、1984年）、『英語おもしろ知識』（共著、三修社、1985年）、『イギリスの田舎町』（共著、三修社、1987年）、『幻想のディスクール —— 民衆文化と芸術の接点』（共著、多賀出版、1994年）、『多元性のディスクール』（共著、多賀出版、1995年）、『イギリスに学ぶ』（南雲堂フェニックス、1997年）、『英語の探検』（共著、南雲堂フェニックス、1998年）、『多様性の異文化（比較文化 第4巻）』（共著、文化書房博文社、1999年）、『多言語文化のディスクール —— 民衆文化と社会と芸術』（共著、多賀出版、1999年）、『イギリス田園物語』（共著、丸善出版、2000年）、『文学の万華鏡 —— 英米文学とその周辺』（共編著、れんが書房新社、2010年）、『イギリス検定』（共編著、南雲堂フェニックス、2011年）、『現代イギリス読本』（共編著、丸善出版、2012年）、『英米文学の風景』（共編著、文化書房博文社、2012年）、『ロンドンを旅する60章』（共編著、明石書店、2012年）、『英米文学にみる仮想と現実 —— シェイクスピアからソロー、フォークナーまで』（共編著、彩流社、2014年）、『イギリス文化事典』（共編著、丸善出版、2014年）、『スコットランドを知るための65章』（共著、明石書店、2015年）。
書評書：『書を持て世界が見える』（共著、創現社、1990年）、『本が語る現代』（丸善出版、1996年）、『人生を変える本もあった』（三一書房、1997年）、『書林探訪 —— 味読、乱読、精読のすすめ』（行路社、2000年）。

エリア・スタディーズ　150
〈ヒストリー〉
イギリスの歴史を知るための50章

2016年12月10日　初版第1刷発行
2017年 1 月31日　初版第2刷発行

編著者　川　成　　洋
発行者　石　井　昭　男
発行所　株式会社明石書店
〒101-0021 東京都千代田区外神田6-9-5
電話 03（5818）1171
FAX 03（5818）1174
振替　00100-7-24505
http://www.akashi.co.jp/
装丁／組版　明石書店デザイン室
印刷／製本　日経印刷株式会社

（定価はカバーに表示してあります）　ISBN978-4-7503-4412-6

エリア・スタディーズ

1 現代アメリカ社会を知るための60章
明石紀雄、川島浩平 編著

2 イタリアを知るための62章【第2版】
村上義和 編著

3 イギリスを旅する35章
辻野功 編著

4 モンゴルを知るための65章【第2版】
金岡秀郎 著

5 パリ・フランスを知るための44章
梅本洋一、大里俊晴、木下長宏 編著

6 現代韓国を知るための60章【第2版】
石坂浩一、福島みのり 編著

7 オーストラリアを知るための58章【第3版】
越智道雄 著

8 現代中国を知るための44章【第5版】
藤野彰、曽根康雄 編著

9 ネパールを知るための60章
日本ネパール協会 編

10 アメリカの歴史を知るための63章【第3版】
富田虎男、鵜月裕典、佐藤円 編著

11 現代フィリピンを知るための61章【第2版】
大野拓司、寺田勇文 編著

12 ポルトガルを知るための55章【第2版】
村上義和、池俊介 編著

13 北欧を知るための43章
武田龍夫 著

14 ブラジルを知るための56章【第2版】
アンジェロ・イシ 著

15 ドイツを知るための60章
早川東三、工藤幹巳 編著

16 ポーランドを知るための60章
渡辺克義 編著

17 シンガポールを知るための65章【第4版】
田村慶子 編著

18 現代ドイツを知るための62章【第2版】
浜本隆志、髙橋憲 編著

19 ウィーン・オーストリアを知るための57章【第2版】
広瀬佳一、今井顕 編著

20 ハンガリーを知るための47章 ドナウの宝石
羽場久美子 編著

21 現代ロシアを知るための60章【第2版】
下斗米伸夫、島田博 編著

22 21世紀アメリカ社会を知るための67章
明石紀雄 監修 赤尾千波、大類久恵、小塩和人、落合明子、川島浩平、高野泰 編

23 スペインを知るための60章
野々山真輝帆 著

24 キューバを知るための52章
後藤政子、樋口聡 編著

25 カナダを知るための60章
綾部恒雄、飯野正子 編著

26 中央アジアを知るための60章【第2版】
宇山智彦 編著

27 チェコとスロヴァキアを知るための56章【第2版】
薩摩秀登 編著

28 現代ドイツの社会・文化を知るための48章
田村光彰、村上和光、岩淵正明 編著

29 インドを知るための50章
重松伸司、三田昌彦 編著

30 タイを知るための72章【第2版】
綾部真雄 編著

31 パキスタンを知るための60章
広瀬崇子、山根聡、小田尚也 編著

32 バングラデシュを知るための60章【第2版】
大橋正明、村山真弓 編著

33 イギリスを知るための65章【第2版】
近藤久雄、細川祐子、阿部美春 編著

エリア・スタディーズ

34 **現代台湾を知るための60章【第2版】**
亜洲奈みづほ 著

35 **ペルーを知るための66章【第2版】**
細谷広美 編著

36 **マラウィを知るための45章【第2版】**
栗田和明 著

37 **コスタリカを知るための60章【第2版】**
国本伊代 編著

38 **チベットを知るための50章**
石濱裕美子 編著

39 **現代ベトナムを知るための60章【第2版】**
今井昭夫、岩井美佐紀 編著

40 **インドネシアを知るための50章**
村井吉敬、佐伯奈津子 編著

41 **エルサルバドル、ホンジュラス、ニカラグアを知るための45章**
田中高 編著

42 **パナマを知るための55章**
国本伊代、小林志郎、小澤卓也 著

43 **イランを知るための65章**
岡田恵美子、北原圭一、鈴木珠里 編著

44 **アイルランドを知るための70章【第2版】**
海老島均、山下理恵子 編著

45 **メキシコを知るための60章**
吉田栄人 編著

46 **中国の暮らしと文化を知るための40章**
東洋文化研究会 編

47 **現代ブータンを知るための60章**
平山修一 著

48 **バルカンを知るための66章【第2版】**
柴宜弘 編著

49 **現代イタリアを知るための44章**
村上義和 編著

50 **アルゼンチンを知るための54章**
アルベルト松本 著

51 **ミクロネシアを知るための60章【第2版】**
印東道子 編著

52 **アメリカのヒスパニック＝ラティーノ社会を知るための55章**
大泉光一、牛島万 編著

53 **北朝鮮を知るための51章**
石坂浩一 編著

54 **ボリビアを知るための73章【第2版】**
真鍋周三 編著

55 **コーカサスを知るための60章**
北川誠一、前田弘毅、廣瀬陽子、吉村貴之 編著

56 **カンボジアを知るための62章【第2版】**
上田広美、岡田知子 編著

57 **エクアドルを知るための60章【第2版】**
新木秀和 編著

58 **タンザニアを知るための60章【第2版】**
栗田和明、根本利通 編著

59 **リビアを知るための60章**
塩尻和子 著

60 **東ティモールを知るための50章**
山田満 編著

61 **グアテマラを知るための65章**
桜井三枝子 編著

62 **オランダを知るための60章**
長坂寿久 著

63 **モロッコを知るための65章**
私市正年、佐藤健太郎 編著

64 **サウジアラビアを知るための63章【第2版】**
中村覚 編著

65 **韓国の歴史を知るための66章**
金両基 編著

66 **ルーマニアを知るための60章**
六鹿茂夫 編著

エリア・スタディーズ

67 **現代インドを知るための60章**
広瀬崇子、近藤正規、井上恭子、南埜猛 編著

68 **エチオピアを知るための50章**
岡倉登志 編著

69 **フィンランドを知るための44章**
百瀬宏、石野裕子 編著

70 **ニュージーランドを知るための63章**
青柳まちこ 編著

71 **ベルギーを知るための52章**
小川秀樹 編著

72 **ケベックを知るための54章**
小畑精和、竹中豊 編著

73 **アルジェリアを知るための62章**
私市正年 編著

74 **アルメニアを知るための65章**
中島偉晴、メラニア・バグダサリヤン 編著

75 **スウェーデンを知るための60章**
村井誠人 編著

76 **デンマークを知るための68章**
村井誠人 編著

77 **最新ドイツ事情を知るための50章**
浜本隆志、柳原初樹 著

78 **セネガルとカーボベルデを知るための60章**
小川了 編著

79 **南アフリカを知るための60章**
峯陽一 編著

80 **エルサルバドルを知るための55章**
細野昭雄、田中高 編著

81 **チュニジアを知るための60章**
鷹木恵子 編著

82 **南太平洋を知るための58章** メラネシア ポリネシア
吉岡政德、石森大知 編著

83 **現代カナダを知るための57章**
飯野正子、竹中豊 編著

84 **現代フランス社会を知るための62章**
三浦信孝、西山教行 編著

85 **ラオスを知るための60章**
菊池陽子、鈴木玲子、阿部健一 編著

86 **パラグアイを知るための50章**
田島久歳、武田和久 編著

87 **中国の歴史を知るための60章**
並木頼壽、杉山文彦 編著

88 **スペインのガリシアを知るための50章**
坂東省次、桑原真夫、浅香武和 編著

89 **アラブ首長国連邦（UAE）を知るための60章**
細井長 編著

90 **コロンビアを知るための60章**
二村久則 編著

91 **現代メキシコを知るための60章**
国本伊代 編著

92 **ガーナを知るための47章**
高根務、山田肖子 編著

93 **ウガンダを知るための53章**
吉田昌夫、白石壮一郎 編著

94 **ケルトを旅する52章** イギリス・アイルランド
永田喜文 著

95 **トルコを知るための53章**
大村幸弘、永田雄三、内藤正典 編著

96 **イタリアを旅する24章**
内田俊秀 編著

97 **大統領選からアメリカを知るための57章**
越智道雄 著

98 **現代バスクを知るための50章**
萩尾生、吉田浩美 編著

99 **ボツワナを知るための52章**
池谷和信 編著

エリア・スタディーズ

100 **ロンドンを旅する60章**
川成洋、石原孝哉 編著

101 **ケニアを知るための55章**
松田素二、津田みわ 編著

102 **ニューヨークからアメリカを知るための76章**
越智道雄 著

103 **カリフォルニアからアメリカを知るための54章**
越智道雄 著

104 **イスラエルを知るための60章**
立山良司 編著

105 **グアム・サイパン・マリアナ諸島を知るための54章**
中山京子 編著

106 **中国のムスリムを知るための60章**
中国ムスリム研究会 編

107 **現代エジプトを知るための60章**
鈴木恵美 編著

108 **カーストから現代インドを知るための30章**
金基淑 編著

109 **カナダを旅する37章**
飯野正子、竹中豊 編著

110 **アンダルシアを知るための53章**
立石博高、塩見千加子 編著

111 **エストニアを知るための59章**
小森宏美 編著

112 **韓国の暮らしと文化を知るための70章**
舘野晳 編著

113 **現代インドネシアを知るための60章**
村井吉敬、佐伯奈津子、間瀬朋子 編著

114 **ハワイを知るための60章**
山本真鳥、山田亨 編著

115 **現代イラクを知るための60章**
酒井啓子、吉岡明子、山尾大 編著

116 **現代スペインを知るための60章**
坂東省次 編著

117 **スリランカを知るための58章**
杉本良男、高桑史子、鈴木晋介 編著

118 **マダガスカルを知るための62章**
飯田卓、深澤秀夫、森山工 編著

119 **新時代アメリカ社会を知るための60章**
明石紀雄 監修　大類久恵、落合明子、赤尾千波 編著

120 **現代アラブを知るための56章**
松本弘 編著

121 **クロアチアを知るための60章**
柴宜弘、石田信一 編著

122 **ドミニカ共和国を知るための60章**
国本伊代 編著

123 **シリア・レバノンを知るための64章**
黒木英充 編著

124 **EU（欧州連合）を知るための63章**
羽場久美子 編著

125 **ミャンマーを知るための60章**
田村克己、松田正彦 編著

126 **カタルーニャを知るための50章**
立石博高、奥野良知 編著

127 **ホンジュラスを知るための60章**
桜井三枝子、中原篤史 編著

128 **スイスを知るための60章**
スイス文学研究会 編

129 **東南アジアを知るための50章**
今井昭夫 編集代表　東京外国語大学東南アジア課程 編

130 **メソアメリカを知るための58章**
井上幸孝 編著

131 **マドリードとカスティーリャを知るための60章**
川成洋、下山静香 編著

132 **ノルウェーを知るための60章**
大島美穂、岡本健志 編著

エリア・スタディーズ

133 **現代モンゴルを知るための50章**
小長谷有紀、前川愛 編著

134 **カザフスタンを知るための60章**
宇山智彦、藤本透子 編著

135 **内モンゴルを知るための60章**
ボルジギン・ブレンサイン 編著　赤坂恒明 編集協力

136 **スコットランドを知るための65章**
木村正俊 編著

137 **セルビアを知るための60章**
柴宜弘、山崎信一 編著

138 **マリを知るための58章**
竹沢尚一郎 編著

139 **ASEANを知るための50章**
黒柳米司、金子芳樹、吉野文雄 編著

140 **アイスランド・グリーンランド・北極を知るための65章**
小澤実、中丸禎子、高橋美野梨 編著

141 **ナミビアを知るための53章**
水野一晴、永原陽子 編著

142 **香港を知るための60章**
吉川雅之、倉田徹 編著

143 **タスマニアを旅する60章**
宮本忠 著

144 **パレスチナを知るための60章**
臼杵陽、鈴木啓之 編著

145 **ラトヴィアを知るための47章**
志摩園子 編著

146 **ニカラグアを知るための55章**
田中高 編著

147 **台湾を知るための60章**
赤松美和子、若松大祐 編著

148 **テュルクを知るための61章**
小松久男 編著

149 **アメリカ先住民を知るための62章**
阿部珠理 編著

150 **イギリスの歴史を知るための50章**
川成洋 編著

151 **ドイツの歴史を知るための50章**
森井裕一 編著

152 **ロシアの歴史を知るための50章**
下斗米伸夫 編著

153 **スペインの歴史を知るための50章**
立石博高、内村俊太 編著

154 **フィリピンを知るための64章**
大野拓司、鈴木伸隆、日下渉 編著

——以下続刊

◎各巻2000円
（一部1800円）

〈価格は本体価格です〉